U0857488

敢教日月换新天

“321”教育思路构建和践行中的聊城教育

聊城教育大写意
（第二卷）

哈宝泉
主编

山东大学出版社

图书在版编目(CIP)数据

敢教日月换新天:"321"教育思路构建和践行中的聊城教育/哈宝泉主编. 一济南:山东大学出版社,2018.7
(聊城教育大写意;第二卷)
ISBN 978-7-5607-6114-5

Ⅰ.①敢… Ⅱ.①哈… Ⅲ.①中小学教育一教育研究一聊城一文集 Ⅳ.①G632.0-53

中国版本图书馆 CIP 数据核字(2018)第 180935 号

责任编辑:王立强
封面设计:张 荔

出版发行:山东大学出版社
社 址 山东省济南市山大南路 20 号
邮 编 250100
电 话 市场部(0531)88363008
经 销:山东省新华书店
印 刷:东港股份有限公司
规 格:700 毫米×1000 毫米 1/16
19.5 印张 350 千字
版 次:2018 年 7 月第 1 版
印 次:2018 年 7 月第 1 次印刷
定 价:32.00 元

版权所有,盗印必究

凡购本书,如有缺页、倒页、脱页,由本社营销部负责调换

《聊城教育大写意》系列丛书

编委会

主　　编　哈宝泉

副 主 编　史兆海　李开双　田凤奎　徐化忠

　　　　　李　正　康延华

编　　委　秦新义　夏广立　杜长涛　郝晓萍

　　　　　王秋云　郭章记　战红岭　吴　凯

统　　筹　吴　凯　张立科

执行编辑　张　砺　司尚营　刘　杨　刘　倩

　　　　　王　新　刘晓蒙

序

宝泉局长送来了他主编的《聊城教育大写意》系列丛书，该丛书共有四卷，分别为《雄关漫漫真如铁》《敢教日月换新天》《直挂云帆济沧海》《无限风光在险峰》。内容既有广大教育工作者的奋斗历程、辉煌业绩，也有办好人民满意教育的深刻思考、执着追求，更有全面贯彻党的教育方针，落实立德树人根本任务，培养德智体美全面发展的社会主义建设者和接班人的使命担当、家国情怀。这四本厚厚的书稿彰显着聊城广大教育工作者浓浓的文化情怀和深厚的文化底蕴。

聊城是一座千年运河古城，南北文化的汇集、碰撞为这座城市带来浓厚的人文滋养，厚德重教蔚然成风。近年来，在市委、市政府的领导下，聊城市教育事业健康发展，取得了显著的成绩，可总结为“八个前所未有”：一是各级党委、政府对教育的重视程度之高前所未有。各级党委、政府真正把教育作为最大的民生工程来对待，做到了优先发展教育事业。二是市县财政对教育的投入力度之大前所未有。仅解决城镇中小学“大班额”和全面改变农村义务教育薄弱学校办学条件两项工作，就投入资金106亿元。三是市县各相关部门对教育的支持力度之大前所未有。近年来建设的学校、幼儿园，没有财政、国土、规划、住建等部门的大力支持，是不能完成的。四是校舍建设速度之快前所未有。为彻底解决“大班额”问题，“全面改薄”，创建义务教育发展均衡县，聊城市自2015年以来新建、改扩建学校达666所。五是基础教育改革力度之大前所未有。全市中小学校长全部取消行政级别，实行校长职级制；全市中小学教师县管校聘管理改革全面推开；深入实施名校带动工程，城市名校带动农村薄弱学校，乡村学生与城市学生同步上课，惠及

13 万余名学生，切实扩大了优质教育资源的覆盖面，满足了人民群众“上好学”的愿望。六是社会各界和人民群众对教育的关注程度之高前所未有。教育关系千家万户，更为千家万户所关注，教育工作无小事，牵一发而动全身。七是全市广大教育工作者的付出之多前所未有。聊城教育系统广大干部职工埋头苦干、开拓创新，仅教育工作思路、架构就有“321”聊城教育整体工作思路、抓学校安全的“361”思路、抓党建的“2351”思路等。特别是在解决城镇普通中小学“大班额”问题、“全面改薄”、创建义务教育均衡县等工作中的付出之多，前所未有。这一点，我作为这几项重要工作的参与者感同身受。八是全市教育提升发展速度之快前所未有。义务教育发展基本均衡县实现全覆盖，2015 年是临清、茌平，2016 年是东阿、高唐，2017 年是东昌府区（含三个市属开发区）、冠县、莘县、阳谷；大力改善办学条件，通过解决“大班额”问题和“全面改薄”等工作，真正实现了城市、农村最美的院落是学校，最好的房子是教室；教育教学质量提升明显，本科上线率高于全省平均值，空军招飞达到全省第一名、全国第三名，创下了 19 年录取量全国地市级第一的辉煌战绩；职业教育体系不断完善，现有国家级示范学校 3 所、国家级重点学校 8 所、省级重点学校 2 所、省级规范学校 8 所；民办教育蓬勃发展，全市民办学校已达 70 所，为解决“大班额”问题贡献了力量。从 2017 年秋季开学起，全市中小学皆按标准班额（小学 45 人/班、中学 50 人/班）招生，基本解决了“大班额”问题，受到人民群众的广泛赞誉。

市教育局党组提出的“321”教育思路颇具新意，“3”是狠抓“教学质量，师德建设，立德树人”三项重点工作，“2”是实现“事业”“文化”两大目标，一切都是为了打造“1”个“聊城教育品牌”。特别是文化目标——“厚德重教，大气兼容，担当奉献，创新奋进”的培树，体现了宝泉局长的格局，这是一个读书人的视野，是一位教育者的情怀。他总结的中华优秀传统文化十大魅力——“修齐治平的家国情怀，胸怀天下的宏大格局，无远弗届的远大志向，孜孜以求的学习精神，知行合一的道德修养，止于至善的厚德载物，慷慨赴死的英雄气概，居安思危的忧患意识，福祸相依的辩证智慧，求新求变的创新思维”颇具影响，对于聊城教育贯彻落实社会主义核心价值观、弘扬中华优秀传统文化、坚定文化自信、实现中华民族伟大复兴都具有参考作用。

《聊城教育大写意》系列丛书，写的是教育工作者的情怀、奉献、担当和感悟，更凝聚着宝泉局长及市教育局一班人的心血和汗水。我想这套丛书对于广大读者，尤其是教育工作者来说，应该是一场文化的盛宴。好风凭借力，扬帆正当时。我相信新时代的聊城教育一定会策马扬鞭，再夺关隘，再铸辉煌。

是为序。

2018 年夏于聊城

目　录

品牌建设

事业目标

文化目标

教学质量

立德树人

师德建设

品牌建设

安知有我否？坚决得胜利*

——从当年高考励志诗说起

哈宝泉

“全国三万余，全省两千七，全区共百多，全县寥无几。安知有我否？坚决得胜利！”

这是38年前，我于高考前写的一首励志诗《问》。1977年我国恢复高考，今年正好是恢复高考制度第40个年头，我感慨颇深。作为20世纪70年代末的高考生，在这里我想和大家一起追忆自20世纪70年代末至今我所历经的轰轰烈烈的高考，追忆那承载着我们太多梦想的青春岁月！40年之中，考试时间、考试科目、考试内容和考试方式，乃至参考的年龄规定都几经变迁，不变的是一代又一代莘莘学子孜孜以求的大学梦和各自的精彩！

1977年的那年冬天，让570万中国年轻人永生难忘。在这个被诸多评论家称为“一个国家和时代的拐点”的时刻，数以万计曾经以为生活就是农田和工厂的年轻人，重新找回了自己的梦想，同时也看到了过去从来不敢想象的未来。在那时，刻苦复习2个月改变的是一生，这些年轻人“衣带渐宽终不悔，为伊消得人憔悴”。他们都在重拾梦想，用拼搏改变着自己的人生。

我参加的是1979年的高考。38年前农村学校的情况现在的大多数人可能都不知道，那时“文化大革命”刚结束两三年，我们的国家刚实行改革开放，百废待兴。当时大学招生人数也很少，上学的环境和现在相比，简直是天壤之别，相差十万八千里。我当时上学的那个地方曾是聊城县第六中学，我上学时叫“聊城第十三中学”，后来叫“李海务镇中学”，现在叫“江北水城旅游度假区凤凰中学”。如今，那里的学生宿舍很温馨、很漂亮，而我们上学的时候，都是大通炕。

为什么要写这首诗呢，因为我想考大学的“伟大”抱负和理想受到了“阻力”。当时，听说我要考大学，老师和校领导都不同意。为什么不同意呢？因为

* 本文原载《聊城教育》2017年8月第4期。

当时学校的教学质量比较差。这也是当时农村高中学校的普遍现象。

当时的学习资料也奇缺，我当时报的文科，考5门课程：语文、政治、历史、地理、数学。只有语文和数学这两门课比较正常，政治、历史、地理复习资料基本没有。在这样的情况下，你想考大学，何其难也！所以老师和校领导认为我考不上大学，不同意报考，而让报考中专。这首励志诗《问》就是在这样的情况下写的。

说到当时考大学的动机或初衷，主要是小时候有过当作家的梦想，认为成为文科大学生，离作家梦就近了。还有就是要下气力、下决心改变生存的状况和命运，这是原动力！再有，就是找一个漂亮、温柔、贤惠，关键是吃国粮的、城市户口的哈夫人。往大了说，为国家、社会、人民多做点贡献的想法也是有的，当时国家刚刚实行改革开放，提出了到20世纪末实现“四个现代化”的目标。我当年通过奋力拼搏，以超过本科线18分的成绩考入山东师范学院聊城分院中文系，即现在的聊城大学文学院，成为恢复高考以后，全村第一个大学生，在当时可以说是整个家族乃至全村的骄傲。

进入20世纪80年代，“千军万马挤独木桥”成了考生们的写照，那时高考录取比例非常低，参加高考还要经过初选。90年代，自费生和用人单位双向选择，高考依旧关系着考生的一生。21世纪以后，考生是被捧在手心的“宝”，考场外翘首以盼的家长成了高考的另一道风景线。

教育是最大的民生，高考又是重中之重。作为聊城市的教育局局长，同时又经历过20世纪70年代末的高考，我感同身受。因此，从2013年7月担任聊城市教育局局长以来，我把提高教学质量，办好人民满意的教育作为重中之重来抓，全面提高学生素质，为国家输送优秀人才。在每一年的高考之前，我都会给参加高考的“童鞋们”写一封信，鼓鼓劲、加加油。2014年高考前我以《安知有我否？坚决得胜利》为题给全市的同学写了第一封信，鼓励他们以“安知有我否？坚决得胜利”的气概夺取胜利。2015年我写了题为《青春需要梦想，人生需要拼搏》的第二封信。我送给即将走进考场的全体高三“童鞋”四句话：第一句话，青春需要梦想；第二句话，人生需要拼搏；第三句话，眼界决定境界；第四句话，自信创造奇迹。2016年，因为是猴年，我以《苦练七十二变，坚决打赢高考攻坚战》为题写了第三封信。我引用六小龄童的一句名言——“只有苦练七十二变，才能笑对八十一难”，希望同学们像“灵猴”一样发挥聪明才智，努力拼搏进取，坚决打赢高考这场攻坚战。我鼓励他们直面困难，狭路相逢勇者胜，要敢于向困难亮剑；告诉他们“行百里者半九十”，越到最后时刻，越是紧要关头，越需要咬紧牙关坚持到底，不容许有丝毫的疏忽大意。我激励他们一定要不怕失败，相信“水滴石穿”；不惧困苦，相信“铁杵磨针”；不畏结局，相信“舍我其谁”。

要用“仰天大笑出门去，我辈岂是蓬蒿人”的信念，一鼓作气；用“有约不来过夜半，闲敲棋子落灯花”的笃定，直面考试；用“长风破浪会有时，直挂云帆济沧海”的心态，创造奇迹。

除了书信鼓励，我还亲自到各县（市、区）的高中和同学们谈心，为他们减压。印象最深的是某天下午在一所高中的演讲。那次演讲我以我的高考励志诗为突破口，和同学们谈天说地，谈理想信念，谈愿景人生，气氛融洽活跃。同学们和我产生了强烈的共鸣。近4个小时的演讲结束后，同学们冲上主席台围着我要求给他们签名、寄语、留赠言。尽管嗓子有些嘶哑，尽管身体有些疲惫，但我的心里却暖融融的，我收获了一名教育工作者的强烈幸福感。

在演讲中我对他们说：“做人，胸怀一定要大，胸怀大你才能成大器。做人，没有一点想法，没有一点目标，就没有前进的动力，也没有前进的方向。”我借用孔子的话：“取乎其上，得乎其中；取乎其中，得乎其下；取乎其下，则无所得矣。”告诫他们：定的目标是“高”的，经过努力可能得到“中”的效果；定的目标是“中”的，经过努力可能得到“下”的效果；若定的是“下”的目标，则什么也得不到了。我用我的激励和幽默给高考前的同学们鼓劲、减压，收到了良好的效果。从2014年开始，聊城市的一本上线人数和进入清华、北大等名校的人数连年攀升，赢得了很好的社会声誉。

回顾历史，聊城曾因京杭大运河而名重一时，明清时期，这里“舟楫如云，帆樯蔽日”，“八百斛之舟迅流无滞”，号称“漕挽之咽喉，天府之肘腋”。经济的兴盛带来了文化教育的繁荣。据北京国子监进士题名碑载：明清两代录取的聊城籍进士有290人、状元有3人，录取人数位居山东前列。聊城被视为“科目鼎盛，贤士辈出”之地。自1977年恢复高考起，聊城的高考随着运河前行了40个春秋。考上大学的人数由20世纪70年代末80年代初的几百人达到上千人，到现在更是达到近2万人。高考模式也发生多次变化：1994～2001年是“3＋2”；2002～2006年是“3＋X”；2007年开始，除小语种外，全部学科都实现山东省自主命题，并且增加基本能力测试，高考模式变成“3＋X＋1”；2014年改为“3＋综合”，英语取消听力测试；2015年，英语采用全国卷并恢复听力测试。高考模式的改革，让无数梦想进入大学的考生赢得了机会，他们的人生会更加精彩纷呈。

百川汇流运河，润泽教育文化。我喜欢教育工作，在工作中我感受到了快乐，体味到了担当，在漫漫人生中与教育结缘是一件幸福的事。展望未来，聊城的运河承载着聊城600万人的希望，它是一条文化的河、流动的河、美丽的河、繁荣的河，也一定会成为一条响着琅琅读书声和捷报频传的教育的河。

给全市高三学生的四封信*

哈宝泉

安知有我否？坚决得胜利

即将走进考场的全体高三同学：

大家好！今天是4月8日，距离2014年高考还有整整60天，高考在即。想与你们分享一下关于高考与梦想的一点体会。每个人都有自己的梦想，刻苦学习是实现梦想的重要途径。习近平总书记说："梦想从学习开始，事业靠本领成就。"同学们十几年寒窗苦读，为的就是实现个人梦想，或增长才干、实现自我，或感恩父母、报效国家，或助益文明、贡献社会。

而在追逐梦想的过程中，高考是人生奋斗历程中很重要的一站。希望每一名同学都能调整好心态，珍惜时间，奋力拼搏，以饱满的精神、昂扬的斗志全力以赴迎战高考，为实现中华民族伟大复兴中国梦而努力奋斗！同时，也将35年前我在参加高考前夕写下的励志诗送给你们，希望能对你们有所补益，以"安知有我否？坚决得胜利"的气概夺取胜利！

问

全国三万余，全省两千七，
全区共百多，全县寥无几。
安知有我否？坚决得胜利！

你们的大朋友：哈宝泉

2014年4月8日

---

* 本文原载《聊城教育》2017年4月第2期。

青春需要梦想，人生需要拼搏

即将走进考场的全体高三“童鞋”：

大家好！一直想在高考前跟你们说上几句话，分享一些感悟，送上一些鼓励，这个想法直到下笔写这封信时才得以实现。今天距离高考还有66天，写下这封信送给你们，衷心祝愿你们考试顺利、人生顺意！

随着教室黑板上的倒计时数字越来越小，高考的日子越来越近了，不知道大家此时此刻的心情是不是与我36年前参加高考前的心情一样——有对高考的一点小焦虑，也有对毕业的一点希冀，更多的是对未来的美好憧憬。我想虽然时代不同了，但这样的心情应该差不多。作家柳青曾说，“人生的道路虽然漫长，但紧要处常常只有几步”，古语也讲“行百里者半九十”，最后一段路往往是成败的关键。在这个人生的岔路口，我想以一个长者和过来人的身份，送给同学们几句话，希望能对你们走好青春时期这关键的几步产生一点帮助，愿你们以后的人生道路能走得更加顺畅。

第一句话，青春需要梦想。什么是梦想？电影《中国合伙人》里有句话：“梦想就是一种让你感到坚持就是幸福的东西。”有梦想，人生才有目标，才有希望。尤其是在青春时期，更要做到“心中有梦”，这样才能规划好自己的人生，才能在生活的航程中不迷失方向、不放纵自己、不碌碌无为，不畏艰难、不怕挫折，创造属于自己的精彩人生。把梦想融入实现中华民族伟大复兴中国梦的进程中，梦想就更有价值、更有力量！

第二句话，人生需要拼搏。生命之舟因拼搏而前行，就像诗人汪国真说的那样：“我不去想是否能够成功，既然选择了远方，便只顾风雨兼程。”不经历风雨，怎能见彩虹，没有拼搏奋斗过的人生是不完整的人生。希望同学们都能永葆一颗“拼搏之心”，无论遇到什么艰难险阻，都能做到不气馁、不妥协、不放弃，用自己的努力和汗水书写自己的无悔人生。

第三句话，眼界决定境界。眼界决定着我们的世界，一个人的眼界有多宽、多远，他的世界也就有多宽、多远。“坐井观天”是一种眼界，“一览众山小”也是一种眼界，但这两者产生的境界相差甚远。希望同学们努力开阔自己的眼界，提高自己认识问题、分析问题的能力，无论在什么情况下都能做到宠辱不惊。要正确对待高考，高考不是学业的终点，升入大学也不是唯一的出路，进入职业院校学习技能同样可以实现人生价值。

第四句话，自信创造奇迹。一个人成功的因素中，智力因素只占20%，而非智力因素占了决定性的80%。最后这段紧张的日子，是比基础、比能力、比体力，比胸怀、比信心、比毅力，比诸多心理素质的阶段，希望大家调整好自己的心态，坚信“有志者，事竟成，破釜沉舟，百二秦关终属楚；苦心人，天不负，卧薪尝胆，三千越甲可吞吴”，用自信、健康的心态创造自己人生的奇迹！

去年的这个时候，我给你们的学哥、学姐们写了一封信，把我36年前考大学时写的一首自勉诗送给了他们。今年的这个时候，我同样把这首诗赠给你们：“全国三万余，全省两千七，全区共百多，全县寥无几。安知有我否？坚决得胜利！”希望同学们在今年的高考中，都能发挥出自己的最好水平，夺取人生第一场战役的伟大胜利！

你们的大朋友：哈宝泉

2015年3月31日

苦练七十二变，坚决打赢高考攻坚战

即将走进考场的全体高三同学：

大家好！今年是农历丙申猴年，在中国传统文化中，“猴子”代表聪敏、机智。四代“猴王”、“齐天大圣”孙悟空的扮演者六小龄童有句名言：“只有苦练七十二变，才能笑对八十一难。”这说明“猴子”还代表着执着、拼搏，所以在信的题目中我用了他的前一句来鼓励你们。你们即将参加人生的第一次大考，我希望你们像“灵猴”一样，发挥聪明才智，努力拼搏进取，坚决打赢高考这场攻坚战。

今天距离高考还有77天，之所以选择今天给同学们写信，是寓意同学们像早晨八九点钟的太阳一样，朝气蓬勃，冉冉升起。去年这个时候，我给你们的学哥和学姐们写了一封信，送给他们了四句话。今年我想与同学们分享一下37年前我参加高考时的一些感悟，希望你们能够从中受益。

直面困难，狭路相逢勇者胜。在高考前这最关键的一段时间里，你们可能会面对这样或那样的困难，不敢进取和担当。其实困难并不可怕，可怕的是被困难吓住，没有勇气。毛泽东同志曾说：“在困难的时候，要看到成绩，要看到光明，要提高我们的勇气。”所以，在困难面前，你们要有勇气，你们要学会逆势而上。困难再大，要敢于应战，只有经历大浪淘沙才能独领风骚。狭路相逢勇者胜，你们要敢于向困难亮剑。

坚持不懈，“行百里者半九十”。如果把整个高中阶段比作一场战役的话，那么高考就是这场战役中最后也是最重要的攻坚战，高考更是千军万马过独木桥。要想打赢这场攻坚战，从这“千军万马”中胜出，光有直面困难的勇气还不够，还必须有坚持不懈的态度。高考已经进入倒计时阶段，备考复习到了最艰苦、最关键的时期，你们应该时刻保持清醒头脑，用锲而不舍的坚持精神为自己的中学生涯画上一个圆满的句号。“行百里者半九十”，越到最后关头，越是紧要关头，越需要你们咬紧牙关坚持到底，不容许有丝毫的疏忽大意。

一鼓作气，“三千越甲可吞吴”。有了直面困难的勇气和坚持不懈的态度，剩下的是需要调整好自己的心态，积极健康的心态是走向成功的第一要诀。在这段时间里，同学们一定要不怕失败，相信“水滴石穿”；不惧困苦，相信“铁杵磨针”；不畏结局，相信“舍我其谁”。要用“仰天大笑出门去，我辈岂是蓬蒿人”的信念，一鼓作气；用“有约不来过夜半，闲敲棋子落灯花”的笃定，直面考试；用“长风破浪会有时，直挂云帆济沧海”的心态，创造奇迹。正所谓：“有志者，事竟成，破釜沉舟，百二秦关终属楚；苦心人，天不负，卧薪尝胆，三千越甲可吞吴。”

最后，我把 37 年前自己参加高考时写的自勉诗分享给同学们——“全国三万余，全省两千七，全区共百多，全县寥无几。安知有我否？坚决得胜利！”希望对你们有所鼓舞。希望你们在今年的高考中都能发挥出自己的最好水平，取得这场攻坚战的伟大胜利！

你们的大朋友：哈宝泉
2016 年 3 月 19 日

闻鸡起舞撸袖干，雄鸡高唱凯歌传

即将走进考场的全体高三同学：

大家好！这是我第四次给即将走入考场的你们写信了，当然，前三次是写给了你们的学哥、学姐们。再过 66 天你们就要走进考场了，要实现你们的梦想了，要开始你们的人生新征程了。我祝你们旗开得胜，马到成功。

今年是聊城教育的“立德树人”年，立德树人就是要培养和造就千千万万具有高尚思想品质和良好道德修养的社会主义事业的合格建设者和接班人。2014 年高考前我走进学校与你们的学哥、学姐们共话高考，谈人生、谈理想，鼓励他们以“安知有我否？坚决得胜利”的气概夺取胜利。2015 年我送给你们的学哥、学姐们四句话：青春需要梦想，人生需要拼搏，眼界决定境界，自信创造奇迹。2016 年我用“苦练七十二变，坚决打赢高考攻坚战”鼓励你们的学哥、学姐们发挥聪明才智，努力拼搏进取。今年我送给即将走入考场的你们八个字、四句话。

八个字：格局、胸怀、理想、信念。

四句话：

要成长必须有宏大的格局。古今中外，凡成就大事者必定格局宏大！眼界广者其成就必大，眼界狭者其作为必小。宏大的格局是大眼界、大智慧、大涵养、大气度，即以大视角谋划人生，力求站得更高、看得更远、做得更好。棋局上的大赢家都是格局宏大的人，是那些有着先予后取的态度、统筹全局的高度、运筹帷幄决胜千里的气度的人。人生亦是如此。诸葛亮“隆中对策三分天下”是大格局；杜甫“会当凌绝顶，一览众山小”是大格局；毛泽东更是大格局的光辉榜样，他“掌上千秋史，胸中百万兵，眼底六洲风云，笔下有雷声。……携卷登山唱，流韵壮东风”。你们要向古人、伟人学习，从青少年时期就培养自己的宏大格局。

要成长必须有宽广的胸怀。古今中外，凡成就大事者必定胸怀宽广！胸怀宽广是指气量大、境界高、底气足，“卒然临之而不惊，无故加之而不怒”；“泰山崩于前而色不变，麋鹿兴于左而目不瞬”。曹操“夫英雄者，胸怀大志，腹有良谋，有包藏宇宙之机，吞吐天地之志者也”，胡耀邦“心在人民，原无论大事小事；利归天下，何必争多得少得”都是说的大胸怀。只有胸怀宽广才能成大器。

要成长必须有远大的理想。古今中外，凡成就大事者必定理想远大！远大理想是对未来的一种远大抱负和美好的希望。屈原说：“路漫漫其修远兮，吾将上下而求索。”诸葛亮说：“夫志当存高远。”李白说：“天生我材必有用。”李清照说：“生当作人杰，死亦为鬼雄。”习近平讲：“青年一代有理想、有担当，国家就有前途，民族就有希望。”理想是目标、是号召、是引领、是旗帜，在它的引导下往前走，你就会觉得有奔头、有力量、有干劲。只有胸怀远大志向，才会“文能提笔安天下，武能上马定乾坤”。

要成长必须有坚定的信念。古今中外，凡成就大事者必定信念坚定！柏拉图说：“成功的唯一秘诀就是坚持到最后一分钟。”刘禹锡说：“千淘万漉虽辛苦，吹尽狂沙始到金。”苏轼说：“古之立大事者，不惟有超世之才，亦必有坚忍不拔之志。”蒲松龄说：“有志者，事竟成，破釜沉舟，百二秦关终属楚；苦心人，天不负，卧薪尝胆，三千越甲可吞吴。”信念决定事业成败，只有信念坚定，才能成功。

春天是播种的季节，也是充满希望的季节。回顾历史，我们聊城自明清时期就被视为“科目鼎盛，贤士辈出”之地。当今伟人时代，我们为什么不可以再出更多的国家栋梁之材？为什么不可以再出更多的大书法家、大画家、大文学家、大科学家？为什么不可以再出更多的泰斗、大师级的人物呢？运河春水如画，承载着聊城600万人对同学们的殷殷期望，它是一条文化的河、流动的河、美丽的河、繁荣的河，也一定会成为一条响着琅琅读书声和捷报频传的河。

“全国三万余，全省两千七，全区共百多，全县寥无几。安知有我否？坚决得胜利!”

这是我 38 年前考大学时写的一首自勉诗《问》，每年我都赠给你们的学哥、学姐们，今年，我同样把这首诗赠给你们。只要同学们“闻鸡起舞撸袖干”，就一定能“雄鸡高唱凯歌传”!

你们的“大大”朋友：哈宝泉

2017 年 3 月 31 日

持续8场座谈会，意欲何为？
牵挂3万高考生，情系学子！*

张敬朝

从4月19日到5月17日，在这短短不到一个月的时间里，市教育局党组书记、局长哈宝泉不辞辛苦，连续召开8场迎高考座谈会，为全市3万多名即将参加人生第一次大考的高考考生擂响战鼓，吹响号角，为他们接下来打赢高考攻坚战鼓劲加油。

自担任聊城市教育局局长之后，哈宝泉非常关注全市每年的高考情况。为了能让聊城更多的高三毕业生考入理想的高校，特别是像北大、清华这样的名校，哈宝泉在就任教育局局长的第一个年头，先后做了16场巡回报告，与全市28所高中的12000名高三学子见面，为大家鼓劲加油。2015年、2016年，他又连续两年亲自致信全市所有高三学生，以一个过来人的身份，告诉大家如何调整好心态，克服眼下的迷茫，顺畅地走好高考前的这段路。

今年3月19日，在距离2016年夏季高考还有77天的时候，哈宝泉写了致全市高三学生的一封信——《苦练七十二变，坚决打赢高考攻坚战》。信中他变身为俏皮幽默的"大朋友"，让全市所有高三学生像"齐天大圣"孙悟空那样"苦练七十二变"，并送给高三学生三句话：一是直面困难，狭路相逢勇者胜；二是坚持不懈，"行百里者半九十"；三是一鼓作气，"三千越甲可吞吴"。他希望高三学生能增强信心，振奋精神，拿出必胜的信念和昂扬的斗志，取得这场高考攻坚战的伟大胜利。

不仅如此，哈宝泉4月19日到莘县，5月4日到聊城市城区，5月12日上午到临清市，下午到高唐县，5月13日到茌平县，5月16日到东阿县，5月17日上午到阳谷县，下午到冠县调研指导高考备战工作，并开创性地召集各高中校长及高三年级主任召开专题座谈会，与奋斗在高考一线的校长和年级主任交流互

---

* 本文原载《聊城教育》2016年6月第2期。

动。每到一处，他都认真听取高中校长和高三年级主任关于迎考工作的汇报；每到一处，他都会详细询问高三学生的学习和生活情况；每到一处，他都会语重心长地向高中校长和高三年级主任提出要求。

哈宝泉指出，高考是民生大事，备受社会各界关注，全体高三教育工作者要进一步提高认识，增强信心，明确目标，细化措施；要始终保持良好的精神状态，以优异的高考成绩向党和人民交出满意的答卷。

哈宝泉强调，高考关乎教育教学质量水平，教育教学质量的提升也推动高考成绩的进步，两者相辅相成。要下大气力抓好教育教学质量，教学质量是“牛鼻子”“总开关”。提高教育教学质量，教育工作者要有宽广的胸怀，要拓展眼界，还要不拘方式、不拘形式，百花齐放、百家争鸣。

亮出均衡发展的“聊城名片”*

——2016年聊城市教育工作亮点点击

吕　臻　司尚营

2016年以来，聊城市教育系统在“321”工作思路的统领下，紧紧围绕“教学质量、师德建设、立德树人”三项重点工作，创新思路、同心同德，通过深化课程改革、加强教师队伍建设、改善办学条件，将教育综合改革不断引向深入。全市教育工作亮点频现，迸发出空前的发展活力，在全省亮出了“聊城名片”。

教育教学质量：创新教研模式，助力快速发展

办好人民满意的教育，就要提高教学质量。教育质量的高低决定着人民素质的高低，进而也决定着一个地方的经济社会发展速度、质量及后劲。2016年，我市义务教育的教育教学质量稳步提升，城乡均衡教育成效显著，高考再创佳绩，全市本科上线18590人，职业教育改革也得到了省主管部门的高度认可。

以教学为中心，把课堂作为教育教学的主阵地。深化素质教育，积极推进课堂教学改革，突出学生在教学中的主体地位，发挥教师的主导作用，提高课堂教学水平。初中教育方面，在总结、推广杜郎口中学的“三三六”等模式的基础上，东昌中学的“大单元三课型六学段”模式等也基本成型。积极创建高效课堂，小学教育实施“4＋1”基础战略工程，在校园文化建设、良好习惯养成、校本课程建设和特色教育等方面均取得了显著成果。

把开展教育科研作为推动教育教学改革、提高教育教学效率的重要手段。目前，全市所有初中均已启动两项课题研究和实施工作。启动“名校工程”以来，先后有33所小学被评为“山东省教学示范学校”。莘县实验小学、东方双语小学、高唐县第一实验小学、阳谷县第一实验小学等成为全国名校。

---

* 本文原载2016年9月9日《聊城日报》(教师节特刊)。

为提高教育教学质量，市教育局实施典型带动战略。1 月 14 日，在冠县清泉中学召开全市初中教育教学工作会议。1～5 月份，市教研室同志先后到各县(市、区)进行教学视导。下移教研工作重心，深入学校、课堂，及时发现问题，有效促进了课堂教学改革。推进阳光读写工程，完善区域教研。近几年，茌平县通过实施“阳光读写工程”，狠抓区域教研，全县教育教学质量迅速提升。小学教育深入实施“振兴阅读工程”，通过四届全市成果展示活动的举办，自觉读书已成为全市小学生日常生活的一部分，好读书、读好书蔚然成风。重视教育评价。初中教研室修订了《2016 年聊城市初中学生学业水平考试说明》。考生及任课教师普遍认为，今年试题的考查内容、考查方式、难度、区分度均达到了预期效果。

全市小学、初中、高中教育教学工作稳步发展。教育教学改革继续深入，茌平县的阅读工作、区域教研工作引起了《中国教师报》《山东教育报》等新闻媒体的关注；全市义务教育均衡发展工作迈出坚实步伐，冠县家校结合工作成绩突出，茌平、临清通过国家义务教育均衡发展工作验收组验收。开展了两届全市小学青年教师梯次建设工程，培养出诸多水城名师、县区名师。本学年全市小学将以学校“十件小事”为抓手，评选出“五好少年”和“十好少年”。

现代职业教育体系进一步完善，民办教育发展环境进一步优化，管理监督进一步强化；职业教育发展氛围愈发浓厚，学生技能水平进一步提升；积极推进职业教育队伍建设，教师素质进一步提升。

师德建设：培树典型，打造高素质教师队伍

2016 年是聊城市教育系统“师德建设年”。我市深入开展“师德建设年”活动。今年春节开班第一天就召开“师德建设年”动员会，确定了实施“三大工程”(全员性师德素养提升工程、四有教师培树工程、师德实验基地建设工程)，实现“两个提升”(教师师德知行合一的提升、学校师德建设水平的提升)的工作目标。各县(市、区)和市直学校均已建立起相关工作机构。组织全市教育系统参加“2016 山东省最美教师”评选活动，大力培树典型，弘扬核心价值，倡导尊师重教，共推荐 37 名一线教师为候选人。

各级教育行政部门和各学校深入学习贯彻习近平总书记系列重要讲话精神，特别是今年在知识分子、劳动模范、青年代表座谈会和庆祝中国共产党成立 95 周年大会上的讲话精神。广大教师甘守三尺讲台，争做“四有”老师，展示了当代教师阳光美丽、爱岗敬业、无私奉献的精神面貌。

从 2016 年起，全省各级各类学校组织开展教师宣誓活动。教师节前，省教

育厅将组织部分新入职教师和优秀教师代表进行宣誓。我市按照《山东省教育厅关于组织开展教师宣誓活动的通知》(鲁教师函〔2016〕10号)要求,认真组织实施,把开展教师宣誓活动作为教师职业理想教育和师德建设的重要载体,通过宣誓活动,坚定教师职业信念和职业操守,增强教师职业幸福感、荣誉感。

活动不断深入。今年教育部组织开展向李保国同志学习、全国教书育人楷模推选、“寻找最美教师”等活动,省教育厅组织开展“2016齐鲁最美教师”电视评选、优秀教师典型事迹宣传等活动。我市也结合实际认真开展相关活动,充分发挥冠县轩云湘同志等优秀教师的典型带动作用,形成广大教师争做“四有”好老师的良好局面,进一步在全社会营造尊师重教和关心教师、理解教师、支持教师的良好氛围。

紧紧抓住教师节这一重要时间节点,完善落实师德建设长效机制。通过座谈会、主题演讲、征文、宣誓等多种形式,组织教师深入学习职业道德规范以及相关政策文件,组织中小学教师全员学习《教育法》《未成年人保护法》等法治培训专题课程并选学中华传统文化、教师艺术修养等课程,引导教师自觉地将师德规范转化为稳定的内在信念和行为品质,提高师德践行能力。

近期,全市进行了师德素养专项培训,面向拟培树的师德建设示范学校的校长、政教主任、班主任,打造师德建设“种子”学校和“种子”教师,培训30所“种子”学校的“种子”教师90人。其中聊城一中在新学期特意举行新教师岗前师德培训。

为大力弘扬新时期人民教师的高尚师德和“奉献、友爱、互助、进步”的志愿精神,我市组织开展了丰富多彩的教育志愿服务活动。李军士、徐艳兵两位教师援藏支教,其先进工作事迹得到当地教育部门的认可与好评。近年来,我市不断将志愿服务与促进学生成长相结合,与提升教师品德修养和学识水平相结合,与践行社会主义核心价值观相结合,引领社会风尚。

名校办分校:圆家门口的“名校梦”

今年,我市大力推进名校办分校战略,名校办分校已卓有成效。目前,已有153所名校与212所弱校达成托管、带动意向,惠及学生10多万名。同时,积极引进外地先进学校管理模式和办学经验,有效扩增了中小学教育资源。这些名校充分发挥自己的办学特色和硬件优势,从学校管理、课堂教学、师资配备等方面入手,最大限度地发挥名校优势,有效盘活了薄弱学校和农村教育资源,真正使当地群众受益,受到百姓称赞。

近两年,通过名校办分校新增加的学校有:原聊城市财政学校改建成聊城三中北校，进一步扩大了聊城三中优质资源的影响和覆盖面；新建的聊城华育学校，引入山师大附中管理模式办学；聊城世纪园学校成为潍坊“山东 271 教育集团”分校，引入昌乐二中先进的管理和课堂教学模式；聊城东方双语小学新建贸易校区；聊城六中原址引进山东英特教育集团优秀资源开办小学；聊城水城中学利用原纺校校址开办了九年一贯制的慧德学校（利民校区）。

聊城实验小学先后托管了原教师进修学校（今实验小学西校区）、柳泉小学（今站前实验小学）、湖西中心小学（今江北水城旅游度假区实验小学）、岳庄小学（今实验小学站前校区）等 4 所城乡接合部的学校。东昌府区东关民族小学带办了阳光小学和光明小学，建立了百草园小学，目前又和东昌府区斗虎屯镇堠堌中心小学联合办学，加挂“东关民族小学分校”牌子。带动成功后，这些分校都从东关民族小学独立出来，成为新的名校。临清市通过合并、兼并、托管、改建或协作等方式，把城区原有十几处小学合并成临清实验小学、临清逸夫实验小学和临清武训实验小学的分校，惠及 4280 名学生，实现了临清市城区小学教育的均衡发展。

名校办分校工作作为贯彻落实党的十八届五中全会精神、提高教育质量的重要举措，促进城乡教育均衡发展、实现教育公平的主要方式和解决城镇普通中小学大班额、改善教育民生的有效途径，得到了领导、社会各界和新闻媒体的高度关注。省委、市委领导对我市实施的名校带动分校工作给予高度肯定和评价。《大众日报》《齐鲁晚报》《聊城日报》等省市级媒体，纷纷通过设立专栏等形式，建立起学校交流和经验推广的平台。

下一步，聊城市将大力推进名校带动战略，将这一教育民生工程做大、做实、做强；积极探索“名校＋新校”“名校＋弱校”“名校＋农村校”“名校＋民校”办学模式，力争在“十三五”期间，把全市农村薄弱学校全部带动、提高一遍。

学前教育：用心托起孩子的未来

今年以来，全市学前教育以“321”工作思路为抓手，在去年“教育教学质量提升年”的基础上，水平进一步提升。

积极推进第二期学前教育三年行动计划。全市幼儿园建设项目进展顺利。根据《聊城市第二期学前教育三年行动计划（2015～2017 年）》要求，全市 2016 年计划新建、改扩建幼儿园 166 所。市教育局为扎实稳妥地做好幼儿园建设工作，在全市多次召开县（市、区）幼儿园建设工作调度会，对建设工作作出统一部署安排；为加强省定贫困村幼儿园建设工作，会同市扶贫办、市财政局、市国土资源局联合发文《关于加快贫困村幼儿园建设的意见》（聊教字〔2016〕27 号），在土地、资金等方面加大对贫困村幼儿园建设的扶持力度。截至7月28日，全市幼儿园建设工程已启动146个，开工建设77个。

2016年，全市幼儿园办园条件明显改善。在制定的二期行动计划中，明确要求三年内我市乡镇(街道)中心幼儿园全部达到省级示范性幼儿园办园标准，这项举措大大改善了我市的幼儿园办园条件。4月份，省评估专家组通过听取汇报、查阅档案等方式对我市幼儿园的环境创设、教育教学等进行全面评估，肯定了近年来我市通过一期、二期行动计划取得的成绩，同时也指出了我们今后改进的方向，促进了我市学前教育的健康、快速发展。今年，全市共有45所幼儿园通过省级示范性幼儿园验收。

在市委、市政府领导的关心、支持下，市实验幼儿园建设项目有序推进。市实验幼儿园的建设，填补了聊城市没有独立设置的公办幼儿园的空白。目前，幼儿园建设工程主体已竣工验收，预计2016年10月全部完工。

大力规范办园行为，纠正小学化倾向。为保障民办幼儿园规范发展，全市大力清理整顿无证幼儿园。2016年2～5月联合综治办、公安局、食品药品监督管理局、卫计委等部门印发了《关于在全市开展清理整顿无证幼儿园工作的实施意见》，开展全市清理整顿无证幼儿园专项治理活动，关停存在安全隐患的幼儿园，做好幼儿分流工作，对基本符合办园条件要求的无证幼儿园加强跟踪指导，不断引导民办幼儿园规范发展。严格准入制度。要求各级教育行政部门严格执行幼儿园准入和年检制度，严格依法审批各类幼儿园。以上举措大大提高了幼儿园的规范化、标准化水平，保证了学前教育水平的进一步提高。此外，对全市登记注册的各级各类幼儿园实行了统一标识，大大方便了家长选择幼儿园，使幼儿园能更好地接受社会监督。

加大宣传力度，开展学前教育宣传月活动。邀请部分学前教育专家针对目前幼儿教育“小学化”现象进行座谈、交流，为幼儿园正确开展各项活动指明方向。为规范幼儿园常规工作管理，加强幼儿园餐厅建设，提升保教质量，组织部分乡镇中心幼儿园园长到冠县参观，学习先进管理经验。

聊城市创建义务教育发展基本均衡县纪实*

李军祥

近日，国家教育督导组对我市申报的2个义务教育发展基本均衡县(市、区)进行了现场督导督查，并在于济南召开的全国义务教育发展基本均衡县督导检查反馈会议上，宣布我市临清市、茌平县通过“国检”，达到了国家规定的评估认定标准。这是我市自2011年吹响创建全国义务教育发展基本均衡县号角后，取得的阶段性突破。

义务教育均衡发展是国家基本教育政策，事关教育公平、教育民生，也是教育现代化的重要目标和基础。近年来，我市始终坚持教育优先发展战略不动摇，以创建全国义务教育发展基本均衡县为总抓手，以“办好人民满意的教育”为目标，全面推进优质教育均等化、城乡教育一体化，学校布局日趋合理，教育资源优化配置，办学条件显著改善，各级各类学校办学质量和管理水平明显提高，教育事业实现了健康快速发展。

一、教育优先，明确责任

均衡发展义务教育是国家重大民生工程，国家和省《中长期教育改革和发展规划纲要》、《国务院关于深入推进义务教育均衡发展的意见》(国发〔2012〕48号)、《山东省人民政府办公厅关于推进县域义务教育均衡发展的意见》(鲁政办发〔2011〕61号)都对推进义务教育均衡发展提出明确要求。聊城市委、市政府高度重视，出台了《聊城市人民政府办公室关于推进聊城市县域义务教育均衡发展的意见》(聊政办发〔2012〕3号)、《聊城市推进县域义务教育均衡发展实施方案》(聊教督委〔2014〕3号)，成立了聊城市人民政府教育督导委员会，建立了

---

* 本文原载《聊城教育》2015年12月第3期。

义务教育均衡发展激励机制和问责机制。市政府与各县(市、区)政府签订了《县域义务教育均衡发展目标责任书》,并把义务教育均衡发展作为考核县级政府的重要内容。

二、领导重视,全力推进

2015年8月6日,聊城市委书记、市人大常委会主任徐景颜,市委副书记、代市长宋军继召开全市教育工作座谈会。市委常委、宣传部部长赵庆忠,市委常委、秘书长李吉增,市委常委、常务副市长耿涛,市委常委、组织部部长杜昌伟等市领导出席会议。徐景颜指出,要超前谋划、扎实工作,以“功成不必在我”的态度持续抓好教育工作,确保实现新的突破、大的发展。宋军继强调,要提高认识,突出问题导向,加强措施,明确责任,攻坚克难,努力解决制约教育发展的瓶颈问题。

11月16日下午,市委常委、常务副市长耿涛主持召开了临清市、茌平县等迎检四县(市)政府主要负责同志、分管负责同志、教育局局长参加的创建全国义务教育发展基本均衡县迎检工作调度会,要求四县(市)高度重视,严格对照国家及省验收标准,全面做好迎接国家和省检查评估各项准备工作。此前,还多次召开县(市、区)政府负责同志参加的会议,部署调度全国义务教育发展基本均衡县创建工作,深入学校实地调研指导。

三、强化指导,措施有力

市教育局多次召开专题会议安排全国义务教育发展基本均衡县创建工作。党组书记、局长哈宝泉要求各有关科室立足本职,全力配合全国义务教育发展基本均衡县创建工作,切实发挥基教、安全、电教、仪器、图书、体卫艺等业务科室的指导作用,提高设备设施利用率,提升学校管理水平。

建立了督学分包、督查、巡查制度。党组成员、正县级督学李开双带领市政府教育督导室的同志多次向省政府教育督导室汇报,表明信心和决心,掌握动态,了解信息。

对县(市、区)教育督导人员进行培训,并组织县(市、区)有关人员到平阴县考察学习。

对县(市、区)进行分类指导,分层次推进。三年来到8个县(市、区)及市属开发区的380多所学校现场了解情况,研究对策,指导工作,提出建议。到临清、茌平、高唐、东阿与县(市)政府主要负责同志沟通,解决难点问题。及时总结工作经验，分析研究问题，为市领导决策提供科学翔实的依据。联合市财政、发改、人社、住建等部门印发了《关于全面改善我市农村义务教育薄弱学校基本办学条件的实施意见》(聊教字〔2014〕106 号)，积极推进“全面改薄”工作，改善办学条件。

在各县(市、区)自评的基础上，市政府教育督导室牵头组成督导组，对临清、茌平、高唐、东阿四县(市)进行了 4 次督导评估，并邀请省教育督导组 3 次来聊城对有关县(市、区)进行督导评估。督导组就政府推进义务教育均衡发展工作情况，包括入学机会、保障机制、教师队伍、质量与管理以及中小学办学条件等方面进行全面督导检查。

各县(市、区)政府高度重视，积极履行政府职责，加大教育投入，实施校舍安全工程、办学条件标准化建设工程、“全面改薄”工程，改善中小学办学条件；实施名校办分校集团化办学，优化教育资源配置，加强教师队伍建设，规范学校管理，深化教育教学改革，全面提升教学质量，促进了义务教育均衡发展。

11 月 24～25 日，临清市和茌平县顺利通过了国家教育督导组的督导评估，成为全国义务教育发展基本均衡县。2015 年 11 月 28 日国家督导反馈会议和全省“全面改薄”、解决城镇中小学“大班额”问题工作推进会后，我市立即抓好贯彻落实，于 12 月 8 日召开了县(市、区)主要负责人参加的全市推进义务教育均衡发展工作会议，市委常委、常务副市长耿涛出席会议并讲话。会议传达了省两个会议精神，对“全面改薄”、解决城镇中小学“大班额”问题进行了部署，对全国义务教育发展基本均衡县创建工作进行了重点安排，要求临清市、茌平县按照国家教育督导组的意见认真整改，确保在三个月内整改到位。高唐县、东阿县 2016 年上半年申请省政府教育督导室向国家申报。阳谷县、冠县 2016 年上半年申请省复评，下半年申报国家验收。东昌府区、莘县 2016 年下半年申请省复评，2017 年申报国家验收。

四、全面“改薄”，补齐短板

为了切实加快义务教育均衡发展进程，聊城市着力抓好中小学“全面改薄”工作，把 901 所学校纳入“全面改薄”规划，总投资 29.52 亿元，其中校舍建设资金 23.09 亿元，生活设施设备配备资金 0.97 亿元，教学设施设备购置资金 5.46 亿元。在“全面改薄”工作中，高标准，严要求，重质量，求实效。

一是摸清底数，科学规划。按照“保基本，兜网底”的要求，对义务教育学校进行全面排查，摸清基本情况，测算实际缺口，列出改造清单，形成“一校一案”，会同发展改革和财政等部门，编制薄弱学校改造总体工作方案，确定了薄弱学校改造的时间表、路线图。

二是加强调度，强力推进。建立了督查、通报、考核工作制度，特别是8月20日在临沂召开的全省“全面改薄”工作现场会后，我市于8月28日召开了“全面改薄”工作调度会，9月19日在临清召开了现场会，9月28～30日开展了专项督导检查，确保工程进度和质量。

三是保障经费，加大投入。在用好中央和省专项资金基础上，多渠道筹措“全面改薄”资金，市财政2015年列支1000万元奖补资金，今后每年还要增加，各县（市、区）按照“全面改薄”规划负责兜底，足额配套。同时，加大融资力度，与国家开发银行多次沟通，研究贷款工作。11月3日，市政府与国家开发银行山东省分行签订了55亿元的教育贷款意向书。12月8日，又专门邀请省财政厅的专家讲解融资的政策和流程。各县（市、区）成立了由主要负责人任组长、分管负责人任副组长的融资工作领导小组，协调推进融资贷款工作，确保资金贷得来、用得好。

据省改薄办工作简报2015年第10期公布的情况，截至2015年10月底，我市累计筹集“改薄”资金13.81亿元，占规划投资的46.78%；支出9.52亿元，占规划投资的32.27%。校舍建设规划面积161.9万平方米，开工面积90.76万平方米，开工率78.83%；竣工面积48.97万平方米，竣工率30.25%。运动场地规划面积97.69万平方米，开工面积48.29万平方米，开工率49.43%；竣工面积48.29万平方米，竣工率49.43%。校舍建设开工率居全省第4位。11月4日，教育部督导办专项督导处处长杨宇带领督导组来聊城调研时，对我市“全面改薄”的做法和成效给予了充分肯定。

百年大计，教育为本。教育承载着亿万家庭的梦想和希望，关系着人民群众的生活幸福，是全面建成小康社会的重要组成部分。相信有各级党委、政府的坚强领导，有社会各界的大力支持，聊城教育一定会乘势而上，开创教育改革发展的新局面。

政府主导，部门联动，助推教育均衡发展*

近年来，在市委、市政府的正确领导下，茌平县牢牢抓住发展第一要务，坚持以提高质量、效益为中心，经济社会实现又好又快发展，连续6年跨入全国百强县，现跃居第72位。同时，茌平县委、县政府高度重视教育事业，切实将教育摆在优先发展的战略位置，在政策、投入等方面给予了大力支持。茌平县坚持政府主导，强化部门联动，加大教育投入，强力推进城乡教育均衡发展，促进学校内涵式发展，受到了社会各界的广泛好评。该县具体做了哪些工作？有什么值得推广的经验和做法？近日，《聊城教育》采访了茌平县人民政府副县长曹志程。

《聊城教育》：2015年12月，茌平县顺利通过了全国义务教育发展基本均衡县国家验收，成为聊城市首批义务教育发展基本均衡县。请问茌平县在缩小城乡和校际差距，促进县域教育均衡发展方面做了哪些工作，取得了哪些成果？

曹志程：茌平县委、县政府始终坚持教育优先发展战略，明确主体，落实责任，科学规划，不断加快义务教育均衡发展。

一是成立各级领导小组。为更好地促进义务教育均衡发展，2014年茌平县政府下发了《关于成立义务教育均衡发展工作领导小组的通知》（茌政办字〔2014〕22号），明确由分管县长任义务教育均衡发展工作领导小组组长，县教育局、监察局、公安局、财政局、人社局、住建局、卫计局、审计局、发改局、科技局为成员单位，办公室设在县教育局，承担义务教育均衡发展的日常工作。出台了《关于进一步推进义务教育均衡发展的实施意见》（茌政发〔2014〕24号），明确了工作重点和各单位在促进义务教育均衡发展工作中的责任，对义务教育均衡发展起到重要促进作用。县教育局成立了以局长为组长，相关科室为成员的领导

---

* 本文原载《聊城教育》2016年10月第4期。

小组,下设安全组、师资队伍组、均衡发展监测组、学校标准化建设组、教育管理与质量组五个小组,分别指导学校义务教育发展基本均衡县创建相关工作。各学校成立了以校长为组长,相关科室和功能室管理员为成员的义务教育发展基本均衡县创建工作领导小组,明确一名副校长为义务教育发展基本均衡县创建工作联系人,负责与教育局督导室联系义务教育均衡发展工作。

二是加大教育投入。全面改善学校基本办学条件,推进义务教育学校标准化建设,不让农村孩子输在成长“起点”。近年来,全县累计投入资金 4.3 亿元,大力实施校舍安全工程和薄弱学校改造工程,实施“211”(热水、热饭、取暖、改厕)工程,新建教学楼 35 座,餐厅 14 个,宿舍楼 12 座,总建筑面积 18.1 万平方米;维修校舍 360 余间,总面积 1 万多平方米;新增体育运动场地 10 万多平方米。投资 6000 余万元,新增学生用计算机 2477 台、教师用计算机 200 台、多媒体 1051 套、音体美术器材 4 万余件、学生课桌凳 31000 多套、图书 36 万册、取暖空调 1421 台;完善配齐了中小学心理咨询室、卫生保健室,全面完成了教师人手一机、中小学微机室更新、触控式多媒体一体机班班通、校园网建设、图书仪器配备等工程,学校标准化建设水平大幅提高。

三是深化学校内涵建设。在改善办学物质条件的同时,把学校内涵建设作为重点内容,以薄弱学校改造为重点环节,通过调节资源配置、鼓励学校自主发展、开展学校结对共进等形式,不断促进城乡之间、学校之间办学水平尤其是内涵发展水平趋于均衡。2014 年,全县中小学建立教学研究和教育发展协作区 6 个,促进了学校之间资源共享、互学共进,促进了城区学校和农村学校共同发展。加快学校特色发展,是提升学校竞争力的重要手段。我县围绕“名校、名校长、名教师、名学生”方向目标,指导城乡各学校立足实际,积聚优势、放大亮点、提升品位,着力打造学校特色和文化,促进城乡学校软实力同步提升。通过近几年的发展,茌平特色办学硕果累累。山东政法希望小学的“发现选择教育”,振兴小学的经典诵读,实验中学的“全人教育”,振兴中学和韩屯中学的“阳光读写”,博平中学的“德育工程”,温陈中学的“剪纸艺术进课堂”,肖庄中学的“特色英语教学”,实验小学的“学校课程选课走班”,杜郎口曹庄小学的“太极拳”等亮点突出,影响广泛。

四是加快师资队伍建设。首先,根据教学需要和现有师资结构实际,每年按编制及时补充紧缺学科教师。2013 年以来,补充新教师 440 余人,教师学科比例日趋合理。其次,加大校际师资交流力度,积极实施“校际交流、师徒结对”的互助战略,开展“带教、送教、支教”活动,促进校际干部、教师双边交流,相互学习,不断缩小城乡之间、镇区之间、校与校之间的差距,推进全县教育师资均衡发展。再次,设立教师培养专项经费,建立系统完备的教师、校长培训和继续教育制度，通过“一师一优课，一课一名师”、教坛新秀、“齐鲁名师，水城名师，茌平名师”、网络研修等活动，有效促进教师素质的全面提升，实现了教师的全员培训。

《聊城教育》：改善义务教育薄弱学校办学条件一直是近年来教育关注的重点，也是实现教育均衡发展的一个重要方面，请您谈谈茌平县在这方面具体做了哪些工作。

曹志程：茌平县现有义务教育学校 80 所（初中 15 所，小学 44 所，教学点 21 个），依据《茌平县全面改善义务教育薄弱学校办学条件建设规划（2014～2018）》，有 66 所学校纳入“全面改薄”计划，规划总投资 2.13 亿元。2014～2016 年，我县实施了 29 处学校 46 个校舍建设项目，总建筑面积 10.43 万平方米，占总规划面积的 74%，其中竣工并投入使用的项目 46 个，竣工面积 10.43 万平方米，占总规划面积的 74%。2016 年第二批建设项目计划启动温陈街道中学、胡屯镇中心小学等 18 处中小学建设项目，总规划建筑面积约 5.86 万平方米，现已完成选址、环评、立项等工作。2016 年计划启动 14 处中小学操场建设项目，其中中学 6 处、小学 8 处，规划面积 11.25 万平方米，现正进行前期规划工作。为确保项目建设进度，县委、县政府多次召开调度会，多举措切实解决项目建设审批手续烦琐且费用高的问题，加快了行政审批和项目推进速度。

一是设立专门的领导协调机构。根据聊城市的要求，成立了由县教育局局长任组长，教育局牵头，发改局、财政局为成员的全县改善义务教育薄弱学校基本办学条件领导小组。领导小组定期召开会议，部署全面改善义务教育薄弱学校基本办学条件工作，研究解决工作中的重大问题。各学校明确专人具体抓项日工程建设管理、监督、进度、校舍平台录入工作。

二是实行项目“县长负责制”。为了加快项目建设进度，保障各项工作落到实处，茌平县委、县政府针对解决城镇普通中小学“大班额”问题、全面改善义务教育阶段农村薄弱学校办学条件、第二期学前教育三年行动计划和融资贷款四项重要工作，每个项目明确一名县级领导负责。县级领导是项目的第一责任人，亲自过问项目实施工作，定期研究和会商项目推进过程中的困难和问题，确保“改薄”工作速度和质量双过关。

三是坚守规划进度底线。将项目目标按照“一校一规划，一校一方案”的标准，细化到各规划学校和年度，严格按照时间节点，一个项目一个项目地推进，切实保障工程进度。

四是健全项目推进机制。政府统筹、部门联动。实行“一站式办公”“限时审批制”等工作机制。各相关部门密切配合，项目建设手续中涉及哪个部门领域，就由哪个部门出谋划策，共同研究破解，简化相关建设手续，确保项目建设手续办理及时;教育、财政、规划、国土、住建、发改、环保等相关部门联合开通了“教育规划建设绿色通道”,做好手续简化、税费减免、土地保障等工作,坚持在项目立项、审批、建设、配套等方面特事特办、从简从快,加快行政审批和项目推进速度。

《聊城教育》:近几年,随着农村人口逐渐向城镇集中,城镇学校的压力越来越大,特别是“大班额”问题越来越突出,在一定程度上影响了教学质量和学生的身心健康。茌平县解决城镇学校“大班额”问题,进展如何?

曹志程:为解决城镇普通中小学“大班额”问题,我县制定了解决城区普通中小学“大班额”问题的规划及实施方案,确定在城区新建 5 处、改扩建 4 处学校,用地需求 541 亩,项目建设规划总投资 32370 万元,新增校舍面积 125512 平方米,新增教师 752 名,到 2017 年基本解决城区“大班额”问题。

为切实加快解决城镇“大班额”问题工作进度,2016 年 9 月 26 日,经县委、县政府研究,调整成立了以时任县委副书记的朱正林同志为组长的“茌平县解决城镇普通中小学‘大班额’问题工作领导小组”。工作领导小组于 9 月 27 日、10 月 1 日、10 月 7 日召开了三次解决“大班额”问题工作专题会议。10 月 4 日,县委书记马骏同志主持召开了棚户区改造和“大班额”工作联席会。四次会议就推动解决“大班额”学校建设项目,解决存在的疑难问题,强化部门责任与分工,创新工作思路与方法等作了工作部署。在县委、县政府的坚强领导下,在各相关单位的大力支持下,近期,我县解决城镇“大班额”问题相关工作进展迅速。截至 2016 年 10 月 16 日,省平台数据显示我县校舍开工面积 27494 平方米,面积开工率 26%;已到位资金 10267 万元,到位资金完成率 22.45%;已完成投资 2198.2 万元,完成投资率 4.8%;已招录教职工 134 名,招录教职工完成率 17.81%。下一步,我们将进一步强化措施,加大工作力度,确保圆满完成解决城镇“大班额”问题工作。

以信息化促进教育全面发展*

近年来，在市委、市政府的高度重视和正确引领下，全市各级党委、政府对教育的重视程度不断提高，优先发展教育的认识空前统一，教育改革发展的软件和硬件环境大幅改善，教育工作亮点不断涌现。阳谷县解决“大班额”和教育信息化建设工作受到了领导和社会的广泛好评。该县究竟采取了哪些措施？有什么经验？近日，《聊城教育》采访了阳谷县委常委、常务副县长丁洁清。

《聊城教育》：随着城镇化进程的加快，流动人口不断涌入城区，造成了城区“大班额”问题。市委、市政府提出明年年底前全面解决城区中小学“大班额”问题，请问阳谷县在这方面做了哪些工作？

丁洁清：对解决城区学校“大班额”问题，我县高度重视，积极行动，目前来看，整体工作比较主动，预计明年可基本完成任务目标。在前一段时间召开的全市教育重点工作推进会上，我县作了典型发言。具体工作中，重点抓了四个方面：

一是用好存量，扩大增量。研究确定了新建学校、梯次补位、老校扩容、闲置资源开发的工作思路，全部实施后，可新增城区中小学校学生容量 1.1 万个。

二是创新模式，破解瓶颈。针对部分农村中小学土地手续办理问题，我县及时对不符合土地总体规划的用地进行了调整，并补办了有关手续；对新增的 800 亩土地指标，通过工矿废弃地整治腾出土地 300 亩，利用土地“增减挂”指标 200 亩，调拨计划用地指标 300 亩，优先用于解决“大班额”和“全面改薄”。另外，创新资金投入模式，与国家开发银行、中国农业发展银行加强协调沟通，积极争取政策性贷款，目前第一批贷款项目已获得批复，第二批贷款项目正在积极运作。

三是倾斜政策，保障建设。县政府出台了项目规费减免政策，涉及行政事业性收费、经营服务性收费予以免收；涉及企业经营性收费属于政府认价和政

---

* 本文原载《聊城教育》2016 年 8 月第 3 期。

府指导价有浮动的，按规定标准的30%收取。

四是组织招聘，强化队伍。为解决师资力量不足问题，我县通过公开招聘的方式，及时补充完善教师队伍。去年，面向全社会公开招聘教师178名，全部充实到乡镇农村学校。可以说，在制约学校发展的资金、土地、教师三个方面上，我们都取得了突破性进展，我们有信心、有决心完成市委、市政府交代的任务，让社会满意。

《聊城教育》：教育均衡发展是近年来教育工作的重点，也是难点。请问阳谷县在缩小城乡和区域差距，促进全县教育均衡发展方面做了哪些工作？

丁洁清：近年来，阳谷县委、县政府始终坚持教育优先发展战略，大力推进教育均衡发展。2014年，出台了《阳谷县全面改善贫困地区义务教育薄弱学校基本办学条件实施方案(2014～2018)》，成立了由教育、发改、财政、规划、住建等部门组成的“全面改薄”领导小组，按照“保基本，补短板”的原则，全力改善我县义务教育阶段薄弱学校的办学条件，缩小城乡差距，实现教育均衡。

按照“全面改薄”计划，2014～2018年5年累计校舍类总规划面积21.9万平方米，截至目前，总开工率为67.96%，总竣工率为60.41%，竣工率全市排名第2。其中，2016年，我县规划校舍建设项目216个，面积13.2万平方米，规划投入资金10815万元；运动场类项目124个，面积36.8万平方米，规划投入资金3618万元。目前，已开工校舍类项目161个，运动场类项目81个。同时，我县始终坚持“逢进必考”的原则，根据学校课程设置需求，三年来累计招聘义务教育阶段教师358名，全部充实到乡镇中小学教师队伍，不断完善农村学校的师资配备，提高师资队伍的总体水平。

《聊城教育》：2015年11月27日，在全省教育信息化试点工作会议上，阳谷县作为聊城市唯一列入34个试点县的县作了典型经验介绍。请问阳谷县教育信息化建设所取得的和值得推广的经验有哪些？

丁洁清：继全省教育信息化试点工作会议之后，我县作为山东省教育信息化应用成果优秀案例，于2016年6月22～24日参加了在青岛举办的“2016年国际教育信息化创新产品与应用成果展”，我县教育信息化工作的思路、做法在国际性展会上被展示和推广。如果说有什么经验可谈的话，我想主要有以下四点：

一是加大投入，完善硬件配备。2012年以来，我县累计投资8400余万元，为中小学一线教师配备笔记本电脑5260台、触控一体机2569台，在全市率先完成了专任教师“人手一机”和“班班通”的配备任务；完成了12座高标准录播教室的建设，网络建设已达到“校校通”的指标要求。

二是创新模式，注重实际效用。实施了以“抓应用”为核心，以“全员培训，督导考核，活动提升”为抓手的教师信息技术应用能力提升工程。在实际调研的基础上，创新培训模式，把培训内容制作成微视频教程下发到学校，每段“微教程”的时长为3～10分钟，教师可灵活利用课余闲散时间学习。

三是丰富载体，巩固培训效果。先后举办了两届教师信息技术暨教学应用技能大赛，对成绩优秀的单位和个人进行表彰，激励广大教师运用信息技术授课。同时，各学校每次阶段性考核和技能大赛成绩，均计入学校督导评估成绩。

四是开发平台，整合资源优势。经过近一年的论证，我县于今年2月份完成了云平台软件和硬件招标工作。目前，我县教育云平台已安装部署完毕，将致力于开展阳谷县本地优质资源的建设工作和基于网络空间下的教学模式的尝试。这项工作开展后，将极大增强我县教育信息化工作的优势与活力。

《聊城教育》：2016年为全市教育系统“师德建设年”，请问阳谷县做了哪些工作？

丁洁清：近年来，我县始终高度重视师德建设。今年，按照全市教育系统“师德建设年”活动精神的要求，结合我县实际，研究制定了《阳谷县教育系统“师德建设年”工作方案》，进一步完善了《2016年师德建设工作量化考核细则》。2月25日，组织召开全县教育系统“师德建设年”动员大会，全面启动了“师德建设年”活动，在全县教育系统掀起师德建设的热潮。3月底之前，通过广泛动员，层层发动，各学校均制定了活动方案，明确了具体活动细则。自4月份开始，进入组织学习、全员提升阶段，依据县师德专项培训计划，先后开展了“学规范，明师德”活动、“学先进，找差距”走访活动、“教师大家访，师爱进万家”关爱行动，全面提高了教师队伍的思想政治觉悟及职业道德素养。结合省、市“最美教师”评选活动要求，对我县涌现的师德典型进行大力宣传，推荐了4名候选人参加省“最美教师”评选。下一步，我县将进入立查立改、健全制度阶段，把查摆问题与解决问题始终贯穿活动始终。12月份将进入组织考核、巩固提高阶段，对“师德建设年”工作进行全面总结和分析，制定出切合实际、行之有效的师德工作意见，建立师德长效机制，着力建设一支有理想信念、有道德情操、有扎实学识、有仁爱之心的教师队伍。

《聊城教育》：近年来，阳谷县在提高教育教学质量方面做了许多工作，请举例阐述一下具体开展了哪些工作，取得了哪些可喜的成绩。

丁洁清：在当前教育改革纵深发展并且步伐加快的教育新常态面前，为全面提高我县教育教学质量，我县主要开展了以下几个方面的工作：

一是开展区域教研，强化区域集备。我县根据各初中、小学所在区域和各学校不同特点划分了若干个区域，各区域从业务校长中选出组长一人，负责安排活动的具体操作。活动在各区域学校间依次进行，每两周开展一次集中活动、一次网上交流，两种形式交叉进行，确保教师间沟通渠道的畅通。

二是广泛开展培训，加快教师成长。采取“走出去，请进来”的方式，做好各类教育培训，提高教师业务能力。2013 年以来，组织校长、骨干班主任、名师、青年教师培训及校本培训达 5 万余人次，充实、更新了广大教师的知识储备。此外，还集中开展了对近三年新招考教师的专项教学视导和名师带徒“青蓝工程”活动，促进青年教师专业成长。

三是加强常规管理，注重常规教学。根据全县教学实际情况，我县每年更新并下发《阳谷县中小学教学常规管理细则》，要求各学校认真落实《细则》中具体要求的课前预习常规、备课常规、课堂教学常规、作业布置与批改常规、辅导常规、校本教研常规、实验教学常规、考试命题和质量分析常规；建立了县级教研员定点联系学校工作制度，让教研员对全县各学校对《细则》的执行和落实情况进行有效监督，同时，充分发挥教研员的专业引领和服务指导作用，全面提升学校的常规教学水平和育人质量。

实施"名校带动"战略，推动东昌府区教育均衡发展*

在2015年8月6日召开的全市教育工作座谈会上，东昌府区教育局就名校带动工作作了典型发言，受到了与会领导和社会各界的高度评价。近期，聊城市教育局又在东昌府区召开了现场推进会。东昌府区在名校带动工作上是怎么做的？取得了哪些成效？有什么经验？下一步怎么做？近日，《聊城教育》采访了东昌府区教育局党委书记、局长苗新泽。

《聊城教育》：苗局长，近年来，东昌府区通过实施"名校带动"战略，推动城乡义务教育均衡发展，取得了显著成效。请问，东昌府区是什么时候、基于什么考虑实施这项工作的呢？

苗新泽：我区从2005年开始实施"名校带动"战略。当初，为缩小城区义务教育学校之间的办学差距，我区将城区新建、改建学校和薄弱学校交由名校统一管理，以确保城区新建、改建学校和薄弱学校能在短时间内达到名校的质量和水平，得到群众认可。该项工作实施以来，先后将建设路小学、谷庄小学等城区新建或改建学校，柳泉小学、岳庄小学等薄弱学校共16处交由城区名校带动。带动工作实施后，被带动学校和名校的办学差距快速消除，教学质量迅速拉平，入学人数不断增加。目前，建设路小学、怡景小学、新星小学、水城小学、阳光小学、光明小学、站前实验小学等7处被带动的学校已经从原来的名校独立出来，成为新的名校。城区名校带动城区新建、改建学校和薄弱学校的成功，使城区薄弱学校全部消除，这是东昌府区教育发展史上一个里程碑式的成就。

《聊城教育》：我们看到，2014年你们又开展了城区名校带动农村薄弱学校的工作，这样做是基于什么考虑？目前有哪些学校参与？

苗新泽：由于长期以来的"城乡二元制结构"导致农村教育投入不足、师资力量老化、学科结构不合理，再加上农村学校管理水平相对较差，大量学生进城

* 本文原载《聊城教育》2015年12月第3期。

择校，形成了“越差越流失，越流失越差”的恶性循环。如侯营镇田庄小学在被聊城二中附属文苑小学兼并前，学校破败不堪，适龄人口本应超过200人的学校，在校生却不足20人。为了让农村孩子也能在家门口享受名校的优质教育，2014年7月，我区综合考虑师资力量调配、教师日常交通、财务管理以及各相关学校的地理位置、交通条件、学校基础等实际，决定将侯营镇田庄小学交由聊城二中附属文苑小学带动，将闫寺街道中学交由实验中学带动，探索出了一条城区名校带动农村薄弱学校的路子。2015年，在区政府的大力支持下，区教育局把堠堌中学并入斗虎屯中学，土地、校舍等全部资产留下并改建成堠堌中心小学。该小学与城区名校东关民族小学开展联合办学，加挂“东关民族小学分校”牌子。这一举措拓宽了该校的发展空间。现在，聊城二中兼并堂邑中学的工作也进入实质性操作阶段，这是东昌府区名校带动工作的又一重大突破。

《聊城教育》：我们了解到，在实施城区名校带动薄弱学校的同时，东昌府区还开展了镇域内名校带动和规范管理示范校(园)创建活动，推动镇域内教育的均衡。请您介绍一下好吗?

苗新泽：好的。在实施城区名校带动农村薄弱学校过程中，我们发现，受交通、财力、师资等各方面因素的制约，把农村薄弱学校都交给城区名校还不现实，所以，我们尝试实施镇域内“名校带动”战略，把堂邑镇西黄小学交由省级教学示范学校堂邑镇中心小学带动，把郑家镇镇西小学交由市级规范化学校、市级教学示范学校郑家镇中心小学带动，把郑家镇温集小学交由市级规范化学校、市级教学示范学校郑家镇镇东小学带动，增强了农村学校的吸引力。另一方面，在每个镇、办事处联校除中心小学和中心幼儿园外的小学和小学附设幼儿园中，遴选一处小学，一处幼儿园，开展了规范管理示范校(园)创建活动。通过一年的创建，经过严格的考评和验收，郑家镇镇东小学、沙镇民心小学、堂邑镇刘庄小学等3处学校被命名为“首批规范管理示范校”。我们将以此为基础，继续深入开展这项工作，推动镇域内教育均衡发展。

《聊城教育》：东昌府区实施“名校带动”战略，取得的具体实效有哪些?

苗新泽：我感觉，实施“名校带动”战略10年来，我们取得的成效具体体现在教育自身发展和社会效益两个层面。

一是群众让孩子在家门口接受优质教育的愿望成为现实。名校带动工作深入实施以来，被带动的城区新建、改建学校，薄弱学校和农村学校办学条件显著改善，管理水平、教学质量与城区名校迅速拉平，不仅当地学生争相报名就读，而且还有部分学生从城区学校回流，缓解了城区学校入学压力。田庄小学交由文苑小学带动的当年，在校生猛增至200多人，现在已经超过400人。闫寺中学被实验中学兼并后，办学条件得到显著改善，招生人数由被兼并前的210

多人增加到现在的440人。在该校服务范围内，从北顺小学、实验小学、建设路小学等城区学校毕业的学生共有80人"返流"至该校报名就读；实验中学附属小学190名小学毕业生中有170多名在该校报名就读，大大缓解了城区中学办学压力。同时，城区名校带动农村分校，使区域内的其他农村学校有了新压力，形成了"鲶鱼效应"，进一步促进了农村教育水平的整体提升。

二是群众关注的难点问题得到解决，社会效益明显。首先是减轻了农民负担。学生就近接受高质量的义务教育，大大减轻了群众的经济负担。文苑小学兼并田庄小学后，和以前让孩子进城择校上学相比，当地群众一年至少能够节省上万元费用。其次是消除了交通安全隐患。孩子在家门口接受优质教育，消除了因为择校通勤带来的各种交通安全隐患，保障了人身安全。再次是促进了农村的社会和谐。孩子就近接受优质义务教育，让群众能够拿出更多的时间、精力和资金安排生产、照顾老人、教育子女，促进了经济发展和文明乡村建设，增进了社会和谐。

《聊城教育》：东昌府区实施"名校带动"战略取得成功的关键是什么？

苗新泽：实施"名校带动"战略，涉及资金投入、人事管理、学校建设等多方面的问题，离不开"一个前提、一个基础、一个关键"。

"一个前提"就是党委、政府的坚强领导和大力支持。自2005年开展这项工作以来，区教育局每一项重大举措都及时向区委、区政府主要领导汇报。2011年，"名校带动"战略更是作为推动教育均衡发展的重要措施之一被写进政府文件。同时，在确定被名校带动的学校之前，都得到了党委、政府领导对名校带动工作的大力支持。文苑小学兼并侯营镇田庄小学时，区委、区政府主要领导和分管领导多次现场办公，解决学校带动过程中存在的问题，特别是资金问题。在实施东关民族小学和斗虎屯镇堠堌中心小学联合办学的过程中，区委、区政府和斗虎屯镇党委、政府均给予了鼎力支持。实践证明，只有把名校带动推进教育均衡的发展思路上升为党委、政府发展教育的战略方针，把部门行为变成政府行为，才能协调有关部门，整合各方面的力量，集中精力办大事。

"一个基础"就是资金保障。在文苑小学兼并田庄小学的过程中，区财政拿出83万元，对校园、校舍进行集中整修；文苑小学也多方筹措资金30多万元，填补了分校建设的资金缺口，保证了学校带动工作的顺利进行。在东关民族小学带动堠堌中心小学的过程中，区财政投入600余万元用于改善办学条件。实验中学针对闫寺街道中学的实际，积极协调，争取上级扶持资金近100万元，解决了学校债务问题，使学校办学条件显著改善。仅2014年以来，区财政投入名校带动薄弱学校工作的资金就接近千万元。实践证明，资金保障是做好名校带动工作的基础，没有资金投入，工作寸步难行。

“一个关键”就是理顺关系。在实施“名校带动”战略的过程中，区教育局立足实际，根据不同的情况，采取不同的策略。有的是由城区名校采取“一套班子，两个校区，统一管理”的运作机制，实行“三个统一”（制度统一规范、教科研统一要求、教学质量统一评估）的管理模式，对农村分校实行人财物一体化管理，共享办学理念、管理经验、师资力量和校园文化等，两个校区优势互补、协同发展、同步运行；有的是带动的名校和被带动学校双方合作，联合办学。对于名校以合作办学等其他形式带动的情况，必须明确名校和被带动学校的职责，理顺管理体制，最大限度地提高工作效能，实现工作合力最大化。

《聊城教育》：东昌府区在名校带动上确实走在全市的前头，取得的效果很明显。请问苗局长，下一步，东昌府区打算如何进一步深化这项工作？

苗新泽：全市名校带分校现场会在我区召开之后，我们在征得区委、区政府领导的同意之后，正在制定一个具体方案，做好扩面的工作，从整体上推进。在具体工作层面，聊城二中兼并重组堂邑中学的工作正在稳步开展；同时，积极争取市直优质高中学校的支持，准备借聊城一中的力量带动梁水镇中学，具体工作正在商谈。

我相信，“名校办分校”战略的贯彻实施，定能进一步促进我区教育的均衡发展，全面提高教育质量。

深化教育领域综合改革，努力推进教育公平*

教育是中华民族振兴和社会进步的基石。“十年树木，百年树人。”党的十八大报告中指出，要坚持教育优先发展，全面贯彻党的教育方针，坚持教育为社会主义现代化服务的根本任务，培养德智体美全面发展的社会主义建设者和接班人。在新的形势下，教育工作将如何满足人民群众对教育的新期盼，如何使教育事业在新起点上实现新发展？近日，《聊城教育》专门采访了阳谷县教育局党委书记、局长张文芳。

《聊城教育》：张局长，近几年阳谷教育事业改革创新力度很大，人们对教育的满意度大大提升。对当前阳谷教育的发展形势，您是如何看待的？

张文芳：近年来，阳谷县委、县政府高度重视教育事业发展，坚持科学发展，突出优质均衡，教育投入不断加大，教学条件明显改善。我县以办好人民满意的教育为宗旨，以“321”工作思路为引领，不断推进教育信息化工作，全面改善办学条件，扎实提高教育管理水平，着力推进教育公平，教育各项工作取得了明显成效。

《聊城教育》：刚才张局长提到教育信息化工作，近年来，阳谷县委、县政府投入大量资金实施中小学“班班通”和“专任教师人手一机”工程，大力推进教育信息化建设，成效显著。请您谈谈阳谷教育信息化发展情况，好吗？

张文芳：好的。为加快教育信息化建设，2012 年以来，我县已累计投入 6000 多万元实施中小学“班班通”和“专任教师人手一机”工程，教育信息化建设工作走在了全市前列。全县共有 1213 个班级配备“班班通”设备，全部初中、91%的农村小学达到了学生用机及“专任教师人手一机”配备要求；3 处高中学校所有班级均配备教学触控一体机，是聊城市唯一达到此类配置的县(市、区)。2014 年，我县投入 100 万元为乡镇中心幼儿园配备教学触控一体机 70 台，投入

* 本文原载《聊城教育》2015 年 12 月第 3 期。

35 万元在侨润明德小学建设我县第一座高标准录播教室。全县所有中小学、幼儿园全部开通网络宽带。我县被列为全市唯一的“山东省教育信息化区域综合试点县”。2015 年，我们又投入 550 万元为中小学配备教学触控一体机 429 台，使全县中小学每个教学点、每个班级都有了多媒体设备，逐步实现城乡优质教育资源共享；投入 200 万元，为初中更新学生微机 600 台；投入 70 万元，在实验中学、第二实验中学建设两座录播教室；投入 150 万元，对各学校的教学黑板进行了无尘改造。计划到年底完成“三通两平台”建设任务，实现“人人通”，所有教师开通教师空间，60％以上的中小学开通学生空间。一年来，阳谷县对中小学教师进行信息技术应用、教学点资源利用、网络课程应用、网络研修等多层次、多类型的培训达 2000 人次，教师运用信息技术的水平不断提高。目前，全县 75％以上的教师能熟练地使用触控一体机等多媒体进行教学，大大丰富了教学手段，扩充了课堂内容。

《聊城教育》：近几年，阳谷县大力实施中小学校舍安全工程和乡镇中心幼儿园建设，城乡中小学校办学条件有了明显的改善。张局长，请您介绍一下阳谷在改善学校办学条件方面取得了哪些新突破。

张文芳：2012 年以来，县委、县政府在财力有限的情况下，持续加大投入，全县中小学校舍安全工程扎实推进，城乡办学条件得到明显改善。2013 年，投入 9000 多万元实施农村中小学校舍安全工程和乡镇中心幼儿园建设，将其列入“政府惠民 10 件实事”，其中新建校舍 29 处，新建乡镇中心幼儿园 13 处，总建筑面积 7.5 万平方米。2013 年上半年，我县青少年素质教育实践基地正式开班；新建的县实验幼儿园正式投入使用；县实验小学在拆除大量危房后，对校园进行了规划改造，新建标准塑胶操场，绿化、美化了校园，学校面貌焕然一新。2014 年，第二实验中学新建的高标准塑胶操场投入使用，总投资 400 多万元；全县各乡镇均建立 1 处中心幼儿园并全部投入使用；投入 6000 余万元在北部铜谷新城兴建铜谷中学、铜谷小学，建筑面积 2.3 万平方米，暑假期间顺利完成两所学校招生工作，目前新学校已投入使用；10 月份，在西部新城区正式开工建设阳谷三中新校，规划占地 266 亩，总建筑面积 10.6 万平方米，总投资 2.3 亿元，设置 100 个教学班，可容纳在校生 5000 余人，预计今年 8 月底前可完成全部建设；对阳谷第一小学（原南街小学）新校区进行升级改造，投资 377 万元，建筑面积 2779.28 平方米，目前已完工。2015 年，我县计划实施义务教育学校校舍标准项目、薄弱学校改造项目 26 个，计划总建筑面积 3.2 万平方米。目前，已开工项目 3 个，建筑面积 7425 平方米，投资 1059 万元；其余 23 个建设项目处于施工图设计或招标阶段。3 月，我县出台了第二期学前教育三年行动计划，计划到 2017 年，学前三年毛入园率达到 96％，建立起覆盖城乡、布局合理、资源充足、公益普惠的学前教育公共服务体系。其中，2015 年，全县计划新建公办幼儿园 25 所(其中镇区 3 所，农村 22 所)，总建筑面积 2.5 万平方米。目前，主体已完工、进入装修阶段的 6 处，准备招标的 5 处，处于选址阶段的 14 处。

《聊城教育》：现在越来越多的人开始关注孩子的全面发展，青少年的德育教育也更加受到社会重视。请问张局长，阳谷在全面实施素质教育方面做了哪些工作？

张文芳：多年来，我县坚持立德树人，狠抓学生德育工作，通过举办读书教育活动，学生家长进校园、进课堂活动等，努力探索学校、家庭、社会三位一体的德育工作体系，力促学生健康成长、全面发展，聊城电视台、《聊城日报》曾作专题报道。我县在全县中小学广泛开展“振兴阅读”活动，不断创新德育工作方式和方法，多形式地创建“书香校园”“书香班级”，营造出良好的育人氛围和积极向上的校园文化。2012 年，我县实验小学被教育部评为“国家级规范汉字书写教育特色学校”，是聊城市唯一获此殊荣的学校；同年 5 月份，教育部、省教育厅领导来我县督导检查《切实保障中小学生每天一小时校园体育活动的规定》落实情况，对我县学校阳光体育工作给予高度评价。同时，深入推进青少年校外教育工作。我县青少年素质教育实践基地已于 2013 年开班，承担全县义务教育八年级学生的生存能力、发展能力、创新能力、德育、实践能力等五方面的实践、培训职责。今年 4 月份，我县启动首届阳谷县“中国梦　汉字情”规范汉字听写大赛，为小学生继承和弘扬中华民族优秀文化传统搭建了平台，收到了良好的示范效果；5 月底，在阳谷县实验小学召开聊城市小学第五届振兴阅读工程成果展示现场会，阳谷县实验小学在阅读教学方面的不懈探索和努力追求得到了市局领导的高度评价。积极响应国家号召，努力提高校园足球普及水平。我县石佛镇中心小学、阿城中心小学、侨润明德小学、阳谷第一小学 4 所学校入围“全国青少年校园足球特色学校”(全市共有 21 所学校入围)。截至目前，学校已购买了足球和器械，完善了场地，组建了足球兴趣小组，开始了足球课教学和训练。县教育局向没有足球专业师资的学校推荐了一中、三中的专业教师，每周至少 1 次到校指导教学和训练。

《聊城教育》：众所周知，教育教学质量是每个学校的生命线，也是每个家长最关心的问题，张局长能不能谈一谈阳谷在教育教学工作中取得的成绩？

张文芳：好的。我县始终把提高教育教学质量作为工作的重中之重，坚持开展“同课异构”“区域教研”等教学活动，加强学科教研互动，推进课堂教学改革。相继承办了教育部重点课题“点读技术对于提升小学生英语听说学习能力作用的研究”成果展示全市现场会、全市实验小学教学工作现场会、全市初中实验教学现场会等多场教学现场会，全面展示了近年来我县教改新成果，受到高度评价。县第二实验中学“五环节课堂教学模式”在全市推广，有 2 项国家级、5 项省级教研课题顺利通过验收。2015 年夏季高考，我县取得历史最好成绩，三处高中共计有参加高考考生 3143 人，本科上线 1653 人，其中，文化课一本上线 331 人、二本上线 673 人，体育艺术类上线 649 人。另外，采取职业学校与普通高中联合办班的方式，提高职业学校升学率。2015 年春季高考中，我县有 197 人被录取，赢得了社会各界的广泛赞誉。近年来，县教育局群众满意度得到不断提升。

《聊城教育》：“一分耕耘，一分收获”，以上谈了这么多，我相信阳谷教育的明天一定会越来越美好。请张局长展望一下阳谷教育发展的美好未来，好吗？

张文芳：改革永无止境，创新推动发展。近几年，阳谷教育取得了一定成绩，但距离人民群众的期望还有一定差距。今后，我们将会继续深化教育领域综合改革，缩小城乡办学差距，努力推进教育公平，办好人民满意的教育。一是改善城乡学校办学条件，加强对农村薄弱学校的投入，改善义务教育学校办学条件，推动义务教育学校标准化建设。大力推进教育信息化建设，提高教师的计算机应用水平，以“三通两平台”为主线，努力实现城乡优质教育资源共享。二是不断充实教师队伍，对中小学、幼儿园教师进行公开招考，做好各类教育培训，提高师德水平和业务能力，增强教师教书育人的荣誉感和责任感，在全系统形成科学发展、永创一流的思想作风。三是大力实施教育民生工程，促进义务教育均衡发展，保障进城务工人员随迁子女平等接受义务教育。建立农村留守儿童关爱机制，采取积极有效措施加强对他们的心理辅导和人文关怀。完善扶困助学制度，建立贫困学生档案库，扩大资助覆盖面，让每个孩子都能享受公平优质的教育。

实施大学区管理，推进教师交流，力促城乡教育优质均衡发展*

近年来，高唐县将办人民满意的优质教育作为促进社会和谐的重点民生工作。在改善农村中小学办学条件的同时，实施大学区管理，推进教师交流轮岗，努力办好每一所学校，培养好每一名学生，力促教育均衡发展。高唐县在实施大学区管理、推进教师交流轮岗等方面是如何做的？取得了哪些成效？作了哪些调整和改进？近日，《聊城教育》对高唐县教育局党委书记、局长魏丙琰进行了访谈。

《聊城教育》：魏局长，您好！听说自2013年以来，高唐县初步探索大学区管理制和名校带分校，如第一实验小学带民族小学，时风中学带三十里铺中学，请问当时这样做是基于什么样的考虑？

魏丙琰：主要考虑到高唐县的实际情况。一是由于鱼丘湖联校、人和联校和汇鑫联校位于城乡接合部，家长千方百计地把孩子送到城区小学上学。这一方面导致这些学校生源萎缩，浪费了教育资源；另一方面给城区小学造成了很大的办学压力。二是民族小学是在原南关民族小学的基础上迁址新建的。原校和其他县直小学相比，无论办学条件还是师资力量都相差很多，很多家长都把孩子送到其他县直小学上学。新建民族小学的目的是缓解县直小学特别是第一实验小学和第二实验小学班额过大的问题。为真正实现这个目标，考虑到家长的名校情结，决定由第一实验小学接管该校，师资和教学设备向其倾斜。三是三十里铺镇是高唐县西部的一个乡镇，开工厂、做生意的比较多，经济条件较好的家庭一般都在城区买房，让孩子到城区学校上学，而由于攀比心理，很多经济条件一般的家庭也想方设法地把孩子送到城区学校上学，从而造成很大的经济负担和安全隐患。为减轻该镇学生的求学负担，同时缓解城区初中超班额问题，2014年县教育局决定由时风中学接管三十里铺中学。根据以上实际情

---

* 本文原载《聊城教育》2016年2月第1期。

况，我县借鉴济南等先进地市的经验，把全县29处义务教育阶段学校划分为7个大学区，实施大学区管理。

《聊城教育》：听说高唐县自2014年就实施大学区管理制，分为紧密型和松散型两种类型，请问如何划分的？

魏丙琰：2014年，为进一步整合优化教育资源，实现教育资源区域共享，我县以强校引领、相对就近、优势互补为原则，按照紧密型、松散型管理模式，以4个县直小学和3个县直初中为学区长学校，各自吸纳3～4处学校组建成立大学区。根据学校地理位置和特点，设置了2个紧密型学区和7个松散型学区。其中第一实验小学和民族小学组成紧密型学区，又和赵寨子联校、杨屯联校、鱼丘湖联校组成松散型学区，这是第一学区；第二实验小学和汇鑫联校、尹集联校、梁村联校、三十里铺联校组成第二学区；第三实验小学和姜店联校、清平联校组成第三学区；第四实验小学和琉寺联校、固河联校组成第四学区。初中分为三个大学区：第一实验中学和尹集中学、梁村中学、杨屯中学组成第一学区；第二实验中学和琉寺中学、固河中学、姜店中学、南镇中学组成第二学区；时风中学和赵寨子中学、三十里铺中学、清平中学组成第三学区。同时，时风中学又和三十里铺中学组成紧密型学区。紧密型大学区学区长对学区实施一体化管理，根据需要管理学区内的资金使用和资源调配。松散型大学区在学区长学校带领下，积极探索学区内教师交流和轮岗模式，整合优质资源，通过输出管理、资源等途径，带动成员学校教育质量和管理水平快速提高。同时鼓励各学区不断创新管理机制和运行机制，推进大学区管理制取得实效。

《聊城教育》：为确保大学区管理制取得预期的效果，出台了哪些保障措施？

魏丙琰：为保证大学区管理制顺利实施，高唐县研究出台了三项保障措施。一是制定大学区发展规划。根据我县教育发展水平和实际情况，将推行大学区管理制纳入教育事业发展规划。二是制定考核评估细则。制定大学区管理办法和专项考核评估办法，定期对大学区管理工作实施情况进行专项督导评估，把帮助和扶持成员学校迅速提升教育质量和办学水平作为考核学校办学业绩的重要内容，实施“捆绑式评估”，促进强弱互助、合作共生。同时加强对学区运行状况的定期监测，确保学区长学校和学区综合实力不断增强。三是设立专项资金，建立激励机制。大学区管理制顺利实施后，设立专项资金，主要用于学区内教育教学、教育科研活动奖励，确保大学区管理制有效推进。

《聊城教育》：自2015年8月6日全市教育工作座谈会之后，高唐县对名校带动工作又作了哪些调整？管理模式有什么特点？

魏丙琰：通过一年的大学区管理探索，我县取得了一些经验，根据市教育局关于名校带动工作的要求，进一步加大名校带动工作力度，在原有2个紧密型学区的基础上，又增加了4个紧密型学区，分别由4个城区小学各带1个薄弱学校，即第一实验小学带鱼丘湖海子小学，第二实验小学带汇鑫希望小学，第三实验小学带鱼丘湖迈官屯小学，第四实验小学带人和张庄小学，有效分流城区周边生源。

在总结以往两个紧密型学区经验的基础上，我县借鉴其他先进地市的先进经验，对管理模式进行了完善和改进。一是实施学区长负责制。学区长领导学区管理机构，负责制定学区发展规划，定期组织召开“大学区管理制”工作联席会议，协调学区内成员学校管理工作，研究解决学区管理中的困难和问题，推进学区内先进管理经验共享、优质教师资源共享、教育教学研究共享和现代化设施设备共享。二是实施“一体化管理、捆绑式发展”。在大学区内实施“统一教学管理、统一共享设施、统一安排教师、统一课程资源、统一教学活动、统一组织备课、统一教师培训、统一质量监测、统一评价激励”，对紧密型大学区的所有学校实施捆绑评价。三是形成大学区再生机制。要求学区长学校通过提高成员学校的教育质量、师资水平和社会声誉，推动成员学校在学区内成为新的品牌学校，鼓励其在一定条件下脱离学区，利用其品牌和教育资源组建新学区，不断扩大优质资源总量。

《聊城教育》：*实施大学区管理，对薄弱学校的发展有哪些帮助？*

魏丙琰：大学区管理是以优质学校的资源优势为依托，通过统筹管理，实现学区内教育资源的均衡配置和共享。一是实现先进管理理念共享。通过实施大学区管理制，学区内学校共享先进管理理念、科学管理制度、高效机构设置、优秀管理办法等优质资源。二是实现优质教师资源共享。大学区整体规划成员学校教师资源，统筹安排教师交流活动，逐步将教师由“学校人”转变为“学区人”，根据本学区教学及学科需要制定教师交流工作计划，安排教师分期分批开展学区内交流，实现优质师资共享。三是实现教育教学研究共享。建立名师工作室，充分发挥现有名师的引领、指导和辐射作用，扩大优秀教师资源总量；建立素质教育活动管理中心，负责统一规划、统一安排、统一开展大学区内重大素质教育活动；建立教研管理中心，负责制定大学区教研工作目标、计划，指导大学区开展教研工作。大学区管理不仅对薄弱学校的发展有巨大促进作用，而且也会激发优质学校的发展活力，可以达到双赢，从而实现县域内教育高位均衡、优质发展的目标。

《聊城教育》：*高唐县实施大学区管理以来，取得了哪些成效？*

魏丙琰：高唐县自实施大学区管理以来，不仅使薄弱学校得到健康快速发展，而且产生了良好的社会效应，受到广大群众的高度认可。

一是教育资源得以充分利用，学生在家门口就可以接受优质教育。原三十里铺中学生源流失严重，多年来每年级不超过 100 名学生，造成教育资源的巨大浪费。时风中学接管后，学校管理和教学质量有了明显改观，已有 50 多名学生"回流"，得到当地群众的逐步认可。

二是减轻了城区小学的办学压力，缓解了城区小学的"大班额"问题。第一实验小学接管民族小学后，确实收到了名校效应预期的效果，第一年学生人数就由原来的 100 多人猛增至 1000 多人，现有在校生 1900 人；三个办事处的小学教学质量的提高，也在一定程度上缓解了城区小学的办学压力。

三是消除了安全隐患，减轻了群众负担。很多孩子被送到城区小学、初中上学，导致一系列教育和安全问题。实施大学区管理后，很多家长就近选择学校让孩子就读，从而腾出更多的时间、精力和资金从事生产、照顾老人、教育子女，既降低了教育成本，又消除了择校带来的交通安全隐患，促进了社会经济发展和文明乡村建设，实现了社会和谐。

《聊城教育》：魏局长，高唐县作为山东省中小学教师"县管校聘"管理改革实验区，率先在全市开展了教师交流轮岗工作，大众网和山东教育电视台对此作了采访报道。请问高唐县是如何开展的？成效如何？

魏丙琰：城乡教育均衡，关键是师资均衡。高唐县被确定为山东省中小学教师"县管校聘"管理改革实验区后，为做好此项工作，高唐县教育局党委经多方调研论证，并报经县委、县政府同意，出台了《高唐县关于推进义务教育学校教师校长交流工作的实施办法（试行）》，决定以 7 个大学区为单元开展教师轮岗交流，进一步均衡城乡师资力量。轮岗交流的主要方向是本学区内超编学校流向缺编学校、优质学校流向薄弱学校、城区学校流向偏远学校。轮岗交流的主体和重点是在同一所公办学校连续任教满 6 年的中青年教师和骨干教师，交流后服务时间不少于 3 年。在教育局的安排部署和学校的积极动员下，300 多名教师自愿报名参加轮岗交流。9 月 1 日开学第一天，全县参与交流的 319 名中小学教师全部到岗。其中，63 名城区骨干教师到农村中小学支教，63 名农村中青年教师到城区学校跟岗学习，205 名教师参与了校际学习交流。

为鼓励教师积极参与轮岗交流工作，高唐县给从城区学校到农村中小学轮岗交流的教师发放乡镇岗位交通生活补贴，并对考核合格的轮岗交流教师在评先树优、职称评聘等方面给予优先考虑。高唐县严格执行城区学校教师评选上一级职称必须有到农村学校支教的经历这一政策，2015 年中级教师和高级教师的评审指标城区学校一个也没留，全部分到农村中小学，进一步调动了城区教师参与轮岗交流的积极性。

虽是实施城乡教师交流的第一年，但首批轮岗交流教师的表现出乎我的想象，尤其是从城区到乡镇教学的轮岗教师，对当地教师起到了带头作用，带动了教学质量的提高和管理方法的完善，得到当地师生和家长的欢迎与认可。我们打算今年继续扩大交流范围，结合大学区管理，争取每年都有一批教师参与交流，实现城乡和校际教师交流制度化、常态化，促进城乡教育资源均衡发展。

强化责任，多措并举，扎实推进义务教育均衡发展*

从国家、民族层面讲，“百年大计，教育为本”；从教育的效益显现和人才培养规律看，“十年树木，百年树人”。教育关乎国家的前途和民族的兴衰，关乎国民的素质和社会进步的后劲，也承载着千家万户的希冀和期盼。面对社会经济的快速发展以及由此带来的人民群众日益增长的对优质教育的迫切需求，大力促进义务教育的均衡发展、实现教育公平，已成为当前教育改革和发展的当务之急。在新形势下，如何促进城乡义务教育均衡发展，以满足人民群众对优质教育的迫切需求？为此，《聊城教育》专门采访了聊城经济技术开发区教育局局长赵彤彤。

《聊城教育》：赵局长您好，经济技术开发区作为国家级开发区，是聊城改革发展的前沿阵地，对于如何促进义务教育均衡发展、实现教育公平，您能总体上谈一下吗？

赵彤彤：近年来，开发区党工委、管委高度重视教育工作，以均衡配置教育资源、大力促进教育公平为目标，以“全面改薄”为抓手，多措并举，力促城乡义务教育均衡发展。

《聊城教育》：城乡义务教育均衡发展是以各级政府为主导的一项民生工程。赵局长，您能谈一下开发区党工委、管委采取了哪些大的举措吗？

赵彤彤：按照统筹规划、突出重点、因地制宜、循序渐进、立足“保基本，兜网底”的工作思路，开发区党工委、管委将推进义务教育学校标准化建设和均衡发展工作作为重要的民生工程，纳入全区经济和社会发展的总体目标、总体规划之中，建立完善了各项制度，确立了教育强区的总体思路，进一步明确了各部门推进义务教育均衡发展的责任，部门配合、整体联动，增强了责任感和紧迫感。

---

* 本文原载《聊城教育》2016 年 4 月第 1 期。

开发区制定了《关于全面改善义务教育薄弱学校基本办学条件的实施方案》和《开发区解决城镇普通中小学"大班额"问题实施方案》,科学规划全区义务教育均衡发展工作,有序推进各项目标任务的落实,扎实推动了我区义务教育均衡、快速发展。

《聊城教育》:促进城乡义务教育均衡发展,让农村的孩子享受到与城区孩子同样的教育资源,关键是要加强基础设施建设。赵局长,您能谈一谈开发区在改善学校基础设施方面都做了哪些工作,取得了哪些成果吗?

赵彤彤:一是开发区财政资金投入优先保障教育经费,为义务教育均衡发展奠定了坚实基础。2014 年,开发区启动实施了农村义务教育薄弱学校改造计划。"全面改薄"工作开展以来,新建开发区实验学校、北城中学宿舍楼、北城中心小学、周集小学、孙屯小学教学楼、广平中学宿舍楼及餐厅、广平中心小学教学楼及餐厅、广平麻庄小学等,建筑面积约 10 万平方米。其中,高标准新建的开发区实验学校,是目前聊城市软硬件设施最好的学校。2015 年底,省委常委、常务副省长孙伟到聊城市调研"全面改薄"和消除"大班额"工作,视察开发区实验学校时,对学校的高标准建设给予了充分肯定。

2014 年,修建操场 31500 平方米(其中塑胶操场 9500 平方米),路面硬化 12120 平方米,维修房顶 1800 平方米。2015 年,投资 388 万元实施了以消除学校危墙危厕,为重点的校舍维修改造工程,共加固教学楼 1074 平方米,改造围墙 2200 米,并彻底消除了开发区学校危墙;拆除危厕,新建水冲式厕所 1000 多平方米;硬化道路 11000 平方米;投资 600 余万元、面积达 36200 平方米的全区中小学塑胶操场正在施工,到 2016 年 6 月份全区所有中学、中心小学将全部使用上塑胶运动场,这在全市绝无仅有,在周边地市也是屈指可数的。

二是提高教育惠民质量,彻底解决"大班额"问题。开发区成立了"解决城镇普通中小学大班额问题工作领导小组",科学制定《开发区解决城镇普通中小学大班额问题实施方案》,明确解决"大班额"问题的时间表和路线图。2015 年,开发区启动建设大胡小学,建设规模 24 个班,新增学位 1080 个。2016 年,新建辛屯小学,建设规模 36 个班,新增学位 1620 个;改扩建广平乡四韩小学,新增班级 9 个,新增学位 405 个。目前,大胡小学(开发区第二实验小学)已经开始基础施工,2016 年秋季开学投入使用;辛屯小学已完成平面规划。到 2017 年 8 月,开发区所有城镇中小学班额将全部达到标准要求,彻底解决城镇中小学"大班额"问题。

三是开发区持续加大教育投入,学生生均教育经费逐年增加,教师工资和生均公用经费逐步增长。教育附加、地方附加足额及时拨付。截至 2016 年 1 月,我区"全面改薄"工作投入资金 10658.93 万元,占规划资金的比例为

87.87%，列全省第20名；支出资金8797.46万元，占规划资金的比例为72.53%，列全省第14名；校舍建设开工率、竣工率分别为57.71%、51.58%，分别位列全省第50名和第27名。几项指标除开工率列全市第2名外，其余三项均为全市第1名。

《聊城教育》：随着科学技术的发展，现代化教学手段在教学中发挥的作用越来越大。开发区在教育信息化建设和教育教学条件改善方面有哪些变化？赵局长，您能谈一谈吗？

赵彤彤：一是加快教育信息化工程建设。开发区共投资1300余万元，购置触控一体机295台、学生微机1300余台，新建录播室7个，已分别在全市率先实现了包括每个教学点在内的"教学网络班班通"、中小学最大班额学生人手一台微机的目标以及学校录播室乡镇全覆盖。

二是加大教育教学设施的配备力度。2014～2015年，共投资240多万元，购置了适合各学段学生使用的课桌椅7979套、宿舍用床1136张，配备图书10.7万册，并为各学校配齐了全部音体美器材，满足了教育教学的需要。

《聊城教育》：师资水平的高低决定了教育教学质量的优劣。赵局长，您能谈一下开发区在均衡配置城乡教师队伍资源，提升教师队伍整体素质方面主要采取了哪些措施吗？

赵彤彤：一是盘活教师编制。落实教师编制标准，严格按核定编制补足配齐各学校教师。目前，开发区已建立教师补充长效机制，根据"退补相当"的原则，每年都公开招聘教师，充实到教师队伍中。2013年招聘28名中小学教师和19名幼儿教师，2014年招聘13名幼儿教师，2015年招聘15名中小学教师，共计招聘在编教师75名。在开发区编制紧缺的情况下，为解决教师不足的情况，开发区分三批共计招聘人事代理教师67名。2016年计划招聘在编教师31名，人事代理教师106名；2017年计划招聘教师111名。这将为我区"全面改薄"和解决城乡学校"大班额"问题奠定坚实的师资基础。

二是强化师资全员培训。近年来，开发区构筑起国家、省、市、区四级全员培训体系与网络，对广大教师进行了多层次、多形式的业务培训。积极拓宽"国培"、"区培"、选送、补充等渠道，加强教师队伍建设，实施强质增量工程，为区域教师队伍资源配置提供强有力的制度保障。在抓好全区教师队伍建设的过程中，不断完善机制建设，加大经费投入和工作力度，全区教师队伍的专业素质显著提升，区域教师队伍资源配置趋于均衡。

三是促进城乡教师、校长轮岗交流。2016年1月，我区制定了《关于义务教育学校校长教师交流轮岗的实施意见》（聊开社发〔2016〕1号），初步建立起义务教育学校校长、教师交流机制，把教师支教、轮教、走教经历作为教师职务晋升、岗位聘任、评优评先的重要依据。实行中小学校长负责制、任期制、交流制，积极推进城乡学校之间、优质学校与薄弱学校之间、乡镇学校之间的校长轮岗交流，鼓励城区学校校长到农村学校任职或挂职。2015 年已分别在蒋官屯中心校、北城联校完成了校长交流、教师交流的试点工作，近期将在全区全面推行。教师职称评定向有农村工作经历和多校工作经历的教师倾斜，优化学校校长、教师队伍资源，促进义务教育均衡发展。

《聊城教育》：赵局长，开发区在学校基础建设、教育技术装备等方面投入了大量资金，城乡学校硬件建设均走在了全市前列，您认为开发区在义务教育均衡发展工作中应如何当好聊城市的排头兵？

赵彤彤：相信在开发区党工委、管委的正确领导下，开发区将进一步统筹规划学校布局，加强教师队伍建设，力促教育资源均衡配置，并深入实施学校创优提质工程，不断巩固提升均衡发展的成果，积极推动开发区义务教育均衡发展迈上新台阶。

教育之春，还看高新*

凝聚着坚韧，倾注着热情，释放着活力，开拓着希望。弹指一挥间，三年时光已经过去。回顾高新区教育事业发展历程，许多节点定格为永恒的记忆：文轩中学、外国语学校高新区校区建成使用，"四德建设进行时"大型直播访谈走进高新区，教育均衡扎实推进，教育教学水平稳步提高……

如今，在全面推进教育综合改革和依法治教的新常态下，高新区教育既面临前所未有的机遇，也承担着前所未有的重任。如何加大力度，科学谋划教育事业发展，全力推进教育事业又快又好发展，满足人民对更高优质教育的需求？为此，《聊城教育》专门采访了高新区社会发展局局长邵卫光。

《聊城教育》：高新区是教育新兴区，短短三年，基础教育飞速发展。邵局长，请您先谈谈全区教育取得了哪些显著成绩。

邵卫光："办好人民满意的教育"始终是高新区教育工作的出发点和落脚点。三年来，高新区党工委、管委高度重视教育，通过提升办学档次、打造学校品牌来推进教育现代化建设，努力打造教育品牌，把教育事业发展作为提升高新区形象品位的城市名片。

一是办学条件显著改善。2013 年建区之初，区里没有一所"像样"的中小学，农村学校薄弱，城区学校教育资源匮乏。三年来，高新区党工委、管委在财政极度困难的情况下，不断加大对教育的投入，努力改善办学条件，启动农村薄弱学校改造计划和城区学校建设。仅 2013 年，就投入专项资金 3000 余万元，用于改扩建、新建各类中小学幼儿园，使全区校舍校貌焕然一新，办学条件得到极大改善。特别是 3 个新建的乡镇中心幼儿园，全部顺利通过了省级乡镇中心幼儿园评估验收，有效缓解了周边适龄幼儿"入园难"的问题，得到了社会各界和家长们的充分认可。2014 年为韩集乡前姜小学和许营镇民王屯小学、绣衣集小学新建教学楼，为许营镇中学新建校舍，总建筑面积 13126 平方米，共计投资

* 本文原载《聊城教育》2016 年 4 月第 1 期。

1386 万元。同时,投入资金 408 万元,用于维修、配套建设及音美器材、课桌凳、实验室设备购置。2015 年规划中小学建设项目 12 个,规划建筑总面积 56097 平方米,投资 7758 万元。

二是网络教研硕果累累。高新区高度重视网络教研工作,印发了关于网络电子备课活动计划的红头文件,制定了电子备课评分细则,加大了教师“网络学习空间人人通”建设,构建和完善了网络教研体系,并把此项活动纳入督导评估考核之中。2013～2015 年,组织小学语数外 3 个学科、初中 10 个学科的教师每学期进行 14 次在线研讨。目前我区已上传教案共计 92985 篇,其中个人教案 73974 篇,集体教案 19011 篇,教学素材 6966 个,共享 1963 篇;有针对性、质量较高的回帖占到 87%。网络教研工作有效地促进了全区教育教学工作的提升,并且走在了全市的前列,聊城电视台“民生面对面”栏目对此进行了专题报道。

三是阳光校车高效推进。为切实保障中小学生出行安全,有效预防学生道路交通安全事故发生,高新区按照“政府主导、部门履职、市场运作、公司管理、属地主抓”的原则,由聊城交运集团注资 500 万元,成立了高新区阳光校车服务公司。目前已开通 10 条线路,运营校车 10 辆,500 余名中小学生(幼儿)坐上优质高效的阳光校车,在全市率先实现了阳光校车全覆盖,切实完成了全区校车标准化、规范化、普及化的预定目标,让广大农村学生坐上了安全车、放心车。

四是“三项工作”齐头并进。2013 年以来,高新区按照市教育局推进“教学质量、师德建设、立德树人”三项重点工作的总体要求,以提升教学质量为中心,以师德建设为总抓手,以立德树人为突破口,树正气、聚人心,树立教育良好形象。许营镇第二中心小学 10 年来资助 30 多名学生的“80 后”女教师李红被评为聊城市第五届道德模范,义务修路 30 年的老教师韩廷长被评为“山东好人”。许营镇第二中心小学被评为聊城市“四德”建设示范校。聊城市“四德建设进行时”大型采访直播活动走进高新区许营镇第二中心小学,对高新区的德育工作进行了全方位报道。2014 年,顾官屯镇中心小学被评为全国教育先进单位,成为全市唯一一个荣获全国教育先进单位荣誉称号的学校。2015 年 8 月,推行书信文化教育的顾官屯联校校长许德刚获“中国好校长”提名奖,不仅为高新区争得了荣誉,也为山东省争得了荣誉。2016 年 4 月,许德刚校长又被评为“齐鲁名校长”。2014 年,初中教学质量显著提升,中考成绩打破了历年纪录。

《聊城教育》:高新区教育在短短三年内取得如此骄人的成绩,让我们领略了高新区速度。刚才您提到 2013 年建区之初,区里没有一所“像样”的中小学,而如今在高新区最好的地方是学校、最好的事业是教育。除了区财政投入外,邵局长,请您谈一谈您是如何突破资金制约瓶颈的。

邵卫光:高新区成立之初,农村教育资源薄弱,城区教育资源匮乏,但这也为我们构建新的教育格局、创建多元化办学体制提供了机遇。总体来说，主要是通过以下三个渠道实现瓶颈突破的：

一是充分利用省政府融资政策融资，利用国开行和农发行贷款，既减轻区财政压力，又按时完成义务教育均衡县创建任务。

二是鼓励民办资金投入教育建设，引进优质教育资源带动全区教育高速发展。2013 年，由裕昌集团无偿投资 3 亿元，按照省级规范化学校标准建设了文轩中学高新区分校和外国语学校高新区分校，学校占地 150 余亩，可容纳 108 个教学班，6000 余名学生。规模如此之大的学校，仅用 6 个月时间就建成投入使用，创造了“高新区速度”，受到了市委、市政府领导及前来参观学习的代表团的高度赞扬。同时，聊城市实验幼儿园也在高新区选址建设，现正在开工建设过程中。

引进高中教育资源，将高中建设纳入市区高中整体布局规划，突破高中办学瓶颈。引进“271”教育教学模式，由昌乐二中(271 教育集团)联合世纪园教育集团在许营镇征地 300 亩，创办昌乐二中聊城分校。还引进山师大附中在高新区建分校，实现师资统一配置、招生统一管理、统一教学评价，打造人民满意的优质高中教育。

三是“公建民办、民建公助、民建民办”相结合，依托九州、先锋、军王屯三个安置区建设了标准化幼儿园、小学和初中，鼓励民办学校投资办学，通过政府购买服务的方式，将民办学校也纳入我们的划片招生范围。这样，既保证了教育的公益性，又提高了学校建设的标准，还激发了教育发展的活力。

《聊城教育》：真正实现教育强区，进一步满足人民群众的教育需求，一定是您思考得最多的问题。今后一段时间，高新区在发展教育方面有什么新的打算?

邵卫光：发展是硬道理。我们将以办人民满意的教育为目标，实施“1234”战略，把高新区打造成为真正的教育强区。

“1”是坚持以“打造法治教育，强化素质教育，构建和谐教育”为中心任务，努力实现教育教学质量、服务经济建设水平和人民满意度的新提升。

“2”是坚持“两条腿走路”。一是打造高质量教育发展集中区，满足城区群众“上好学”的愿望；二是积极创造条件，加快县域内校长和教师队伍交流轮岗工作进度，促使全区教育均衡发展。

“3”是全面推动“三项工作”。加强师德师风建设，培养高素质教师队伍；坚持立德树人，践行核心价值观；引进优质资源，提升教学质量。

“4”是做好“四大工程”，打造人民满意的教育。一是改善办学条件，实施义务教育均衡县创建工程；二是推进义务教育标准化建设，实施“全面改薄”工程；

三是构建学前教育发展的长效机制，稳步推进第二期学前行动三年计划工程；四是着力提升教育工作的群众满意度，破解中小学“大班额”难题。

《聊城教育》：感谢您在百忙之中接受我们的采访，祝愿高新区教育事业百尺竿头，更进一步，再写辉煌！

邵卫光：感谢您对高新区教育事业的关注与支持！

奏响主旋律，唱好重头戏，推动度假区教育事业又好又快发展*

江北水城旅游度假区设立于 2013 年 7 月，是整个聊城旅游业发展的集中区域，是聊城建设“双百大城市”的主战场，是打造冀鲁豫三省交界重大旅游目的地城市的重要抓手，是一个新的增长板块。

建区以来，度假区将教育放在改善民生和社会建设的首位，加大投入，重点扶持，推动了教育事业的较快发展。度假区教育取得了哪些成绩，实施了哪些重大举措，下一步将努力做好哪些工作？近日，针对这些问题，《聊城教育》采访了度假区社会发展局局长任海生。

《聊城教育》：任局长，近年来，度假区教育事业开局良好，各项重点工作都取得较好成绩，请您介绍一下好吗？

任海生：近三年来，在市教育局和区党工委、管委的正确领导、大力支持下，度假区教育系统全体干部职工凝心聚力，重点突破，奏响“321”工作思路主旋律，唱好教学质量重头戏，努力办好老百姓满意的教育，实现良好开局。

为增强度假区教育发展活力，我们把 2014 年定为“教育行为规范年”，使学校工作走上了规范化、制度化、科学化的路子；把 2015 年定为“教育质量提升年”，促进了教师专业成长和学生综合素质的提升；把 2016 年定为“学校项目建设突破年”，加快了学校标准化建设步伐，一步一个台阶，提升了教育实力。

近年来，我区于集镇中心小学等 2 所学校被评为“山东省地震科普示范校”，凤凰中学等 3 所学校被评为“市德育工作先进单位”，于集中学等 2 所学校被评为“市教育教学先进单位”，朱老庄中心小学等 5 处学校被评为“市区级教学示范校”。新培养省市级教学能手、优质课获得者 46 人，水城名师 1 人，聊城市创新名校长 1 人。从全区小学生抽考成绩来看，语文、数学、英语三科的成绩

---

* 本文原载《聊城教育》2016 年 8 月第 3 期。

优秀率均在35%以上。2015年中考，我区升高中录取率达31%，比往年提高9个百分点，仅于集中学就考入聊城一中9人，聊城三中9人，聊城二中、四中64人。从学情分析来看，2016年中考，预计还会稳中有升。

《聊城教育》：短短三年时间，度假区教育事业发展迅速，成绩喜人，得到了社会各界的普遍赞誉。请问任局长，你们是如何做到的呢？采取了哪些重大举措？

任海生：思路决定出路，聊城教育“321”工作思路的出台，使我市教育旗帜鲜明，有了目标和方向。我多次主持召开专题会议，研究实施意见。各学校也通过思想大讨论等方式，提高认识，坚定信心，抓好“321”工作思路的落实。

为提升教学质量，我们通过请进来讲、走出去看等形式，邀请市局领导和名师专家作报告，到各县区先进学校学习观摩，加强对校长和教师队伍的培训。积极开展“阳光读写”“区域教研”活动，举办了全区同课异构、电教优质课、科研论文评选、教师综合素养大赛、区优质课评比等活动。大力实施“名校带分校”战略，全区3所中学均由市级名校带动：聊城一中带动于集中学，聊城三中带动朱老庄中学，水城中学带动凤凰中学。小学采取各镇街中心小学至少托管1所所属小学的方式，实现全区教育的整体发展与同步提升。

为夯实师德建设，我们认真抓好“群众路线”“三严三实”和“两学一做”学习教育活动，大力倡导市教育局提出的“八个意识”“六种风气”，树立良好的形象。积极举办师德征文、演讲比赛，签订师德责任状，举办师德公开承诺签字仪式，加强师德考核，唱响主旋律，传递正能量。特别是2016年以来，我们把“两学一做”与“2016师德建设年”有机结合起来，有效推动了各项工作的健康开展。

为抓好立德树人，积极实施社会主义核心价值观进校园，多形式、多渠道地弘扬和培育民族精神、传统美德，开展“学雷锋、做好事、争先进”、中国梦宣传教育、“感恩”教育、“文化艺术节”展示等团队活动，为学生自主发展提供平台。狠抓养成教育，尊重青少年儿童的身心成长规律，开发了“双十习惯”的校本课程，引导孩子们从写好字、读好书、做好操、扫好地等小事做起，养成良好的习惯。全面提升学生素质，举办了我区首届中小学生汉字听写大赛、体艺竞赛，选拔乒乓球、羽毛球、足球队员参加市级联赛，足球比赛获全市第三名，合唱比赛获市级二等奖。

《聊城教育》：在学校安全管理方面，度假区做得非常好，投入也很大。请问任局长，你们是基于什么认识，采取了哪些有力措施呢？

任海生：安全是教育发展的大前提。安全不保，何谈教育？为此，我区全力夯实安全基础，为教育发展提供保障。

配备专职保安。管委会每年列出100多万元专项经费，为全区27所中小学、幼儿园配备专职保安42名。

开通阳光校车。为有需要的中小学、幼儿园配备专业校车18辆，区管委会给每个学生每月补贴80元。目前正根据需要追加校车数量。校车的开通，赢得了学生家长的满意，社会反响很好。

加强安全教育及应急演练。深化消防、交通、人身伤害、食品卫生等安全教育，制定应急预案，每学期组织各中学开展夜间疏散演练，组织各中小学、幼儿园开展多次地震和消防逃生演练。当前正值汛期，我们面向全体师生开展了“防汛、防溺水”专题活动，增强了师生应对自然灾害和突发事件的能力。

《聊城教育》：我们看到，度假区在推进学校项目建设、农村学校“改薄”和解决“大班额”问题等方面花了不少心血，您能谈谈这方面的情况吗？

任海生：好的。近年来，区管委会在财政压力很大的情况下，挤出专项资金，优先保障学校项目建设。于集镇孙堂小学2048.5平方米的教学楼主体已完工。朱老庄中学的学生宿舍楼、餐厅建设项目现已施工。陈屯小学、民生小学新建项目招标已完成。凤凰街道的谭庄、周店、老韩幼儿园，朱老庄镇的大吴幼儿园正在建设中。下半年，将重点抓好凤凰中学综合楼，孙堂小学综合楼、实验楼，朱老庄镇刘集小学、杨集小学教学楼等项目建设。

《聊城教育》：近年来，学前教育成为社会热点、难点问题。度假区在发展学前教育方面是如何做的呢？

任海生：我们认真落实市委徐景颜书记的重要指示，力挺学前教育。加强镇中心幼儿园建设，从人力、物力、财力上予以重点扶持，于集、凤凰、朱老庄3所中心幼儿园被评为省级乡镇中心幼儿园。大力实施“第二期学前教育三年行动计划”，利用三年时间，完成16所幼儿园建设任务，不断扩大优质学前教育资源覆盖面。大力整顿无证幼儿园。由管委会牵头，各镇街、各执法部门密切配合，对无证幼儿园进行专项治理，对与《办园标准》差距较大、不能完成整改的限期关停，规范了学前教育秩序。

《聊城教育》：中共十八届五中全会指出：提高教育质量，推动义务教育均衡发展，普及高中阶段教育。未来几年，为办好人民满意的教育，度假区社会发展局有什么设想，将做哪些努力呢？

任海生：“百年大计，教育为本。”教育兴则事业兴。今后，度假区将按照“学前教育搞普及、义务教育提质量、高中教育亮品牌”的思路，全面提升各级各类学校的办学水平，实现整体工作居全市中上游，单项工作创全市、全省一流。

“学前教育搞普及”，就是大力推进“第二批学前教育三年行动计划”，让适龄儿童都能“就近入园”。“义务教育提质量”，就是大力实施素质教育，扎实推进教学质量、师德建设、立德树人三项重点工作。“高中教育亮品牌”，就是以聊城一中新校建设为契机，以聊城一中新校和待建的度假区实验高中为龙头，发展高中教育，把我区更多的孩子送进名牌大学。

《聊城教育》：谢谢任局长接受我们的采访，祝愿度假区教育的明天更美好。

任海生：谢谢。我们坚信，在市教育局的大力支持、指导帮助下，我区将学习借鉴兄弟单位的先进经验，求真务实，开拓创新，不断谱写度假区教育科学发展的新篇章，让人民群众满意。

激发活力，办好人民满意的教育*

——高新区校长职级制及义务教育学区制改革

吕　臻　刘德策　田成运　孙莺莺

“改革之后，作为学校最年轻的主任，我肩上的担子重了，但是我们的团队更精简，工作起来更有积极性了。”2月24日，新学期刚刚被聘任为教务主任的高新区许营中学的付从广表示。

付从广口中提到的改革，是高新区去年启动的校长职级制及义务教育学区制改革。目前该区已全面完成两项改革，走在了全市的前列。

改革初衷：让人民满意

据高新区教育局局长王梅介绍，校长职级制改革是国家、省、市政策的要求，也是实现校长专业化发展的必由之路，高新区党工委、管委高度重视。在政务部、财政局等部门的大力支持下，该区将校长职级制改革与农村义务教育学区制改革同步进行、压茬推进，下属4个乡镇（街道）学校的校长及其他管理人员已于寒假开学前聘任成功并全部到位。“教育是最大的民生。校长职级制改革对我们来说是上级有要求，周边有榜样，自身有需要。改革的初衷就是办好人民满意的教育，更好地满足人民群众的教育需求。”王梅的话掷地有声。

“校长职级制改革给校长们吃了定心丸，现在能静下心来，对学校和个人的发展进行长期规划，激发了学校的发展活力。”新学期开始，许营中学校长王乐恩正在筹划为学校修建新操场。在高新区去年的校长首聘中，他从原来的顾官屯中学“交流”到许营中学。提及校长职级制改革的好处，他不无感慨。高新区按照省市文件要求，结合该区实际，出台了《高新区关于推进中小学校长职级制改革工作实施意见》。按照严格的程序和标准，高新区教育局共聘任初中校长3

---

* 本文原载2017年2月28日《聊城日报》。

人，中心小学校长4人。乡（镇、街道）党委共任命学校党支部书记7人。全区共7位中小学校长，有5人进行了交流，圆满完成校长首聘任务。同时，高新区教育局认真开展中小学校长职级评审认定工作，通过资料审核、述职答辩等环节，最终评审认定一级校长2名，二级校长4名，三级校长1名。作为新任学区主任，王乐恩不但肩负着许营中学的管理工作，还承担着整个学区的统筹发展工作。“我最近一直在思考如何解决中学教师多、小学教师资源不足的问题。打算下学期在整个学区范围内开始推广人员流动，也采用竞聘上岗的方式，真正实现学区的统筹发展。”

攻克难点：奏响改革强音

分流乡（镇、街道）联校、中学管理人员和工作人员，是本次改革的难点。实施校长职级制后，校长、副校长职数减少，原来的管理人员可能无法按照管理岗位安排。解决的办法就是选聘与竞聘相结合，实行“能者上，庸者下”。然而改革的过程中必然会遇到重重阻力。以许营中学为例，该校由两所中学合并而成，中层管理人员较多，但按照规定的“一正两副四主任”职数，近半数管理人员需要进行分流，改革压力巨大。而成立义务教育学区后，需要撤销乡镇联校，原有的联校管理人员如何安置，也成为摆在校长面前的难题。

在许营中心小学，原来的联校校长杨士领向记者详细介绍了各学校竞聘的过程：确定职数、校长提名、原领导班子表决、分组到各学校进行民主测评、投票、召开教职工大会表决通过、签订聘任合同、全校公示……“有些中层十几年没有教过课，现在也要回到教学一线，说没反对声音是不可能的。”在与学区主任、中学校长王乐恩商量后，杨士领采取集体学习相关文件、逐个谈话交心等方式，让大家意识到改革是大势所趋，解除了他们的思想包袱，实现了平稳过渡。

通过改革，高新区将原联校管理人员全部分流入小学，大大精简了队伍，提高了工作效率。截至2017年2月，全区乡（镇、街道）联校和中学副校级以上领导由原来的31人精简到21人，有10人不再担任领导职务。区教育局与校长签订了聘任合同，聘期三年。“所有行管干部均充实到教学一线，既解决了管理层人员冗余、人浮于事的问题，也缓解了基层教师资源短缺的问题，达到了我们预期的效果。”高新区教育局副局长凌长明表示。

“271”教育教学模式落户聊城*

司尚营

6月26日,“271”教育教学模式落户聊城、落户世纪园启动仪式在聊城市昌润大酒店隆重举行。市教育局党组书记、局长哈宝泉,271教育集团总校长赵丰平等领导和嘉宾出席启动仪式。

山东271教育集团历经12年的探索和发展,目前拥有昌乐二中、潍坊实验中学、潍坊市奎文实验初中、云南农业大学附属中学、潍坊峡山双语学校等9所学校,在校师生员工3万余人,创新形成的以“271”教育价值观、“271”教育课程、“271”教育课堂、“271”教育管理为支撑的“271”教育体系在全国引起极大反响,已经成为师资力量雄厚、教育教学质量领先的国内知名教育品牌。聊城世纪园教育集团创办于1998年,小学、初中、高中在校生总数达4000余人,是我市社会力量开办的起步早、规模大、人数多、口碑好的全日制学校。今年6月13日,山东271教育集团与我市世纪园学校签订了《“271教育课堂”建设及配套措施整体创建项目合作协议》,标志着“271”教育教学模式正式落户聊城。

哈宝泉局长在讲话中指出,山东271教育集团携手我市世纪园学校,进行“271”教育教学模式整体植入和推广,是我市教育教学发展史上的一件大事,是我市实施“名校带分校”战略的又一丰硕成果,必将在传播先进教育理念、推广先进教学模式、激发教师内动力、激发学校生命力、引领学生快乐成长等方面彰显无穷魅力,这对于进一步打造聊城教育品牌、丰富聊城教育的思想和文化内涵、提升聊城教育在全国的影响力和公信力,都具有十分重要的意义。他要求合作双方以此次启动为契机,精诚合作、精准发力,以科学、高效、务实的态度,全力以赴落实课改举措,力争早日形成特色,早日发挥示范带动效应,成为聊城教育教学改革的前沿阵地和一道亮丽的风景线。

山东271教育集团总校长赵丰平、聊城市世纪园学校总校长张立科分别在

---

* 本文原载《聊城教育》2016年8月第3期。

仪式上讲话，表达了紧密合作的决心和态度。

我们有理由相信，通过对“271”教育教学模式的移植和复制，聊城市世纪园学校必将在聊城这片沃土上生根发芽，结出累累硕果，必将成为全国优质教育落户聊城的实验田和展示窗口，必将如昌乐二中一样吸引全国教育同仁、家长和学生参观考察，也必将成为聊城教育一道亮丽的风景线，为聊城的素质教育实施提供成功的范例和样板，对于进一步提升聊城教育在全省乃至全国的影响力具有里程碑式的意义。

聊城市出台意见支持民办教育发展*

吕　臻

近年来，由于经济社会的快速发展，群众对优质、个性化教育的需求不断增长，我市民办教育的发展进入“快车道”。但在行业发展的同时，也不可避免地遇到一些瓶颈。为促进民办教育健康快速发展，满足人民群众日益增长的教育需求，近日，聊城市政府出台 15 条支持民办教育发展的意见。“对于我们民办学校来说，这真的是天大的好消息，民办教育的春天已经到来了！”在一口气读完这些意见后，聊城文昌高级中学执行校长王连义兴奋地向记者表示。

社会力量＋公办学校，组建学校联盟

“这里是小班制教学，孩子相对较少，老师对学生的关注更多一些，让家长更放心。”4 月 22 日，在聊城市百草园小学门口，接孩子放学的于女士告诉记者。记者在采访中了解到，我市越来越多的家长为孩子选择民办学校就读，民办学校的需求量逐渐增大。

新出台的意见明确指出，鼓励社会力量兴办教育，推进多种形式合作办学。民办教育是社会主义教育事业的重要组成部分，是民间资本参与教育事业的主要渠道，是加快教育事业发展的重要方式。各级政府要将民办教育纳入地方经济社会发展和教育发展规划，大力支持企业、社会团体和个人等社会力量通过独资、合资、合作等途径，采取公建民营、民办公助、混合股份等形式举办中小学（含职业学校）。鼓励社会力量和公办学校建立学校联盟，支持名校办分校、优质学校托管薄弱学校。鼓励社会力量举办具有独立法人的学校。对因资金缺乏尚未建设或建成的中小学（含职业学校），鼓励和吸引民间资本进入教育领域，加快学校建设步伐。执行《山东省民办普通中小学校（幼儿园）分类认定办

* 本文原载 2016 年 4 月 27 日《聊城日报》。

法(试行)》,对民办普通中小学校(幼儿园)按照非营利性与营利性进行分类登记、分类管理。形成以政府办学为主体、全社会积极参与、公办教育与民办教育共同发展、满足人民群众多样化教育需求的格局。

改进民办教育审批方式,简化审批流程。教育行政部门作为审批机关自受理筹设民办学校的申请之日起10日内以书面形式作出是否同意筹设的决定。经教育行政主管部门批准取得民办学校办学许可证后,按照有关规定,非营利性民办学校到民政部门办理法人登记手续,营利性学校到工商部门办理手续。

将民办学校纳入公共事业管理体系。在政府贴息贷款、建设项目扶持、科研项目申报、政府奖励等方面实行和公办学校同等的政策。非营利性民办学校与公办学校享受同等的土地、税收及用水、用电、用气、用热等优惠政策。营利性学校按有关规定享受优惠政策。

落实教育税费减免政策。非营利性学校在扣除办学成本、预留发展基金以及按规定提取其他有关费用后,在办学有结余的前提下,经学校决策机构决定并报教育、财政、民政部门核准,出资人可取得合理回报。对从事学历教育的学校提供教育劳务取得的收入,免征营业税。在本市举办实施学历教育和学前教育的企业,对其缴纳的年度教育费附加统筹使用,重点支持我市民办教育发展事业。企业和个人捐资助学资金按相关税收规定在所得税前扣除。营利性学校按有关规定享受税收优惠政策。

将民办学校建设用地纳入城乡建设总体规划。民办学校与公办学校具有同等的法律地位,其依法取得的土地使用权受法律保障。非营利性民办学校依法享受与公办学校同等的土地优惠政策,可以划拨方式提供国有建设用地使用权,亦可以出让方式取得国有建设用地使用权,其土地出让价格由评估机构参照住宅用地基准地价的70%评估确定。教育用地不得用于其他用途,民办学校租赁公办学校闲置教育资源举办民办教育,经国有资产管理部门批准,给予租金优惠或短时间内无偿提供。营利性学校按有关规定享受优惠政策。

鼓励金融机构创新金融产品,改进金融服务,对民办教育提供融资支持。鼓励民办学校教职工以知识、技术、资本等多种形式参与办学并享有相应权利。民办学校可用非教学资产作为抵押和学费收费权作为质押向银行申请贷款,用于扩大和改善办学条件。支持民办学校与多层次资本市场对接,开展以股权等方式融资。

职称评聘、进修培训,与公办教师享受同等待遇

小杨老师2014年大学毕业后,进入我市一所民办学校工作。和考入公立

学校的同学相比，尽管待遇相差无几，但小杨老师总有些许不稳定感。和她有类似想法的还有在民办学校工作近10年的于老师："平时外出培训、评职称的机会与公立学校相比少了很多，和我一起参加工作的同学，不少已经顺利晋级，让人很羡慕。"现在，他们的这些顾虑可以逐渐打消。

本次出台的意见规定，民办学校教师按照国家有关规定参加社会基本养老保险。根据《山东省人民政府办公厅转发省人力资源社会保障厅等部门关于开展非营利性民办学校教师养老保险与公办学校教师同等待遇试点工作的指导意见的通知》(鲁政办发〔2015〕57号)文件精神，非营利性民办学校包括民办普通高等学校、民办中等职业学校、民办技工院校、民办普通中小学，非营利性民办学校的教师参加社会基本养老保险。市县财政部门在充分考虑学校缴费规模的基础上，对非营利性民办学校给予适当补助。

民办学校校长、教师在职称评聘、进修培训、评先选优、课题申请、国际交流、表彰奖励等方面与公办学校享受同等待遇。民办学校教师被聘为公办学校在编教师，其在民办学校期间的教龄连续计算。教育行政部门每年定期安排优质公办学校与民办学校开展"对口帮扶"，公办学校安排校级干部到对口民办学校参与或主持工作，提高民办学校办学水平；组织公办教师到民办学校支教，支教人员工资福利由财政负担，"对口帮扶"与支教时间不得少于1年，比例不得少于"对口帮扶"学校在职教师的10%。民办学校中取得教师资格证书的在职教师统一在教育行政部门备案。

统一生均公用经费基准定额，与公办学校学生同等补助

这次意见中，让不少民办学校校长振奋的还有一点：落实好省关于城乡义务教育经费的有关政策规定。《山东省人民政府关于贯彻国发〔2015〕67号文件进一步完善城乡义务教育经费保障机制的通知》(鲁政发〔2016〕1号)指出，从2016年春季学期开始，统一城乡义务教育学校(含民办学校)生均公用经费基准定额，普通小学每生每年710元、普通初中每生每年910元。从2017年春季学期开始，统一城乡义务教育学生(含民办学校)"两免一补"政策，对城乡义务教育学生免除学杂费、免费提供教科书，对家庭经济困难寄宿生补助生活费。

在此之前，莘县利民学校校长王子军一直在就这件事向县有关部门争取。"这次市政府的支持意见真是及时雨，统一城乡义务教育学校生均公用经费基准定额，民办学校就能把这部分资金拿去用于学校硬、软件的提高，让学生享受到更高质量的教育。"

保障民办学校学生权利。民办学校学生在升学、转学、考试、申请国家助学

贷款、国家奖学金、交通优惠、医疗保险、户籍迁移、评先等方面与同级同类公办学校学生享有同等权利。

扩大民办学校招生和收费自主权。民办学校招生范围、标准和方式要按《民办教育促进法实施条例》要求执行，民办学校与民办教育机构收费标准自主确定，报价格主管部门备案并公示。

设立市级民办教育发展扶持资金，市财政每年列支 1000 万元扶持民办教育发展。出台《聊城市民办教育发展扶持资金管理暂行办法》，扶持资金主要用于全市民办学校新上基本建设、设备购置、房屋租赁项目贴息和市级非营利性民办学校教师养老保险财政补助。使用中出现违反规定使用扶持资金的，根据《财政违法行为处罚处分条例》等国家相关法律、法规，进行处罚、处分。

教育行政部门、人事和社会保障行政部门加强对民办学校日常监督，定期组织和委托第三方机构评估民办学校办学水平、教育质量及资产状况。建立完善民办学校进入和退出机制，建立对民办学校资产资金管理的监控体系，非营利性民办学校需向教育行政部门提交年度财务报告。教育行政部门对民办学校实行年检制度。

建立表彰奖励制度。各级政府和教育行政部门要对发展民办教育做出突出贡献的组织和个人进行表彰奖励。对做出重大贡献的民办学校校长，应给予精神和经济奖励。

加强领导，扩大宣传，营造促进民办教育健康快速发展的良好氛围。各级政府要树立加快民办教育发展的思想，加强对大力发展民办教育重大意义的宣传，提高民办教育的社会吸引力与影响力；将民办学校纳入教育督导范围；成立民办教育协调领导小组，定期召开会议，统筹研究解决发展民办教育中的重要问题，督促、检查、考核各项政策和工作的落实情况，促进民办教育健康快速发展。

梨花飘香满眼春*

——聊城市民办教育现场推进会侧记

王向阳　申洪举　杜太廷　张　锐

4月的冠县大地，梨花飘香，春意正浓。全市民办教育现场推进会犹如春风，让冠县教育焕发盎然之气，身姿更靓……4月7日上午9时，市委常委、副市长耿涛，市政府办公室调研员杨连柱，市教育局党组书记、局长哈宝泉，各县(市、区)政府、市属开发区管委会分管负责人，市、县教育局、发改委、财政局等9部门负责同志共计130人齐聚清华园学校，全市民办教育现场推进会拉开序幕。

“欢迎各位领导莅临清华园学校检查指导工作，我们学校2014年建设，当年建成，当年招生795人……”校长孟众在几句开场白后，首先引领大家参观学生宿舍。

“学生宿舍一点异味都没有，怎么管理的？宿管员工资多少？怎么招聘的？”耿涛问得很详细。

“不克扣学生的口粮钱、不赚学生的零花钱、不赚学生的看病钱。”清华园学校的做法得到了耿涛的认可。

在清华园学校餐厅操作间，耿涛仔细查看了进货查验记录、进货单、食品检疫证明等，学生食品安全始终装在这位市领导心中，他还详细询问了餐厅的操作流程。

来到育才双语学校门口，耿涛认真听取了学校从2012年以来取得的成绩，并不时询问该校马焕路董事长“学校的管理、教师队伍、教学质量等情况”。

在教学管理区，耿涛详细查看了教师的教案情况。当听说学校在中考中取得全市第7名的好成绩时，他高兴地问：“学校招生情况怎么样？怎么控制招生人数？”

---

* 本文原载2016年4月27日《聊城日报》。

“裴校长，你的工资多少？”“我也是绩效工资，学校董事会对我的工作进行考核。”耿涛听后非常满意。

陪同的冠县教育局局长董建国介绍说：“冠县三处民办学校的教师和公办教师待遇一样，都是财政工资，交‘四险一金’，学校还给老师一份绩效工资。”

在冠县实验高中建设施工现场，校长张胜聚介绍的“全脑教育、智慧教育、幸福教育”的办学模式，“老师学习、学生学习、家长学习”的创新做法和“自主学习、高效学习、满分学习”的教改理念，给耿涛留下了深刻印象。

“学校什么时候建成？投资多少？”

“今年7月1日交工，政府投了1.8个亿。”张胜聚答道。

新建的金太阳新校总投资1.5亿元，有在校生2700多名。在学校鸟瞰图前，耿涛关切地问：“现在一个班多少人？”“40人左右，我们都是小班化、寄宿制。”校长张雪峰说。

在历时一个半小时的参观中，清华园、育才双语、冠县实验高中、金太阳学校给参观人员留下深刻印象。优美的环境、创新的管理、优秀的师资、令人信服的质量在他们脑海里定格。

冠县县委、县政府在发展民办教育上，高看一眼、厚爱一层，扶上马、送全程，为其发展营造了春天般的环境。小班化、寄宿制、数字化教学的民办教育，有效解决了农村孩子特别是留守儿童的教育问题，满足了群众对优质教育的需求，成为公办教育的有益补充。1月13日，市委书记徐景颜在全市重点项目观摩时，对冠县教育特别是民办教育给予了高度评价。平度、东平以及周边县市教育负责人先后到冠县考察学习。

上午10时30分许，全市民办教育现场推进会在冠州宾馆大礼堂举行。耿涛发表了重要讲话，他指出，今天在冠县召开全市民办教育现场推进会，是在全国、全省大力发展民办教育的大好形势下，为全面落实徐景颜书记在全市科学发展现场观摩时的指示精神召开的一次重要会议，主要目的是总结推广发展民办教育的“冠县模式”，积极探索发展民办教育的新政策、新举措，促进民办教育大发展。刚才，现场参观了冠县的清华园、育才双语、实验高中、金太阳等几处学校，看到了冠县在支持民办教育发展方面取得的突出成绩。

耿涛强调，各县（市、区）要全面总结“冠县模式”的经验做法，学习解放思想、更新观念，在逆境中求发展的奋发有为的精神；学习重视发展民办教育、狠抓落实的工作作风。要认真研究冠县发展民办教育的好政策和好措施，结合本地实际，掀起民办教育发展的新热潮。

耿涛要求，要进一步增强发展民办教育的紧迫感和责任感。吸引社会资本发展民办教育，是弥补公办教育资源不足的一条非常现实、非常可行、非常有效的途径。要大胆解放思想，创新方式方法，因势利导，撬动庞大的社会资本投资教育事业。

耿涛强调，要进一步强化措施，加大工作力度，推动民办教育健康发展，理顺体制机制，强化顶层设计，执行分类管理，探索多元模式，拓宽融资渠道，打通流通机制。要落实各项优惠政策，落实财政政策、教师待遇、土地政策、减税政策。加强监督管理，形成加快民办教育发展的强大合力。加强组织领导、统筹协调、舆论宣传，通过各级各有关部门的共同努力，在全市形成人人关心、人人支持民办教育发展的良好环境。

会上下发的《聊城市人民政府关于支持民办教育发展的意见》，从顶层设计上理顺了支持民办教育发展的体制机制和政策措施，要求结合实际，对民办学校准入条件、扶持政策、规模布局、招生状况、教学质量、师资建设、毕业生升学就业等方面进行全面统筹，制定本地民办教育发展规划。

冠县人民政府副县长徐世栋介绍了冠县教育特别是民办教育的做法，莘县翰林中学、东昌府区东方双语小学也都介绍了各自的经验。

豆蔻梢头二月初，春风十里“冠县路”。正像耿涛副市长在讲话中说的那样，民办教育的“冠县模式”或许会给各县市带来借鉴。青春勃发的冠县民办教育，在这次具有历史意义的会议推动下，一定会春发夏长，为全市、全省教育发展增添一抹新绿。

事业目标

德技双育，创新驱动，规范发展*

孙　峰

2017 年上半年，职成科按照省、市党委、政府的有关要求，在局党组领导下，紧紧围绕市教育局十项重点工作任务目标，积极推进两项工程建设，顺利完成了计划任务。

一、大力实施民办教育提升工程，实现了民办学校办学质量和党建工作双提升

1. 落实年检制度，加强日常监督。制定下发了 2017 年民办学校年检实施方案和细则，利用 10 天时间，依法对市属 12 所民办学校进行了年检，规范了民办学校办学行为。与此同时，按照属地管理原则，县（市、区）教育主管部门也对辖区内的民办学校实施了年检。本次年检共涉及民办学校 52 所，其中市属 12 所，县（市、区）属 40 所；小学 23 所，中学 33 所，中职 3 所。

2. 创新机制，强化指导，扎实开展民办教育党建工作。按照市“两新”组织党工委和局党组的指示要求，成立了聊城市教育局民办教育机构党委，召开了 12 所市直民办学校负责人党建工作会议，对“两学一做”进行安排部署。在党建中创新工作机制，首次将民办学校党建工作纳入年检指标体系，并作为年检必备条件和必查内容，与年检工作平行开展，有效推动民办学校党建工作，扩大了党组织的覆盖面，为党的教育方针贯彻落实提供了可靠组织保障。目前，市直民办学校均按照民办教育机构党委的要求成立了党组织，建立起党建规章制度和党员活动室，并认真开展“两学一做”学习教育。民办教育机构党委对民办学校的党建工作全过程指导、全过程监督，保证了学习教育的常态化制度化。

---

* 本文原载《聊城教育》2017 年 6 月第 3 期。

二、积极推进现代职业教育体系建设工程，进一步提升职业学校办学内涵

1.开展省示范性中职学校创建工程。推荐4所学校参与第二批省示范性中职学校遴选工作。聊城高级财经职业学校和莘县职业中专2所学校被省教育厅批准为项目工程立项建设单位，填补了我市中职没有省级示范性学校立项单位的空白。

2.推进省中职学校品牌专业创建工作。按照省级品牌建设的工作程序的要求，督促指导学校做好一切迎接省专家组合格验收和中期考核的准备。第二批省级品牌专业建设工程的验收涉及我市2所中职学校的2个专业；第三批省级品牌专业中期考核涉及我市3所职业学校的3个专业。

3.举办能工巧匠进校园活动。今年，9所中职学校聘请9名省财政支持的能工巧匠作为学校的专业兼职教师。目前，全市该类教师达到11名。该政策的实施弥补了学校专业建设师资不足的缺陷，促进了专业建设和学生技能水平的提升。

4.大力开展两种竞赛。举办了全市中职职业技能大赛，共设13个大类、53个赛项、12个赛点，参加竞赛学生500余人，指导教师274人，企业28家。与去年相比，增加2个大类、5个赛项、1个赛点、8家企业。从全市参加初赛的400余件作品中遴选出29件并推荐参加第十三届全国“文明风采”大赛省赛。

2017年，我市中高职学生参加全国性大赛成绩实现新突破。高唐职教中心选手杜辰昌在2017年全国职业院校技能大赛网络空间安全项目比赛中喜获银牌。

聊城职业技术学院3名学生在第四届全国卫生职业院校检验技能竞赛上分别荣获高职组个人综合一等奖、二等奖、三等奖各1个，1名教师获大赛优秀指导教师称号，学校还荣获团体二等奖。另外，在第五届山东省大学生机器人大赛中，该院学生获得机器人创意展示二等奖。

5.实习管理工作进一步规范。根据《职业学校学生实习管理规定》(教职成〔2016〕3号，以下简称《规定》)精神，安排全市职业院校认真开展自查，并将自查和整改情况报告上报备案。在此基础上，局检查组对1所高职院校和4所中职学校进行了摸排抽查，并写出检查结果报告上报省厅备案。

6.新增专业审核及专业备案如期完成。对全市有关职业学校新增专业进行了实地审核，并按照省厅要求，将全市中职学校专业(包括各有关学校获批的新增专业和上年度省厅备案的专业)上报省厅备案。

7.大力加强职教队伍建设。一是大力开展教科研工作。本年度下达至我市的省级中职科研课题有20个,而参与申报者近90个。我们委托第三方成立评委会,进行了严格初审,并按要求予以公示上报,最大限度地保障了该项工作的公平、公正、公开开展。经省专家组审核,我市有17个课题被准予立项,其中省级重点课题3项、省级一般课题14项。二是认真落实省培任务。推荐230名教师参加省级骨干教师培训,校长30人次参加省级业务研修。三是邀请省内外有关专家作专题讲座。分别举办了全市机电类职业技能大赛和中职学校信息化建设培训班,两次活动共计有300余名专业教师和学校业务校长(或主任)参加。四是举办了"创新杯"说课和信息化大赛。两场比赛有教师近140人次参与,促进了校际和教师之间的沟通交流,有效提升了教师信息化教学水平。

8.举办职业教育活动周。制定了2017年全市职业教育活动周实施方案,对全市职业教育活动周进行了安排部署。期间,联合《齐鲁晚报》推出职教特刊,全方位宣传我市职业教育发展建设成果,并发布权威的招生信息。活动周期间,各县(市、区)教育主管部门和各职业学校均按照省、市的统一要求,开展了丰富多彩的活动,创造了良好的社会舆论氛围。据统计,参加活动周总人数达11394人,其中教师1153人、学生10241人(占在校生人数的32.3%);参与活动的企业达15家。

9.鼓励学校建设特色技师(大师)工作站(室)。今年有5所学校新建特色技师(大师)工作站(室)各1处。目前,全市特色技师(大师)工作站(室)总数达10处。

今后一段时间,积极着力做好以下工作:

1.切实做好夏季招生工作。紧紧抓住夏季中等职业学校招生的关键时期,切实加强中职招生工作的舆论引导,努力营造有利于中等职业教育招生的良好舆论环境和社会氛围,努力引导更多的初、高中毕业生和社会适龄青年接受中等职业教育,进一步稳固我市各职业学校办学规模。

2.落实省规范化学校合格验收与中期考核工作。在相关学校自评基础上,聘请第三方对3所学校进行合格验收,对3所学校进行中期考核。

学校进行市级复评,发现问题、找出差距,以问题为导向,确定整改措施,写出评估报告,做好一切迎检准备,确保我市该项工作能够交上一份合格的答卷。

3.抓好两项大赛参赛工作,有效推动省级技能大赛承办工作。根据省级"文明风采"大赛成绩,推荐参加国家级比赛的作品。依据市级技能大赛成绩,确定参加省级技能大赛项目,组建省技能大赛参赛队伍,并聘请省内外专家对指导教师和参赛选手进行培训,力争取得更加优异的成绩。同时,指导市域内条件较好的学校积极承办省级技能大赛,并在大赛期间组织形式多样的校企合作研讨、专业教学交流观摩等活动，推进实质性、深层次的校企合作，用技能大赛撬动职业院校办学水平与教学质量的全面提升，实现我市职业学校在全省、全国技能大赛中新的突破。

4.顺利完成2016年毕业证验印工作。制定切实可行的验印工作实施方案，精心调度，合理安排，如期完成今年的毕业证验印任务。

5.全面铺开“教学诊断”工作。按照相关要求，成立聊城市“教学诊断”工作指导小组，制定工作计划，发挥好省市试点学校的示范作用，助推“教学诊断”工作在全市全面铺开。

6.开展民办学校“两学一做”学习教育督查工作。根据“两学一做”学习教育常态化制度化具体要求，按照全过程指导、全过程监督的原则，对民办学校“两学一做”学习教育进行督查，确保上级党委的各项党建工作任务真正落到实处。

7.组织课题开题工作。督促各省级课题立项单位按照课题研究相关规定，开展3项省级重点课题、14项省级一般课题的开题工作。

激发潜能，成就梦想*

——莘县实验高中发展纪实

秦冠藏

20世纪90年代，沐浴着深化教育改革、全面推进素质教育的春风，莘县实验高级中学于1998年8月应运而生。她一诞生，就肩负起培养学生全面而有个性发展的重任。经过18年的砥砺奋进、开拓创新，18年的披荆斩棘、积极探索，学校从小到大，从弱到强，从强到优；从嫩苗到茁壮，从茁壮到成熟；从摇摆到坚定，从踟蹰到跨越，一路铿锵一路歌，奏出了全市高中教育的最强音。

建校18年来，莘县实验高中始终秉持“艰苦创业，团结协作，拼搏奉献，求实创新，推崇认真，追求卓越”的实高精神，“我行、我行、我能行”的实高信心，“严、细、快、实、恒”的实高作风，“静、专、思、主、活”的实高学风。学生屡创佳绩，先后有25名同学考入北京大学、清华大学；师资力量日渐雄厚，有省市教学能手、优质课教师120多人，省市优秀教师20人，省级以上骨干教师30人，水城名师、名校长3人。学校先后荣获“全国素质教育示范校”“国家创新教育实验学校”“山东省学校民主管理先进单位”“山东省校本培训示范校”“山东省依法治校示范校”“山东省少年儿童科技发明教育基地”“山东省心理健康教育先进单位”“全省‘五五’教育普法工作先进集体”“省级交通安全示范学校”“省体育传统项目学校”“聊城市教育系统先进集体”“市教育科研示范校”“市师德建设先进单位”等荣誉称号。《中国教育报》《中国教师报》等多家媒体报道过学校的先进教育教学经验。

一、先让学生学会做人

“办学不唯升学，教育不唯教书，成功不唯成绩，领先不唯争先。”这是莘县

---

* 本文原载《聊城教育》2016年2月第1期。

实验高中几年来一直坚持的办学理念。

1.细化常规管理。莘县实验高中学生人手一册《莘县实验高中学生一日常规》,细化学生在校一天内,从早晨起床到晚上就寝每个时段,在生活、学习、卫生、纪律、礼仪等各个方面的行为规范。为将这些规范内化为学生的自觉行动,进而形成一种习惯,学校成立了"督导检查团",根据《莘县实验高中学生一日常规评估细则》,每天对年级、班级、每一名学生进行督导检查。每月评选优秀级部、班级和"明星学生",并对其予以表彰。

2.培养自主意识。学校组建了以"认识自我,教育自我,管理自我,发展自我,完善自我"为宗旨的自我教育管理中心。学生的早操、自习、就餐、就寝、自行车摆放等每一环节都由他们进行检查,在管理中增强了学生的责任感和管理能力。

3.万象教育,培树信念。举办升旗仪式,由优秀教师或学生作国旗下讲话,增强学生的爱国主义、集体主义和纪律意识;课前举行目标宣誓,以"星旗"标成绩起伏,让学生时时提醒自己、激励自己;播放情感教育主题影片,让学生体验人间真情;组织以"友爱·感恩"为主题的演讲朗诵比赛和征文比赛,在每周的班会上,讲述感恩故事,加强感恩教育。

二、精心做好小事

管理就是落实,抓住关键环节,才能把工作做得有板有眼。

1.实行"周计划"工作制。"周计划"不仅要明确学校、各级部、各处室、各备课组要完成的主要任务、重点工作,还要明确各项工作的责任人和督查人。各项计划不仅发布到学校网站上,还印发给相关教职工,张贴到办公桌上。各年级、处室的每周例会雷打不动,点评上周计划完成情况,部署下周任务。

为督促各项计划的落实,学校由师生代表组成专项督导团,每天对年级、处室的计划落实情况和师生日常的工作学习行为进行督导检查,督查结果及时公布,上传网站,发现问题及时解决。

2.实施"领导干部包科责任制"。校级领导、科室主任、教研组长分别承包相关学科,每周听课2节以上,现场评课,发现亮点,及时组织同学科教师观摩。包科干部每周的工作情况都要落实在"包科干部工作情况汇总表"和"常规抽查统计表"上,由校长、业务校长审阅、签批意见后存档。年终根据学科成绩与教师一起捆绑奖惩。

3.细化管理,有效反馈。高效课堂是由无数个有效教学细节组成的。学生能力的提升最终要落实在课堂教学的每个细节上。定期举办以督促集体备课、上课、辅导、作业布置与批改、考试、讲评等教学常规落实为目的的“教学示范月”活动；切实推行从候课到上课再到课后评价面面俱到、全方位规范的《课堂教学规范十五条》《课堂教学评价表》，抓好教学中的主要元素，课堂教学有声有色。

4.有效利用单元检测，环环相扣，层层落实。单元检测是检查学生掌握知识情况的重要手段。检测前10天，通过年级会、主题班会层层发动，要求学生定目标、选出竞争对手，制定迎考计划。考试过程抓考风，练考技。考后抓分析：级部写出考试质量分析报告，搞好考后的总结与表彰，将成绩单寄送家长；备课组长写出学科质量分析报告，搞好查缺补漏，集体备好讲评课，针对错误率高的题目选编变式训练题进行二次过关，并实行骨干教师先期讲评制，任课教师落实好“三类学生”试卷的面批，针对本班学生答卷情况上好讲评课，引导学生搞好查失分活动，督促学生用红笔把试卷改成“满分卷”；各班开好考试质量分析主题班会，搞好“规范化试卷”评选与展览、优生谈学法等系列活动；学生人人写出“考后感想”，班主任收齐阅批，级部主任进行抽查，开展好考后的师生个别谈话活动。同时，级部要搞好考后分析标准化的落实与通报。

三、唤醒教师的发展自觉

教师专业发展的前提是自身的觉醒。莘县实验高中着力唤醒教师专业发展的自觉，激发他们的潜能，让他们主动发展、自觉发展、优先发展，从而带动其他教师发展。

1.价值引领，激发教师成长的原动力。开好例会。学校例会是政治教育、沟通思想、布置工作的重要阵地，是凝聚共识、提振力量、解决问题的主要手段。学校通过例会传递时政、感悟经典、分享经验、点评教务，对教职工进行思想教育。

做好表彰。学校每月评选一位“师德之星”，将他的事迹在学校的橱窗里、校报上、网站上展示，并让他为全体教职工作演讲。这种做法被2013年7月10日的《中国教育报》报道。

读书督导。学校自2009年开始，每年举办一届历时两个月的读书节，至今已举办六届。期间举办朗诵会、演讲会、报告会、征文比赛、“书香师生”评选等多种活动。师生的思想在读书中逐渐丰盈，道德在读书中不断升华，灵性在读书中不断增长。

2.制度激励，增添教师持续发展力。实行校内职称聘任制，可以低职高聘。教师的品行和业绩量化得分在总分以上的，都可聘为高级；总分70以上者聘其为中级，总分60以上者为初级职称，分别给予相应津贴。每三年评聘一次。这种考核机制让那些成绩好、能力强、勇于进取的教师始终享受高待遇，激励教师永远创先争优。

合理划分职称。把教师职称分为首席教师、领军教师、功勋教师、明星教师、高级教师、中级教师、初级教师、见习教师等8个级别，聘期为一年。根据师德表现、教学任务、教学成绩和评教分数等，进行上浮或下调。践行“让老教师看家、让中年教师当家、靠青年教师发家”的思想。

根据年龄、基础、经验、能力的不同，对教师实行分层管理，分别设立“优秀园丁”“骨干教师”“教坛新秀”“功勋班主任”“服务标兵”“金牌教练”等，每个层次树立不同的标兵，让每个层次的教师都有自己明确的发展方向和目标，最终实现教师全面发展、整体推进。

3.张扬特长，为教师成长搭台“唱戏”。让那些有特长的教师自告奋勇，担任辅导学生社团教师；让在声乐、舞蹈、器乐等方面有专长的教师分别担任两个年级的音乐课；让在素描、国画、色彩等方面各有所长的美术教师，共同执教高中三个年级的课，并专教自己的强项课程；让有体育专项的老师，自主编排课程表上体育课。教师的强项，在“年级教学直通车”里得到充分施展。

四、“草根”式科研为学校发展助力

为推动全校教育教学工作高效科学发展，学校于2009年实施了“科研强校”战略。

确定教科研的“五个立足于”原则：立足于教育教学实践，立足于常规课堂教学，立足于学生学习方法的研究，立足于大面积提高教育教学质量，立足于教师业务素质的提高。建立组织网络。成立“实验高中科研强校行动委员会”，下设教科处，聘任60多名中心教研员，分8个工作小组，负责日常的教科研工作，形成了“校长——分管校长——教科处——教研组——教研员”的组织网络。

确立制度保障。《莘县实验高中关于加强学校教育科研工作的实施意见》《莘县实验高中教科研成果奖励条例》《关于评选教科研先进个人量化管理办法》《理论笔记与案例反思检查制度》《课题管理制度》《教研员工作职责和要求》等规章细则，为我校教科研的长效发展提供了一个有利机制，确保了教科研工作的落实、有效、规范和可持续发展。

形成理论学习和教学反思的科研模式。学校提倡教师经常学习教育教学理论，不断反思自己的教学实践。要求一线教师每周写一篇高质量的教学案例与反思，要求教师每月写出不少于4000字的读书笔记。将每位教师的案例与反思文章根据质量量化为分数，以备课组为单位合计均分，纳入教学常规量化；每月一通报，总结检查情况，对优秀的通报表扬并予以加分，对质量不佳的进行批评并提出改进要求；定期将教师优秀案例与反思文章结集汇编，现已编印出版了 6 期。

建立三级课题研究网络——学校大课题带动、子课题全面跟进、小课题具体研究。三级课题研究网络覆盖了教育教学的各个方面。提出“课题问题化”的口号，从纷繁芜杂的教育教学中发现问题，然后对问题进行梳理、归纳、提炼、转化，确立为课题。制定《教科研工作评价标准》，要求教科研要以提高课堂效益为主攻方向和着力点，要有助于提高教学质量，促进学生的全面发展，提高教师的业务水平，从而有效抵制了教科研的功利主义、形式主义和“假、大、空”。

截至目前，学校省级教科研课题结题 11 项，市级教科研课题结题 61 项，县级教科研课题结题 23 项，校级小课题结题 101 项。2013 年 3 月 20 日的《中国教育报》以《草根式科研做强一所学校》为题，用较大篇幅报道了学校的教科研工作特色。

五、为每个学生铺设一条成功路

世界上没有两片完全相同的树叶，也没有完全相同的人。莘县实验高中树立多样化人才观念，创办适合学生发展的教育，不拘一格培养人才，给学生更多自主选择的权力，促进每个学生成长成才。

开设校本课程。周六、周日，老师们利用四个多媒体教室举办各类选修课堂讲座。尤其是由 2 名获得国家二级心理咨询师资格的专职心理教师开设的心理辅导课程，解决了许多学生的心理困惑，促进了学生身心健康发展。近5 年来，学校教师研发了近 100 种校本教材，近 70 项校本课程获山东省普通高中优秀课程资源奖。

为特优生开创“绿色通道”。从各年级选拔了一批知识基础厚、潜力大、善思考、习惯好、乐探究、能吃苦的优秀学生，组建了数学、物理、化学、生物、信息学、科技发明、电脑平面制作、机器人等兴趣小组，为他们提供了全面快速提高的“小环境”；同时，为他们专门配备教师，在课外活动时间或自习时间进行辅导，让其学科知识、学习方法和能力得到拓展与提高。近 5 年来，在全国中学生奥林匹克竞赛中，我校已有 18 名学生获得全国一等奖，200 多名学生获得全国二、三等奖，90 多名学生获得全国名牌高校的保送或自主招生考试资格。学校已连续 8 年被评为全国中学生奥林匹克竞赛优胜学校。学校篮球机器人小组曾荣获 2 次全国冠军、2 次全省冠军，足球机器人小组曾荣获 2 次全国亚军。

2013 年,2 名学生曾获高考加 20 分录取的资格。从 2010 年以来,学校被国家知识产权局授权的专利有 210 多项。在全国中小学电脑制作活动中,有 23 名同学获得省市奖励。

因材施教,成立学生社团。针对一些在艺体方面有特长的学生,成立了 30 多个学生社团,由专业教师辅导,开展丰富多彩的文体活动。迄今为止,学生在全国作文、漫画、声乐等各项比赛中获得 20 多项奖励,在省、市、县各级文体比赛中获得 10 多项冠军。校长吕丁学说:"一棵茁壮成长的树,其枝条不可能都向一个方向生长,也不可能都是一样长。我们要让每个学生按照自己的伸展方式自由成长,让其天性得到释放。"莘县实验高中在"创造适合学生的教育"之路上走出了可观的景致。

"东方欲晓,莫道君行早。踏遍青山人未老,风景这边独好。"莘县实验高中人将以百倍的豪情、高昂的斗志,在团结奋进的校领导班子带领下,以社会之需创学校之新,以素质之求建教育之功,为培养更多高素质人才砥砺奋进!

彰显"三精三品"办学目标，铸就特色品牌初中名校*

——记发展中的临清市京华中学

齐观勇

京华中学成立于2000年4月，是经临清市人民政府批准，性质为民办公助的一所初中学校。学校坐落于古运河畔的历史文化名城临清城区，校名为当代国学大师季羡林先生亲笔所题。学校按照高标准建设、高水平装备、高起点培养的办学思路，坚持高质量、低收费、大众化的办学原则，由最初成立时的8个教学班、480名学生发展成为一所占地143.6亩，建筑面积3.6万平方米，教职工220人(其中高级教师31人，一级教师94人，省、市级教学能手76人)，在校学生3300余人的山东省规范化学校。近年来，京华中学在段树敏校长的带领下，全面贯彻党的教育方针，全面推进素质教育，打造出"用精美的文化打造品牌学校，用精细的管理塑造品位教师，用精心的教育培养品格学生"的办学特色，使学校教育质量跻身于全市前列。学校2003年顺利通过山东省规范化学校验收，2008年、2013年两次通过省级规范化学校复评验收；先后荣获全国劳动技术先进单位、全国特色学校、山东省教学示范学校、山东省花园式学校、山东省艺术教育示范学校、山东省依法治校示范学校、山东省食品卫生管理A级单位、山东省地震科普示范学校、聊城市教育教学先进单位、聊城市精神文明单位、聊城市校本教研先进单位、聊城市示范家长学校等几十项荣誉称号，走出了一条"做有思想的教育、办有特色的学校"的创新发展之路。

一、用精美的文化打造品牌学校

临清市是山东省历史文化名城，文化底蕴深厚，自古以来就有尊师重教的

---

* 本文原载《聊城教育》2016年2月第1期。

优良传统，“千年奇丐”武训在临清“乞讨兴学”的善举流芳百世。底蕴深厚的文化积淀，绵延相传的历史文脉，为京华中学的持续发展奠定了良好的基础。

(一)以先进办学理念引领学校创新发展

学校坚持“以学生为本，以教师为魂”的办学宗旨，秉承“立德树人，生命至上，质量为本”的教育理念，以“创全国一流，建百年名校”为发展目标，弘扬“厚德厉行、唯实至上”的校训，依托“精细化管理”的策略，逐步形成了“文明礼貌、知识渊博”的校风，“严谨笃学、爱岗敬业”的教风，“博学善思、创新进取”的学风，日益凸显“三精三品”的办学特色。学校用文化引领发展，用精神激励师生成长，努力创建精品化、优质化、特色化的省级名校。

(二)以制度文化创新促进学校人文管理

为使制度成为一种文化，学校把各项规章制度汇编成册，每学期都组织全体教师学习、讨论、完善。通过“教代会”“座谈会”“问卷调查”等形式，让教师参与制度的制定和完善，以便保证制定出来的制度能够维护广大教师的权益。在深化素质教育的过程中，学校积极营造催人上进的氛围，在制定相应制度时始终坚持“教师第一”“京华中学是教师生活的家园、展示才华的舞台、教育的乐园”“学习是最大的享受、培训是最大的福利、发展是最大的关怀”的思想，让学校制度成为促进教师成长的一个平台，也形成了学校一种独特的学术文化。

(三)以环境文化建设营造良好育人氛围

环境育人，潜移默化。学校教学、运动、实验、生活、办公等功能区划分明显，结构布局合理。拥有高标准的实验室、网络中心、计算机教室、音体美书教室、塑胶操场等设施。2012 年学校全部教室都安装了电子白板和实物投影仪，实现了绿色班班通。电子监控实现了校园全覆盖，建有京华中学网站和校园网。教室内张贴有《中学生日常行为规范》和《中学生守则》，后面的黑板上设有班级文化粘贴板，黑板上方的红字标语时时提醒学生集中精力认真听课，教室左前方墙上悬挂的心理循环日记，或用于老师、学生之间进行交流，及时解决学生思想上的困惑，或记录学生个人的闪光点，提升学生自信。教室外的走廊两侧悬挂着名人画像和警句格言；楼间连廊外悬挂着社会主义核心价值观的基本内容——“富强、民主、文明、和谐，自由、平等、公正、法治，爱国、敬业、诚信、友善”；圆厅内“今天我以京华为骄傲，明天京华以我而自豪”的大型字幅光鲜悦目，时刻勉励着京华学子，精美的文化渗透到学生生活的各个角落。校园内一草一木总关情，一墙一壁诉心声，到处充满着人文精神，发挥着“润物细无声”的德育作用。

二、用精细的管理塑造品位教师

用人格魅力引导学生心灵，用学术造诣开启学生智慧，用精细的管理塑造品位教师，这是京华中学好教师的标准。

（一）打铁还需自身硬——队伍建设全面化

抓好师德建设在京华中学不是浮于形式的纸上文字。段树敏校长经常在全校教职工大会上强调：一个学生是咱教师的几十分之一，却是每个家长的100%。教师要有爱心、耐心、责任心。为此，学校每学期都开展“最受欢迎的教师”评选活动，引导教师修德育人；利用滚动字幕、学校网站、宣传栏宣传优秀教师，树立正面典型；开展优秀教师、班主任事迹报告会，引导教师向身边的榜样学习。

打铁还需自身硬。学校鼓励教师开展研究性学习，学习专业理论知识，以校本教研为主，把岗位培训和校本教研结合起来，把集中学习和个人研修结合起来。积极引导教师由“经验型”向“研究型”转变。积极开展教师基本功大赛、“微课”评比、“同课异构”赛课、高效课堂优质课比赛等活动，为全面提高教师的专业化水平和业务能力搭建平台。近年来，我校教师张曼获全国数学优质课一等奖，吴艳芳获“山东省教学能手”称号，刘云玲获山东省优质课一等奖。此外，我校还拥有水城名师、名校长3人，临清名师6人，聊城市、临清市教学能手50余人。

（二）“寻常一样窗前月，才有梅花便不同”——教学管理别样化

教学工作是学校的中心工作，教学质量是学校的生命线。京华中学严格管理教学过程的每一个环节，要求教师全力打造高效课堂。学校积极推进“演练导学、解惑质疑、反馈达标”的京华中学“三步循环”教学法，实现了向“先学后教、以学定教、多学少教、以学促教”的教学方式的转变。按照“平等的师生关系、互动的课堂结构、多元的评价体系、共进的发展目标”的总体要求，坚持以教师为纽带，以学生为主体，以兴趣为动力，以探究为方法，以训练为主线，以质量为根本；通过专家引领、名师带动、典型示范、学科互助，让每位教师都体会到成功的快乐。名师讲堂，促教师成长。学校充分发挥名师的带动、辐射作用，每周三下午的第3、4节课分文、理两大科开展名师课堂观摩活动，通过观课、议课、评课，让每一位教师反思自己的教学行为。

学科先导课，引领课题教学。学校认真落实教学研一体化，把集体备课—

组内教研—每周公开课—主题教研会—校本培训有机结合起来。“学科先导课”分年级、分学科、定时间、定地点进行，对每周的学科重难点进行教学研讨，引领学科教学。

教学常规，规范教学行为。“天下大事，必作于细。”规范教学常规要做到“四抓”“四精”“四必”“三讲三不讲”。

培优帮扶，关爱每一个学生。一是组建帮扶班。把语文、数学、英语成绩排级部后50名的学生列为补习帮扶对象，实行动态管理。二是虚拟培优班。针对优秀学生举行创优大赛，以鼓励先进，鞭策后进，使学校形成浓厚的学习氛围。

三、用精心的教育培育品格学生

（一）开展各种特色教育，促进学生全面发展

学校一直努力打造“震撼学生心灵”的特色校园文化氛围，各种德育活动的开展彰显出学校深厚的文化底蕴和育人特色。

1. 阅读书籍，净化心灵。引领学生与经典为友，以名著为伴，在读书中学会成长，享受乐趣，着力打造“书香校园”。将每学期的5月份定为“校园读书月”，每周举办“班级读书会”，开展美文诵读、读书演讲比赛、古诗擂台赛等各类读书活动。

2. 评选明星，树立榜样。学校坚持开展“班班有明星，星星放光彩”的明星评选活动，即每周评选“班级之星”，每月评选“级部之星”，每学期评选“学校之星”，在学生中树立起一批优秀典型，营造了崇德扬善的浓厚氛围。

3. 拥抱阳光，拥有自信。每个级部设置德育主管，主抓本级部学生的德育工作；学校还开设了心理咨询室，并配备了专职心理健康咨询老师为学生解决心理问题，帮助学生形成健全的人格。

4. 走向社会，充实大脑。学校积极拓宽素质教育渠道，丰富学生社会实践活动：在“学雷锋”活动月，组织学生到敬老院慰问孤寡老人；在清明节，安排学生参观季羡林先生纪念馆、张自忠将军纪念馆等。通过这些举措，让学生陶冶情操，实践创新，在实际生活中学到知识。

5. 拓展舞台，展示自我。学生的心有多大，学校提供的舞台就有多大。京华中学自建校以来，坚持开展“班班有特色，生生有特长”活动，让每名学生至少学会一门终身受益的文体项目，提升学生综合素养。学校先后编印了肘捶、葫芦丝、口琴、合唱等多种校本教材，并开设了肘捶班、京剧班、口琴班、葫芦丝班

等多个班级。艺体特色班级的创建充分体现了学校“课内打基础,课外出人才”的育人战略。

弘扬京剧艺术,国粹走进京华园。临清素有“京剧之乡”的美称。为弘扬国粹艺术,学校成立了京昆戏社,组建了教师乐队,编印了《京华中学京剧校本教程》,极大地丰富了师生的课外活动。著名京剧表演艺术家李海燕等人曾到校指导演出。京剧国粹在京华园开花结果。

(二)拓展多种教育资源,共育品格京华学子

1. 家校联谊,合作共赢。学校积极构筑“学校、家庭、社会三位一体”的体系。把家长请进学校,全方位参与学校管理工作。比如,开展家长座谈、家长进班授课、家长监考等等。换位教育让众多家长对京华中学赞不绝口。

2.“名生、名家(长)讲堂”,提升学生品位。近三年来,学校充分挖掘家长和学生的教育资源,结合学校实际和学生的需求,积极开展了“三大讲堂”活动之“名家(长)讲堂”和“名生讲堂”。

名家(长)讲堂。学校邀请家长走上讲台,做一回老师。各班家长充分发挥自身的专业特长、兴趣、爱好,开设不同内容的讲座——从生活小窍门讲到“纸是如何造出来的”,从中国武术讲到“大车司机的交通观念”,这些课外知识极大地开阔了孩子们的视野。此项活动开展三年来,很多家长欣然应约。学校还先后邀请了北京京剧院陆翰副院长、山东快书表演艺术家刘方平先生、国家级非物质文化遗产——临清肘捶传承人申孝生先生等名家到校为学生现场表演并授课。

“名生讲堂”。以讲座的形式开展,题材由讲课学生自选,注重健康性、知识性、趣味性。学生将自己所涉猎及擅长的课外知识,通过讲座传播给自己班级的同学。通过角色的转变,许多内向的孩子开始大胆地走到台前展现自己的才华。

(三)春华秋实,硕果满园

成绩总是跟着努力而来。近年来,学校组织学生艺术社团积极参加各级各类艺术竞赛活动,并取得了一定的成绩:张超逸同学获 CCTV 杯京剧戏迷票友大奖赛银奖;李歌同学曾与世界钢琴王子理查德·克莱德曼同台演出;刘名坤同学在 CCTV 第六届才艺大赛上荣获“未来之星”奖章;郑金珠同学先后荣获全国葫芦丝巴乌大赛金奖、中华青少年艺术展总决赛金奖,并成为年龄最小的中国民族管弦乐协会会员;校京昆剧社获临清市中小学“京剧进校园”师生京剧汇演一等奖。异彩纷呈的校内外特色活动使学生的个性得到充分展示,创新能力

和实践能力得以充分提高，提升了学校的知名度和品牌效应。

龙威虎壮，精心毓秀千苗长；实丰果硕，锐意鼎新一路歌。十五载躬耕不已，十五年春华秋实。面对成绩和荣誉，京华人不张扬，自奋蹄；求同心，讲实干。“潮平两岸阔，风正一帆悬”，临清市京华中学这艘教育之舟在段树敏校长的带领下，正迎着新世纪的朝阳，肩负临清教育新崛起的重任，承载千万家庭的幸福愿景，在广远的教育海洋里乘风破浪，扬帆远航，为早日实现中华民族伟大复兴的中国梦而努力奋斗！

长风破浪会有时，直挂云帆济沧海*

——聊城市世纪园学校蓬勃发展纪实

倪 明

一滴翰墨，千年运河畔；几缕丹青，盈盈水城边。有这样一座学校：她没有富丽堂皇的物质环境，却满含厚重温良的人文情怀；她漠视华而不实的宣传造势，却依旧学子万千，桃李满园；她不是聊城市“升学率”最高的学校，却靠着“凭教育良心办学”的教育理念收获赞誉满满！她，就是聊城市世纪园学校，一所历经十八载披肝沥胆，逐渐发展壮大的民办学校，一颗汲取天地精华，集聚人文灵秀，伴时光汩汩流转愈加璀璨的教育明珠。

上篇 烈火炼就的真金，市场教育的典范

新世纪最具震撼力、穿透力、冲击力的问题就是孩子的教育问题。我们最大的心愿和追求就是孩子成长成才，出类拔萃，将来考上名牌大学，找到理想工作，成为社会栋梁。影响孩子成长成才的因素有三点：一是遗传，二是环境，三是教育。而环境和教育是根本，是我们能够人为掌控的。我们倾尽所有、穷尽心力，致力于引导学生进入学习境界、引爆智力潜质，让他们尽快驶入高效学习的快车道，成为“能够自己创造财富”的人才。

在聊城，最具开发潜力和发展前景的地方当然是开发区。这里没有闹市的喧嚣、厂区的污染，有的是清新的空气、优雅的环境、乐思好学的氛围以及勃勃的生机、四射的活力。黄河路中段，游泳馆旁边，有一座环形教学楼，这就是世纪园学校——一颗按市场教育模式运作取得辉煌业绩的耀眼新星。世纪园学校是一所由市教育局正式批准成立的封闭式寄宿制学校，是一所真正按市场规律运作的具有现代意识的学校。学校里不仅有来自聊城各县（市、区）的学生，

---

* 本文原载《聊城教育》2016 年 6 月第 2 期。

还有不少来自省内其他地市以及河北、河南、江西、黑龙江、内蒙古、青海、西藏等地的学生。正可谓：十八载披肝沥胆桃李已满园，新一年整装待发旭日正喷薄。

创建于1998年的世纪园学校实行十二年一贯制的教育体制，小学、初中、高中齐头并进、全面优化、分校区管理、跨越式发展。十八年的耕耘和播种，十八年的积累和收获，世纪园走出了一条坚实的成长之路，凭借全新的教学理念、美好的发展愿景、系统的管理模式、正确的市场走向，把握住了“学生是上帝，学生和学生家长充分认可是发展的唯一动力”这一立校之本。

世纪园教育教学管理的核心，可以归纳为“一二三四五”，具体解读就是：

一是紧紧抓住“一个中心”，也就是秉持素质教育的大原则，千方百计地、大张旗鼓地、不折不扣地狠抓教育教学质量的提高和优良学习习惯的培树，让学生全天、全周、全月生活在浓郁的学习氛围之中，成为征服课本、占领知识制高点、具有充足学习能量的勇士和将军，进而放飞理想，成就亮丽人生。

二是长期坚持“两个基本点”：第一个基本点是坚持封闭式管理；第二个基本点是坚持以人为本。

三是着力凸显“三大亮点”：高效训练，拴分提能，实现“四化”，即复杂问题简单化、课本内容点线化、零散知识系统化、枯燥知识趣味化；没有差生，只有差异，面向全体，让每一个学生沐浴到公平教育、优质教育的灿烂阳光；阳光育人，快乐成长，把课堂由死板变活泼，把生活由枯燥变丰富，让学生全程幸福，享受成功。

四是强力运作“四大模式”：二元统一的全面全程全方位育人模式；三位一体的链接式教管学管模式，四四连环的互动联动教学模式；张弛有致的“5＋2”学习生活模式。

五是重点突出“五大理念”：办学理念——高效学习、激情课堂、精神家园、快乐成长；教学理念——扳倒书山、填平学海、引爆智慧、面向全体；学习理念——变死学为活学、变苦学为乐学、变难学为易学、变学会为会学；课堂理念——教得生动、学得主动、师生联动、拴分提能；育人理念——增强记性、开启悟性、塑铸德性、张扬个性。

世纪园学校推行分部管理，力度大、到位率高，学管部、宿管部、学习部、卫生部环环相扣、部部相连，对全校两操、纪律、早读、自习、安全、就寝、卫生、文体活动、生活、课间等分块包干，全天候、全方位进行链接式管理，不留空当、无缝覆盖、到位监控，杜绝了各种事故的发生。学校切实做好了后进生、问题生工作，保障了教学秩序的正常运行；采取协议式、跟踪式、档案式等多种形式的管理手段，使用激励、制约等各种管理方法，为学生们营造了良好的学习氛围，提供了优良的学习环境。

在传统的应试教育中，20%的孩子的成功，是以80%的孩子的失败作为代价的。在人满为患的大班里，许多潜质很高的孩子被忽视，渐渐走向平庸。世纪园学校绝不牺牲大多数学生的利益，绝不搞大班额教学，而是多措并举，采用"激励教育法""成功教育法""兴趣教育法""赏识教育法""每日自省自励教育法""一对一结对子教育法"等，真正面向每一个学生，让尽可能多的学生得到良性发展。世纪园学校高度重视智力挖掘，根据不同年龄段，分层实施"迅速入境式突进学习法""高效率高分数监控学习法""因材施教分层次定位学习法"等，以挖掘每一个学生的最大升学潜力。

雄厚的师资力量是教学的第一保证，老中青结合的梯形结构保证了世纪园教师队伍的良性发展；教育教学信息化程度高，使学校教师能充分享受国内国际教育资源，与全国名校名师同步教学；英语教学、阅读教学、艺术欣赏，强化学生的听说读写能力；10万多册图书，囊括中外名著及各类教育教学用书，对学生全面开放；学校购置了抢答器，将知识抢答引进课堂；综艺晚会每月一期，小演员们载歌载舞，给校园带来生机和活力；演讲比赛情真意切，陶冶同学们的性情，启迪同学们的心智，鼓舞同学们的士气；每年一度的校园运动会，既有利于强身健体，提高同学们的身体素质，又便于发现好的运动员苗子。发展是硬道理，十八年艰苦创业，十八年卧薪尝胆，十八年全力打拼，十八年跨越发展。世纪园人脚踏实地，不事张扬，凭一腔热血、一股坚韧打造出了让聊城人民认可的优质教育硬品牌。

十几年来，世纪园学校为高一级学校输送了大批优质生员，可谓桃李满园。我校升学率、平均分等最能代表学校实力的指标在全市同类学校中一直遥遥领先，获得社会、家长、上级主管部门的一致好评。2011年下半年以来，世纪园充分利用民办学校的体制优势，将教师绩效工资在工资总额中的占比由1/3提升到1/2，从根本上提高了教师的积极性。

世纪园人的努力换来社会各界的肯定和认可，学校被市委宣传部和市教育局评为市级德育工作先进单位，被市教育局评为社会力量办学先进单位，被开发区评为文明学校、综合治理先进单位、平安建设先进单位，校长被评为省级先进工作者、全市德育工作先进个人，不少教师学生获得省市级荣誉。办学以来，从未出现过任何安全责任事故。这一切充分说明了世纪园的教育内涵和办学实力。

烈火炼就的真金，市场教育的典范。世纪园学校正以百倍的信心、千倍的决心和万倍的努力大踏步地向前迈进。

下篇 好风凭借力，直上九重霄

昌乐二中十年磨剑，一朝亮锋，现在已成为中国大地上名副其实的“名校大哥大”。参观昌乐二中总校的人络绎不绝，囊括了政府官员、教科研人员、各级各类学校校长、教师、学生、家长等。十几所分校(包括直属分校和托管分校)起点高、规模大、名声好、学生多，全部移植复制成功，成为当地的教育风景线，这在全国是绝无仅有的。

赵丰平校长2015年被教育部评为创新型杰出校长，正引领素质教育这艘大船扬帆破浪，一往无前。为了让昌乐二中的优秀办学理念和成功办学经验惠及更多孩子，赵校长还成立了山东271教育集团，把二十年深耕细研打磨成的“271”教育经典整合成一套可复制、易移植、能克隆的理论实践集成，借昌乐二中这个窗口推广、联盟、带动，让“271”教育模式深入人心、家喻户晓。山东271教育集团在潍坊市郊峡山区划出1000多亩地，分四处建设了集团大楼和三个学校，规格高、学生多，堪称样板。周边开发的很多住宅楼，虽身处山沟，却卖点极好，大大带动了峡山经济的蓬勃发展，彰显了教育品牌的强大威力。

好风凭借力，直上九重霄。2016年，世纪园学校华丽转身，纵身一跃，开启历史新篇章，不仅被市教育局批准为世纪园教育集团，还成为“271”教育模式在聊城的展示台和前沿阵地。4月18日，政府新闻发布会现场，市教育局党组书记、局长哈宝泉宣布：“聊城新增三所高中，聊城世纪园学校成为潍坊‘山东271教育集团’分校，引入潍坊市昌乐二中先进的管理模式，今年招生23个班，1300人。”这则消息两天之内被《齐鲁晚报》、《聊城日报》、《聊城晚报》、聊城电视台、聊城吧、聊城教育信息网等十几家媒体报道，影响空前，好评如潮。

6月13日，山东271教育集团与聊城世纪园教育集团在潍坊峡山签署了“271”教育教学模式落户聊城、落户世纪园学校合作办学协议。

6月26日，271教育教学模式落户聊城、落户世纪园学校启动仪式隆重举行，市教育局党组书记、局长哈宝泉出席仪式并发表了热情洋溢的致辞。他在致辞中表示，山东271教育集团与聊城世纪园教育集团的合作，是我市教育发展史上的大事、喜事，是我市实施“名校带分校”战略的又一丰硕成果，必将成为聊城教育一道亮丽的风景，为聊城的素质教育提供成功的范例和样板！

十八年风雨兼程，5000名莘莘学子，世纪园资质高、学生多、发展前景广阔，具有得天独厚的招生区域优势、学籍注册优势、教师管理优势，今年又嫁接来优质的“271”DNA，和昌乐二中实现战略性握手，一定会插上腾飞的翅膀，实现飞跃式发展。

我们坚信有教育局的大力支持,有昌乐二中"271"课改校长和课改专家的指导、把关,有世纪园人坚韧不拔的努力,世纪园一定会以大格局、大视野、大气力为"271"教育教学模式的植入和复制创造良好环境,以科学、精准、高效、务实的态度,科学设计课改计划,集中精力落实课改举措,让昌乐二中办学理念和"271"高效课堂模式在聊城大地生根、开花、结果,成为聊城教育的试验田和对外展示窗口。

世纪园学校总校校长张立科表示:我们的领导班子和教师团队要紧密团结在271课改校长周围,时时刻刻把认识统一到赵丰平总校长的思想上来,以壮士断腕的决心,站在学校生死存亡的历史高度,抓铁留痕,震撼出击,坚决打赢"271"教育移植复制这一仗。开弓没有回头箭,不管遇到多大阻力,都要破釜沉舟,勇往直前,绝不找任何借口,绝不后退。所有问题都是发展中的问题,都是前进中的问题,没有解决不了的问题。我们要抓反复、反复抓,持之以恒,不换思想就换人,不达目标绝不罢休。

"长风破浪会有时,直挂云帆济沧海。"大鹏展翅,志在千里。在新的机遇和挑战面前,世纪园人将以海的胸怀、山的信念辛勤耕耘、和谐奋进、高瞻远瞩、乘势而上,使昌乐二中"271"教育教学模式在聊城这片教育沃土上一年成型、两年成名、三年成气候。借聊城市委、市政府大力促进民办教育发展和"271"教育模式全面移植之力,世纪园力争早日形成特色,打出自己的品牌,为聊城的教育事业增添一道亮丽的风景。

昔日伊尹躬耕处，今朝遍开教育花[*]

——莘县莘亭联校谱写教育新篇章纪实

张彩杰

莘县莘亭是商代贤相伊尹躬耕之地，莘亭联校就坐落在这片历史悠久、文化底蕴深厚的教育沃土上。在教育上，伊尹认为"习于性成""慎终于始"，对学生的起始教育十分重视。莘亭联校以继承贤相教育思想作为己任，努力改善办学条件，全心全意做本真教育，切实抓好课堂教学改革、打造"幸福教育"等全局性工作，实现了学前和小学教育的健康、和谐、稳定发展。

近年来，莘亭联校多次被评为学前和小学教育教学工作先进单位；中心幼儿园被评为聊城市一类幼儿园，获全市幼儿园环境创设一等奖。小学音乐、美术比赛连续三年获全县农村组前三名；张淑华、殷兆华等十几位老师被评为聊城市教学能手和聊城市小学骨干教师；张彩杰、邹良贵等老师的多篇教学论文在《山东教育》《山东教育报》上发表；十几项县市级课题顺利结题；由原北京军区司令员李来柱上将题写刊名的校刊《北斗》已出版多期，在全县产生较大反响。

一、学前教育，启迪幼儿智慧

在办园过程中，联校始终遵循"关爱孩子，关注未来"为办园宗旨，以"尊重幼儿，服务家长，用爱养育，用心教育"为办园理念，以素质教育为核心，以幼儿发展为出发点和落脚点，为幼儿创设了良好的教育环境。

加强硬件建设，努力实现环境设施完善化、优美化。中心幼儿园、白马庙幼儿园等建设已见成效，每所幼儿园都设立了多功能活动室、图书室、科学发展室、保健室、亲子室等，并购置了多套大型玩具，配置了教学光盘、电子琴等设备。

---

* 本文原载《聊城教育》2016 年 6 月第 2 期。

优化教工队伍，提高教师的整体素质。幼儿园从实际出发，制定了教师培训培养计划，组织教师参加各种培训学习，上研讨课、观摩课，写教养笔记等，以此来提高师德修养和业务水平。几年来，幼儿园的全体教职员工出色地完成了各项工作任务，取得显著成绩。

提高保教质量，促进幼儿全面发展。在教育活动中，教师提供丰富的材料让幼儿探索、发现。组织丰富多彩的节日活动、实践活动，让幼儿成为自信、活泼、健康、快乐的孩子。

注重家园合作，共创美好未来。幼儿园建立了家长委员会，通过家长会、家长园地、家长进课堂、家教讲座、家长开放日、亲子活动等多种形式和家长沟通交流，让家长成为教育合作伙伴，做到家园共育，赢得了家长和社会的一致好评。

二、课堂改革，促进学生发展

针对七处小学的实际情况，联校把课改工作分两步走：中心小学为龙头，为一级课改学校；其他小学为二级课改学校。经过一年多的努力，中心小学现已形成了较为稳定、实用的课改模式，初步探索出课堂教学基本流程。其他六处小学也形成了自己的课改思路。

为调动教师们的课改热情，联校每学期都举行“课改示范课评选”和“语文、数学学科课堂教学改革教研会”，这是对课堂教学改革工作的反思、总结与提升。

同时，联校加强了教师的培训学习、理论学习。邀请莘县名师、名校长作报告；组织全体教师认真学习各科的《课程标准》，并进行了各科《课程标准》业务考试；组织教师学习县教育局小学教研室推荐的江山野的《论教学过程和教学方式》等；教师们人人写理论学习笔记、学习心得，认真学习每周一期的《莘亭联校课改信息简报》和校刊《北斗》的“课堂教学改革”专辑，提高了理论水平、业务水平，加快了课堂教学改革的步伐。

课堂教学改革让课堂变得高效起来，学生养成了良好的学习习惯，成为课堂学习的主体。莘亭联校的课堂教学改革取得了很大的成绩，走在了全县的前列，莘州、燕店等地十几个兄弟单位的领导和教师多次来到莘亭联校交流学习课堂教学改革经验，并给予了高度的评价。

三、活动引领，打造幸福教育

莘亭联校以丰富多彩的活动为载体，让学生们在活动中健康、快乐成长，全力打造幸福教育。

手抄报坚持每周一期，每周一个主题，如“我爱少先队”“雷锋的故事”“劳动最光荣”等，做到了文字与绘画相结合，图文并茂。对优秀作品及时展示评比，幸福和自豪洋溢在了学生们的心间。联校每学年举行一次书法绘画、音乐、讲故事比赛。许多有特长、有才艺的学生脱颖而出。学生们在比赛活动中增强了自信心，锻炼了能力。

联校每学期举行一次队列体操歌咏比赛，三至六年级学生全部参加。比赛提高了学生的体质健康水平和艺术审美能力，展示出他们蓬勃的朝气、积极向上的精神风貌，深受学生喜爱。每年5月份，联校都举行乒乓球比赛。各校的小选手们积极备战，刻苦练习，奋力拼搏，努力为班级争光，为学校争光。比赛活动增强了学生们的集体荣誉感，让他们体验到运动的快乐。

联校坚持开展劳动节、儿童节、教师节、感恩节等各种节日的庆祝活动，把节日活动和学生的思想教育结合起来，丰富了学生的节日生活，愉悦了身心、陶冶了情操。

在伊尹躬耕过的这片教育热土上，莘亭联校全体教职工将凝心聚力，砥砺奋进，扎实工作，继续提升办学品位，扬持续发展风帆，开创教育新局面，谱写教育新篇章，使莘亭学前和小学教育之花开放得更加灿烂、热烈、辉煌！

群策群力，勇于担当*

——冠县武训实验小学均衡发展纪实

顾兰顺

冠县武训实验小学全面贯彻党的教育方针，践行"训蒙养正，润智育行"核心教育理念，积极深化教学改革，开发校本课程，培养学生多元发展。学校全体教职员工团结一致，攻坚克难，把义务教育均衡发展作为学校工作的重中之重来抓，加快学校全面工作跨越发展。学校先后荣获全国尝试教学示范实验学校、中华优秀传统文化教育研究先进示范学校、山东省教学示范学校、山东省语言文字示范校、聊城市文明单位、聊城市规范化学校、聊城市教学示范校、冠县家庭教育先进单位等一系列荣誉称号。

一、提高认识，科学规划，密切协作

均衡县创建之初，学校立即开展了学习贯彻工作，成立了由梁秀红校长任组长、全体教帅为成员的推进义务教育均衡发展工作领导小组，做到了领导到位，职责明确。全校掀起了学习领会市县均衡发展指示精神的热潮。全校教职工通过学习认识到推进义务教育均衡发展是构建和谐校园、促进学校跨越式发展的需要，是贯彻习近平总书记教育思想战略和党的十八大教育方针的具体体现。由此，学校制定了推进义务教育均衡发展的规划和组织实施工作方案，每周都召开行政办公会和教职工大会，及时总结学校工作开展情况，加快均衡建设进度，成立了各项工作小组，分工明确，团结协作，营造了良好的迎评氛围。

---

* 本文原载《聊城教育》2016 年 6 月第 2 期。

二、团结一致，攻坚克难，精益求精

教育均衡发展是规范办学的要求，也是创办理想教育的需要。均衡县创建以来，学校在县委、县政府和教育局的大力支持下，积极整合教育资源，促进教育均衡发展，学校办学条件得到极大改善，为推进小学教育均衡发展注入了活力：学校建筑总面积由原来的 9227 平方米增加到 10874.64 平方米，增建学校综合楼 1647.64 平方米；学校运动场北侧居民建筑通过化解重重困难得以拆除，新建高标准塑胶运动场 8782 平方米；学校绿化总面积增至 8250 平方米。

图书室使用面积增至 400 平方米，现有图书 95972 册，生均藏书 34.9 册；近三年新购图书 58620 册，年更新率 2.95%；订阅报刊共计 63 种。学生阅览室座位数达到 156 个，教师阅览室座位数达到 48 个。教育信息化及现代化教育技术设备齐全，一体机教学设备 51 套，办公电脑 132 台。实验室仪器种类增至 526 种，共计 5323 件。学校增设了 2 个美术书法教室、1 个器乐排练室、1 个舞蹈教室和 1 个开设中年级十字绣课程及高年级剪纸课程的综合实践活动室。

学校各类设施设备账目齐全，管理与使用均达到标准要求。这些都大大加快了学校均衡发展的步伐，逐步实现了学校标准化建设。

三、注重特色，多元发展，合力共赢

创建特色学校，提升教育内涵水平。教育均衡不是齐步走，要注重特色发展。为有效推动教育均衡发展，学校积极开发多元课程，促进学生全面发展，开设了养正、启智两大类 40 余门自主选修校本课程。学校在县教育局正确领导下，大力开展家庭教育，形成了以“家长进学校、家长进课堂、家长进活动”为特色的家庭教育模式，先后举办了全县及全国家庭教育论坛现场会，教育成果赢得各级领导和社会同仁的一致好评。

均衡教育发展促使学校在评价机制上进行改革，引导学校向名校成长、向特色校行列迈进，实现学校教育的均衡发展。在抓好常规教学的同时，学校确立了“养正启智”的特色办学理念体系，认定目标，全力以赴，让武训实验小学前进的步伐更加稳健。

冠县武训实验小学将继续走内涵发展之路，促进教育优质均衡发展，办学生喜欢、家长信任、社会认可的学校。

硬件很硬，软件不软，特色明显*

——记聊城市技师学院（聊城高级工程职业学校）

王玉梅

聊城市技师学院（聊城高级工程职业学校）是一所国家级重点院校，是国家级职业教育改革发展示范校，是党的领导干部的楷模孔繁森同志的母校。学校始建于1958年。2009年8月，聊城市人民政府将聊城市高级技工学校、聊城轻纺技工学校、山东省聊城建设学校、聊城市劳动技工学校、聊城市机电工程学校和聊城电子信息学校整合组建为“聊城高级工程职业学校”，保留“聊城市高级技工学校”；2011年11月，学校经教育部、人力资源和社会保障部、财政部批复为国家职业教育改革发展示范校创建学校；2012年9月，山东省人民政府同意学校改建为“聊城市技师学院”，形成了技师、技工教育和中职教育并行发展的格局；2013年10月，学院整体搬入新校园；2015年10月，三部委正式确定我院为“国家职业教育改革发展示范学校”。省专家组在对学院国家示范校建设进行验收时，评价学院“硬件很硬，软件不软，特色明显”。

一、硬件很硬

学院占地面积400亩，建筑面积15万平方米，总投资8亿多元。建有教学楼4栋，可容纳120个教学班；学生公寓3栋，可容纳5000余名学生住宿。建有25000平方米的实训楼和12000平方米的生产实习车间，拥有液压气动、传感系统、机械原理、数控编程、PLC编程、MPP工业创新等十几个专业性实验室以及机械加工、数控加工、电气技术、焊接、建筑施工等实训中心，各专业实训实习设备齐全，拥有五轴加工中心、焊接机器人等实训先进设备，实训实习设备资产总值达6000多万元，生均实训实习设备值远远超过国家标准，达到全省一流水

* 本文原载《聊城教育》2016年2月第1期。

平。投资3000多万元购置了触控一体机等多媒体教学设施、电子化教学设施和先进的教学软件。投资1500万元建设了集教学、科研、管理、生活、服务等功能于一体的高标准、全覆盖的信息化校园，安装高像素摄像头670多个，达到了全国一流水平。

二、软件不软

1. 拥有一支结构合理、师德高尚、专业过硬、技能突出的教师队伍。现有在职教职工668人，其中专兼职教师420人，具有高级职称的168人，“双师型”教师比例达80%，国家级模范教师15人，省级模范教师28人，聊城市专业技术拔尖人才1人，市级学科带头人49人。同时实行能工巧匠进学院计划，先后聘请了50多名企事业单位的专家、工程师、技术员来校讲学，并成立了张则强、王立志大师工作室。为加强师资队伍建设，学院制定并实施了青年教师成长工程、学位提升工程、优秀骨干教师工程和双师型教师培养工程。先后组织教师赴清华大学、同济大学、重庆大学等高校学习培训；邀请马树超、邬宪伟等知名专家学者多次进校作报告，特聘国内著名职业教育专家陈宇、赵志群、高红、詹长智及德国资深职业教育专家皮得·米博斯等为客座教授。

2. 专业设置科学，与区域经济产业发展高度契合。学院是一所以工科为主的职业院校。为全面提升人才培养质量，服务聊城经济发展与产业转型升级，学校开设了符合区域及产业发展需求的数控加工、机械设备维修、电气自动化技术、电气自动化设备安装与维修、焊接加工、汽车维修、计算机信息管理、建筑工程技术、工程造价、机电一体化等25个专业。其中电工、钳工、焊接是山东省名牌专业（工种）；机械装配与维修、数控车工和电气工程是山东省名牌重点专业；数控车工和机械装配与维修是山东省百强专业；机械加工技术、建筑工程和电气技术应用3个专业是国家示范校建设重点支持建设专业，2015年建筑工程施工专业被评为山东省中职学校品牌专业和现代学徒制试点专业。目前，学院正在与我市的大行业、大企业对接，着力加强机械加工技术、建筑工程、电气技术应用、汽车维修、电子商务等重点专业（专业群）建设。为了适应聊城经济及产业发展对新职业、新工种的需求，学院又逐步增设了楼宇自动控制设备安装与维护、现代物流、电子商务和航空服务等新专业。

3. 推行教学改革，教学模式先进。学院在长期的教学实践中形成了先进的教学模式：一是在专业课教学中，大力推行“理实一体化”教学模式，实现做、学、教一体化，学生在真实的工作场景中学习，获得了与工作岗位需要相符合的职业能力。二是推行“四个实践环节”教学模式。即通过见习、实训、生产实习和顶岗实习四个环节，让学生认同企业文化、熟悉企业管理，达到与企业岗位的零距离对接，成为企业真正需要的高技能人才。三是实行“361 高效课堂”教学模式。该模式更加突出学生在学习中的主体地位，增强了学生的学习兴趣，使课堂焕发生机与活力，教学效果显著，得到省教育厅领导和专家的充分肯定与好评。

4. 主动与国际先进职业技术教育接轨，开展中德合作。为学习、借鉴德国先进职业教育理念、办学模式和人才培养模式，我院将德国专家、工匠、培训技术等智力元素引入聊城，借用德国工业 4.0 助跑“聊城制造 2025”，不断提升学院的办学理念。今年 9 月份，学院与中德职教集团签订了战略合作协议，“山东(聊城)中德职教师资培训中心”在我院挂牌成立，这标志着我院向国际化合作办学迈出了实质性的一步。下一步，我院还将与中通客车等大企业合作成立中德智能制造训练中心。同时，我院将充分发挥在聊城职业教育中的龙头示范作用，带动其他职业院校加快发展，构建适合聊城的现代职教体系，提升整个聊城职业教育的办学水平，更好地服务于聊城经济社会的发展和产业结构的转型升级。

5. 科研能力强，取得成果多。科研工作是教学水平的重要体现。我院高度重视科研工作，按照专业成立了教研室，出台政策鼓励教师申报研究课题。我院科研工作硕果累累，近两年就有 16 项省级课题立项。其中，2015 年度山东省职业教育教学改革研究项目聊城市共立项 24 项，我院占到 11 项。由院领导带头申报的《中职德育课程“一体化”教学模式研究》课题，被省教育厅评为重点资助课题，为我市唯一重点资助课题。

6. 坚持立德树人，育人质量高。学院始终把立德树人作为教育的根本任务，把培育和践行社会主义核心价值观融入育人全过程。围绕“成人、成才、成功”的育人理念，注重养成教育，培养学生的综合职业素养。构建起了适合我院的育人模式，形成了教书育人、管理育人、服务育人、环境育人的全员育人和全过程育人的工作格局。我院培养出来的学生深受企业青睐，学生就业率高达 96%，就业满意率在 90%以上。在 2015 聊城市中职学校技能大赛中，学院取得了团体一等奖 2 项、二等奖 3 项、三等奖 3 项和个人一等奖 8 项、二等奖 8 项、三等奖 8 项的好成绩；承办了省技能大赛“液压与气动系统装调与维护”项目，在省技能大赛中获得一等奖 1 项、二等奖 1 项、三等奖 1 项的好成绩，实现了我院省技能大赛一等奖零的突破。

三、特色明显

1. 深度融合的校企合作。校企合作是职业院校发展的必由之路。学院不断完善“校企合作、工学结合”的人才培养模式，加入了聊城市第一职业教育集团，并成为副理事长单位。与鲁西集团、中通客车、聊建集团、华瑞电气集团、三和纺织等50多家知名企业建立了稳定的校企合作关系和有效的合作办学机制。校企双方共同制定人才培养方案、实训基地建设方案等，实现了师资双向流动，形成了“合作办学、合作育人、合作就业、合作发展”的合作局面。2015年10月，学院与中国国际电子商务中心培训学院签订了合作培训协议书，成立“中国国际电子商务中心培训学院聊城分院”；12月，学院与中职北方智扬教育科技有限公司(北方汽修学校)签订校企合作协议，成立了聊城北方汽车学院。2016年1月，学院与中通客车控股股份有限公司、九州生物、临清三和纺织集团签订了校企合作协议，拟在我院成立中通学院、九州生物学院及三和纺织学院。这标志着学院与大行业、大企业合作办学取得新进展，开放办学、协同育人在全市迈出了一大步。

2. 全面的社会培训服务。充分利用师资、实训等优势资源，积极开展下岗再就业培训、“雨露计划”、复退军人培训、“阳光工程”、基层农技人员培训等社会培训服务。学院是全国“雨露计划”示范基地，山东省高技能人才培训基地，山东省“阳光工程”培训基地，山东省扶贫开发培训基地，省级建筑业特种岗位培训考核基地，鲁西集团、交运集团、水务集团等大企业的员工培训基地，年培训各类社会人员14000人次以上。中国国际电子商务中心培训学院聊城分院在我院挂牌成立后，每年可开展电子商务培训4000人次以上。

3. 高标准的信息化校园。信息化校园建设是我院国家示范校建设特色建设项目。学院与联通公司合作，累计投资1500万元，建成了高标准的信息化校园，共建有4个信息化体系和12个信息化平台，安装高像素摄像头600多个，使教学、办公、服务、管理等方面的效率、能力大幅度提高。2014年10月，我院被省教育厅确定为信息化校园试点单位。

4. 特色鲜明的校园文化。学院以搬入新校园为契机，加快校园文化建设，邀请北京师范大学专业团队进行规划设计，打造全国一流的校园文化。以文化引领技能型人才培养，打造以文明、和谐、诚信、敬业为主要内容的“德”文化品牌，构建了校园文化与区域文化、企业文化密切融合，校园环境和谐统一，厚德育人、特色鲜明的校园文化体系。作为孔繁森母校，大力弘扬传承孔繁森精神，形成了以孔繁森精神为核心的特色校园文化，营造出良好的育人环境。

2013年搬入新校园以来，在市委、市政府的领导和支持下，院党委、院行政团结带领广大师生员工，以国家示范校建设和创建文明单位为抓手，攻坚克难，努力奋斗，通过实施三年基本建设目标，采用重点战、攻坚战、收官战运作方式，在管理育人、教书育人、服务育人等方面取得了许多令人鼓舞的成绩。学院先后被授予中国职业教育百强校、国家级职业教育改革发展示范校、全国社会扶贫工作先进集体、山东省富民兴鲁劳动奖状、山东省教育系统先进集体、省级花园式单位、省级文明单位、平安聊城建设先进单位、全市普法工作先进集体等10余项荣誉称号。“学院发展我发展,我与学院共发展”已成为全院师生共同的心声,学院各项事业蒸蒸日上,社会影响力和社会形象不断提升,《大众日报》、《聊城日报》、聊城新闻网以及省市电视台多次报道过学院的办学事迹。

机遇与挑战并存,梦想与辉煌同在。“十三五”期间,在市委、市政府的坚强领导下,我们技师学院将乘着国家职业教育改革发展的强劲东风,开拓进取,砥砺前行,以筹建聊城工程职业学院和创建全国文明单位为目标,积极开展国际交流与合作,进一步加强与聊城大企业、大行业的合作,全面提升内涵建设,提高技能人才培养质量,为聊城产业转型升级、提质增效,实现富民强市的“聊城梦”提供强有力的人才支撑和智力支持!

砥砺十载谱华章，不忘初心育英才*

——聊城幼儿师范学校特色发展侧记

张建国

人生百年，立于幼学。近年来，随着国家对学前教育前所未有的高度重视，以及对学前教育规范管理和改革发展支持力度的加大，作为聊城市唯一一所培养学前教育师资的师范学校，聊城幼儿师范学校紧抓机遇，发展内涵，凝练特色，铸造品牌，走出一条不平凡的特色发展之路。

一、优化办学条件，提升资源品牌

由于学生数量的激增，学校专业教育资源渐显捉襟见肘。近年来，在学校领导班子的带领下，学校不断加大投入，优化办学条件，提升了办学实力。

一是学校自我发展能力明显增强。目前学校建筑面积达到 8 万多平方米；年招生数 1000 人，在校生规模从 2000 年的不足 1000 人发展到 4000 多人。

二是办学条件不断改善。学校不断加大基础设施建设投入，新建了教学楼、标准田径场、图书馆、艺体楼、宿舍楼及附属幼儿园。内部配套设施日趋完善，为师生营造了一个良好的教育环境。

三是专业师资队伍整体水平明显提高。近 5 年来，学校大力推进“科研兴校、人才兴校”战略，科研工作硕果累累。我校教师主编、参编各级教材 50 余册，在省级以上刊物公开发表论文 40 余篇，有 20 余项教学科研课题结题，多名教师入选聊城市中等职业教育教学专家库。学校综合运用业务培训、学历培养、聘用引进和学术交流等多种教育培养形式，形成了一支适应学校发展目标要求的高水平的师资队伍。学校现有专任教师 190 人，其中正高级职称 1 人，副高级职称 33 人，具有研究生学历的 50 人。

---

* 本文原载《聊城教育》2017 年 8 月第 4 期。

四是信息化管理水平明显提高。学校拥有先进的网络一体化校园网,教室配有最新的多媒体教学一体机,学生学习、生活实现了一卡通,实现了学校办公电脑化、网络化、管理现代化。

二、调整培养模式,打造专业品牌

近年来,聊城幼儿师范学校为适应社会发展的需要,进一步调整人才培养模式,坚持“厚基础、强技能、突特色、重实战”的人才培养理念,做精做强学前教育专业,打造省级专业品牌。

一是加强专业和课程建设。在开齐专业主干课程的基础上,增设了课件制作、教学设计、环境创设、职业生涯规划等课程,还积极开发了多种校本课程。

二是强化学生教学基本功的训练。学校在加强学生音乐、美术、口语、舞蹈等基本功训练的基础上,增设了 logo 设计、电脑美术、手风琴、散打等学科,每年开设近 80 余门技能选修课,使学生专业素养和技能得到全面强化,成为适应社会需要的学前教育专业人才。

三是安排见习、实习,提高实践能力,从而使学生就业后,能迅速适应岗位的需求。积极推进“园校合作”“校校合作”,探索实践育人新模式。在充分考察的基础上,增加了实践教学基地数量,目前学校校外实践教学基地已达 52 个,为学生营造了更为广阔的见习、顶岗实习、就业空间。

三、推进社会服务,创造名校品牌

聊城幼儿师范学校坚持职业教育宗旨,发挥学前教育专业特长,为学前教育发展领跑提速,服务社会的能力逐渐增强,成绩斐然。

一是开展社会培训,辐射周边,共同关注、共同研究、共同发展幼教事业。近年来,学校多次承担聊城市幼儿教师全员培训、幼儿园园长培训及幼儿园新进教师岗前培训等市级培训任务,为聊城市学前教育事业发展做出了突出贡献。还建立了青海省刚察县幼儿教师培训基地,为服务西部幼教事业发展贡献力量。

二是重视职业道德教育,鼓励学生参加社会实践,历练服务社会的能力。除统一安排学生到基层幼儿园和实训基地进行锻炼外,还积极组织学生参加志愿者活动,到聋哑学校进行帮扶,奉献爱心,到市团委组织的“春晖学堂”进行义务支教。

三是发挥专业特长,积极参加各级各类比赛,为经济社会发展助力添彩。

近年来，学校积极组织学生参加“全国文明风采大赛”“全国师范生教学技能大赛”“山东省职业技能大赛”等各级各类大赛，均取得了优异的成绩。2012 年，在第一届全国学前教育专业师范生职业技能大赛中，1 人荣获综合素质特等奖，2 人荣获综合素质一等奖。2016 年，在第六届“华文杯”全国师范院校师范生活动设计、教学技能大赛中，2 人荣获一等奖。2017 年 6 月，在第二届全国学前教育专业学生幼儿园活动设计与实施能力竞赛中，1 人荣获特等奖，3 人荣获一等奖。

四是推进质量工程，提升就业品牌。学校着力打造学前教育特色专业，扎实推进素质教育，以就业为导向，确保教育教学质量，毕业生深受用人单位欢迎，大幅提升了就业品牌。2009 年以来，每年举办一次毕业生双向择业交流会。特别是 2017 年学前教育学生实习双选会，用人单位代表云集，场面火爆，幼师生成了“香饽饽”，供不应求，还未毕业就能挑选到满意的岗位。学生过硬的综合素养和扎实的基本功，赢得用人单位及社会的广泛赞誉和好评。

十年岁月峥嵘，十载春华秋实。聊城幼儿师范学校坚守初心，砥砺前行，专注学前，凝心师范，为聊城学前教育事业的发展做出了突出贡献，先后被授予“全国国防教育特色学校”“山东省规范化中等职业学校”“聊城市文明单位”“聊城市德育工作先进集体”“聊城市师德先进集体”等荣誉称号。

聊城幼儿师范学校目前已进入发展快车道，将全面推进战略升级，矢志铸就学前教育高地，向创建“一流幼师名校”迈进。

启航·征程*

——聊城市实验幼儿园发展纪实

赵 华

聊城——江北水城，像一颗璀璨的明珠镶嵌在大运河畔。在这古老而又神奇的土地上闪耀着一颗耀眼的幼教之星，这就是聊城市唯一一所市属公办实验幼儿园——聊城市实验幼儿园。作为市委、市政府2016年10件民生工程和市教育局2016年重点工作之一，聊城市实验幼儿园正以高起点、高标准、高质量的定位，开拓聊城学前教育的先河。

聊城市实验幼儿园是市委、市政府投资近亿元建设的唯一一所市属公办幼儿园。幼儿园按照省级示范园标准建设，建筑面积2.2万平方米，活动场地1.5万平方米，共设有30个教学班，每班20～35人，可容纳900名幼儿入园，填补了聊城城区没有独立设置的公办幼儿园的空白。2016年12月1日，在全市校长职级制改革受聘仪式上，聊城市实验幼儿园与聊城一中、聊城三中和水城中学一起被确定为专家型校长学校(园)。

聊城市实验幼儿园建成后，将成为全市规模最大、质量最好的公办幼儿园。它不仅将拥有全市先进的硬件设施建设，还将打造全省一流、全市最强的师资软实力。

为了全面实现创办一流幼儿园的目标，聊城市实验幼儿园将从以下几个方面开展工作：

1. 树立科学的幼儿教育理念。树立良好的幼教风气理念是实现工作目标的指向器，没有先进的理念，很难把工作做好。聊城市实验幼儿园自建园之初，就推崇“健康、阳光、兴趣、成长”的办学理念，致力于使每一个在园幼儿生活得幸福、成长得健康，为孩子成长为创新型、建设型人才奠定基础。

2. 营造一流的育儿环境。幼儿成长环境对于幼儿的习惯、兴趣、性格的养

---

* 本文原载《聊城教育》2016年12月第5期。

成十分重要，为此要为幼儿打造最美好、最有利于其成长发展的保育环境，让他们幸福地生活，快乐地学习。其中，幼儿的生活、运动、游戏、阅读、艺术、社会、科学等方面的环境创设，都要坚持高标准、高质量、严要求。

3. 培树一流的幼儿教师队伍。教师是幼儿教育的主体。没有高水平、高素质、高能力、极富爱心的幼儿教师队伍，无法实现一流的幼儿教育。聊城市实验幼儿园是新建园，没有良好的育儿经验可传承，没有固有的育儿文化可延续。为此，培树一支优秀的幼儿教师队伍至关重要。在公开招聘幼儿教师时，择优录取，把好进人第一关。招聘结束后，新录用人员分层次到高校幼教专业培训，考核评价达到标准方可上岗。同时，建立科学的管理体系、评价体系和激励机制，打造勤奋工作、热爱幼儿、团结协作、终身学习的幼教团队。

4. 创立并实施规范科学、富有特色的幼儿教育课程体系。依据《山东省幼儿园办园标准》和《儿童学习与发展指南》制定好三年课程实施计划，确保幼儿教育课程体系的整体性、系统性、规范性；制定并落实好幼儿一日活动指导意见，让每一个孩子的每一天都过得有意义、有收获。课程体系的实施与幼儿教师的培训紧密结合、交织进行，以提高教师的执行能力和探索创新能力。引进、借鉴国内知名幼儿园的特色课程，建立标准课程加特色课程的多维度、立体化教学体系，通过活动实施教育，通过环境实现教育，通过体验呈现教育，寓教于乐。

5. 树立“安全第一”的理念，确保幼儿安全。幼儿因幼小不能自理，不能分辨是非，不能自我保护，因此，幼儿安全是幼儿园工作的重中之重，不能确保幼儿安全，其他工作都无从谈起。要牢固树立“安全第一”的思想，把安全作为每一名工作人员的首要任务。要建立严密严格的安全制度，并由专人负责安全工作，督查制度的落实，评价安全工作的成效，任务到人，责任到人。要配齐保安保卫人员，配全安全设施设备，确保安全隐患能够被及时发现和有效处置。在幼儿饮食安全和疾病防治方面，对于每一个环节都要制定保教标准和保教规范。医生要组织晨检，做到不漏检一个幼儿，发现问题按规定及时处理。

6. 实施科学的管理，确保幼儿园高水平、高质量。聊城市实验幼儿园是一所公办园、新建园，要想实现高水平、高质量，就要建立系统、科学的幼儿园管理运行机制。一是领导机制要健全、要灵活，要有强有力的领导班子，要建立园长、副园长考核评价机制，使分工明确、责任明确、目标明确。二是实施幼儿园管理分部制，使管理既有竞争，又有合作，相互激励，相互促进。三是分层管理，责任到人，规避推诿扯皮的现象。四是制定严格的纪律。严格的纪律是幼儿园实现工作目标的保障，是幼儿园实现高水平、创一流的基础。每一个人都要做到严格执行纪律，以铁的纪律保障幼儿的安全，保障教学工作的全面落实。五是创建和谐的团队，形成温馨的家园。要创建领导关怀体贴、同事关心关爱，上下一心、全园和谐的良好氛围，使每一位教师都能舒心、开心、诚心、热心地工作。六是创建科学合理、人人乐于接受的绩效分配机制，打造人人尽职、主动作为、乐于奉献、甘愿担当的幼儿园文化。七是风清气顺、清正廉洁。幼儿教育是人类教育的基础，幼师是幼儿品德、情趣、行为、能力的培育者，幼儿园园长要带头践行社会主义核心价值观，为培养合格的社会主义建设者打牢基础，营造良好的幼儿园政治生态环境，培育风正气顺的幼儿园文化，不让不正之风影响教师的心情，不让歪风邪气玷污孩子的心灵。

聊城市实验幼儿园的发展刚刚起步，尚需付出艰苦不懈的努力，克服重重困难，做大量细致、高效的工作才能实现创一流的目标。愿聊城市实验幼儿园在市委、市政府的关怀下，在市教育局的领导和社会各界的支持下，坚定不移地为实现工作目标而奋斗。

文化目标

大力培树教育文化，汇聚发展正能量*

哈宝泉

为着力提升我市教育发展软实力，推进教育系统文化建设，打造聊城教育品牌，市教育局党组在“321”工作思路中确立了教育文化发展目标。全市教育系统要认真领会文化目标内涵，大力培树“厚德重教、大气兼容、担当奉献、创新奋进”的教育文化，汇聚发展正能量。

一、教育文化是推动教育事业繁荣进步的精神动力

(一)什么是文化

文化是人类在其社会历史发展中不断创造、总结、积累下来的物质财富与精神财富的总和。广义的文化着眼于人类与一般动物、人类社会与自然界的区别，着眼于人类卓立于自然的独特的生存方式，涵盖面非常广泛，所以又被称为“大文化”。狭义的文化指意识形态所创造的精神财富，包括宗教信仰、风俗习惯、道德情操、学术思想、文学艺术、科学技术、各种制度等。文化是“根”，文化是“魂”。在全市教育系统大力培树教育文化，汇聚发展正能量，就是要用积极先进的文化，提升教育工作者的精神气质和价值观念，塑造教育工作者的美好心灵，丰富教育工作者的健康情感，提高教育工作者的智力水平，激发教育工作者的创造活力，为促进我市教育事业健康发展奠定坚实基础。

(二)文化的重要性

文化是一种状态，是一种精神，培树一种文化就是塑造一种精神。始终保持良好的精神状态是非常重要的，因为精神状态决定事业的成败。战争年代，

---

* 本文原载《聊城教育》2016 年 8 月第 3 期。

在炮火连天、刀光剑影的对峙中，“狭路相逢勇者胜”，我们党和军队依靠“井冈山精神”“长征精神”“延安精神”“西柏坡精神”拼出了新中国的辉煌诞生；中华人民共和国成立后，我们发扬“大庆精神”“雷锋精神”“焦裕禄精神”“‘两弹一星’精神”，奠定了新中国坚实的物质文化基础；改革开放后，我们又创造了“抗洪精神”“抗非典精神”“载人航天精神”“振超精神”“抗震救灾精神”等宝贵的精神财富。毛泽东说：“人是要有一点精神的。”不言而喻，良好的精神状态是一个人境界的外在表现，是一种积极向上的工作习惯和生活态度，是不服输的信念、博大的胸怀和无敌的霸气。

始终保持良好的精神状态，就能不断激发自身的智慧和潜能，产生巨大的内生动力，成为人们攻坚克难、成就事业不可缺少的精神因子；始终保持良好的精神状态，可以弥补物质条件的不足，并转化为强大的动力；始终保持良好的精神状态，可以置之死地而后生，绝地反击，后来居上；始终保持良好的精神状态，可以战胜一切艰难险阻，取得最后胜利；始终保持良好的精神状态，可以把平平常常的事情干得轰轰烈烈，有声有色，把原来能干好的事情干得更好，把原来没有希望的事情奇迹般地干成功！

（三）教育文化是教育发展的精神动力

习近平总书记强调：“文以载道，文以化人。”“优秀传统文化是一个国家、一个民族传承和发展的根本，如果丢掉了，就割断了精神命脉。”显然，当代中国教育理应是中国传统教育的延续和发展，当代中国教育文化也理应是中国传统教育文化的传承和升华。要认识今天的教育，就要深入了解中国的文化血脉，准确地把握滋养中国人的文化土壤。当代中国教育应植根于中国文化的沃土，从而获得丰厚的滋养。所以，根据形势的变化，结合全市教育工作实际，市教育局党组在“321”工作思路中明确提出了在全市教育系统大力培树“厚德重教、大气兼容、担当奉献、创新奋进”的教育文化目标。文化目标是市局党组“321”工作思路的亮点和重要环节。教育文化是推动教育事业繁荣进步的精神动力。

二、教育文化为聊城教育品牌注入源头活水

“凡事豫则立，不豫则废。”科学的规划、明确的目标是教育文化发展的先导和依据。实现文化目标能为全市教育事业跨越发展提供肥沃土壤、注入新鲜血液，为打造聊城教育品牌提供智力支持和精神原动力。实现文化目标关系到三项重点工作的落地生根，关系到今后一个时期“321”工作思路的顺利推进。从这个意义上讲，文化目标又是“321”工作思路的引领和关键。

对“厚德重教、大气兼容、担当奉献、创新奋进”所蕴含的文化和精神要义要深刻把握。

(一)厚德重教

“厚德重教”是由教育的性质、特点决定的。这是教育文化目标的“本”。“教”的内涵丰富,既指教育,也指教学,还指教师。“重教”就是要求广大教育工作者树立崇尚教育、热爱教育的职业理想,立足教学,乐于施教,坚守职业道德。孟子“人生三乐”中的第三乐“得天下英才而教育之”就道出了快乐人生的真谛,至今闪耀着思想和智慧的光芒。

孔子的“学而时习之,不亦说乎”“学而不已,阖棺乃止”,荀子的“学不可以已”,别林斯基的“我学习了一生,现在我还在学习,而将来,只要我还有精力,我还要学习下去”都强调了学习的重要性。教师职业的特点决定了教师必须树立终身学习、时时学习的理念,养成崇尚学习的文化风气,既要学习党和国家的大政方针特别是关于教育改革发展的政策规定,又要不断学习新的教育理论和教学方法。“厚德重教”不应停留在口头上,而应成为集体自觉和个人自觉的行为方式和精神状态。

(二)大气兼容

“大气兼容”是对教育工作者做人、处世的要求。这是教育文化目标的“真”。“大气”指有气派、肚量大。做人要大气就是做人要有肚量,不斤斤计较。做人要大气,首先要有胸怀。孔子的“君子坦荡荡”“君子不忧不惧”“君子矜而不争(君子始终光明正大,心地坦然,安定从容)”说的就是胸怀。做人胸怀要大,要有全局意识、大局观念。清人陈澹然说的“不谋万世者,不足谋一时;不谋全局者,不足谋一域”,讲的就是全局观、全局意识。《菜根谭》中的“宠辱不惊,看庭前花开花落;去留无意,望天上云卷云舒”,雨果的“世界上最宽阔的是海洋,比海洋更宽阔的是天空,比天空更宽阔的是人的胸怀”,都是讲的胸怀。胸怀大还表现在有气魄和胆略上。苏洵的“泰山崩于前而色不变,麋鹿兴于左而目不瞬”和苏轼《留侯论》中的“卒然临之而不惊,无故加之而不怒”有异曲同工之妙,都是对胸怀、气魄和胆略的经典论述。著名画家、教育家刘海粟在介绍自己的养生之道时说:“我没有别的养生之道,最重要的就是做人要宽宏大量、豁达乐观、宠辱不惊,这样就会随遇而安、心旷神怡了。”以豪迈气势夺人的“盛唐文化气象”,和我们知识分子关系密切。后人一再仰叹的“盛唐文化气象”是什么呢?“白日依山尽,黄河入海流”,“星垂平野阔,月涌大江流”,“大漠孤烟直,长河落日圆”,传达出来的都是壮阔辽远的意象。想落天外,思接八荒,日月星辰，大江长河，“盛唐文化气象”首先是一种大胸襟、大格局、大气量，没有任何小家子气。“仰天大笑出门去，我辈岂是蓬蒿人”，“莫愁前路无知己，天下谁人不识君”——我们的先人就是这样自信，舍我其谁。这是一种志存高远、底气十足的自信，在胸豪情、凌云壮志催促着人们开拓进取。正是这种自信的胸怀和气度，创造了文化高峰，创造了盛唐时代。

做人要大气，一定要有眼界。毛泽东的“胸怀祖国，放眼世界”是放之四海而皆准的真理，永远不会过时。从一定意义上讲，当政者的眼光决定国家的命运。我国明初的郑和下西洋比哥伦布早了87年，当时中国的造船、航海技术都是世界一流的，但是郑和七次下西洋的结果却是明朝统治者的错误决策——海禁。中国因此而落后，所以世界记住了哥伦布。清朝康熙大帝喜欢西学，但他不理解其中的新思想，固守自己那套旧的东西，认为西方的东西是奇技淫巧。而当时英国经过光荣革命，跑在了最前面；法国经过宗教改革，开始了启蒙运动；连落后的俄国也开始改革，努力追赶世界发展潮流。恩格斯由衷称赞彼得大帝是“真正的伟人”，因为他能够识时务、顺时而变。所以，中国当时的落后，并非国力不济，而是理念的落后，是生产力性质的落后。大清帝国与欧洲先进国家在认识、眼界、气势上，已不可同日而语了。大清虽大，但也只是世界一隅，而那些被称作“蕞尔小国”的西方国家，早已经放眼世界了。当政者是这样，普通人也是这样，一个胸襟狭窄、小肚鸡肠、锱铢必较，没有眼光、眼界的人，是绝不会成就事业的。那些在事业上取得成就的，都是胸怀坦荡、宽宏大量、豁达大度、眼光高远者。

“兼容”就是要有包容之心，求同存异，“和而不同”。“兼容”扩大了“容”的范畴。孔子的“尊贤而容众”“君子和而不同，小人同而不和”，林则徐的“海纳百川，有容乃大”，以及描写笑佛的对联“大肚能容，容天下难容之事”都是讲的“容”之道。做人要有一颗宽容的心，这颗心的容量要大。心的容量有多大，人生的成就就有多大。“兼容”体现的是一种尊重，是一种处世之道，是一种大智慧，更是一种做人的肚量和人格的伟大。

包容、宽容方面的例子举不胜举，如流传千古的廉颇、蔺相如“将相和”的故事，如“仁义胡同”或者“三尺巷”“六尺巷”的故事。后者与其说是故事，不如说是文化。“千里修书为一墙，让他三尺又何妨？万里长城今犹在，不见当年秦始皇”，讲的就是礼让、忍让、宽容、包容的处世之道。

这里说两个与教育有关的宽容。一个是“剑桥的宽容”。1546年，英国国王亨利八世为标榜自己将国王学堂和迈克尔学院合并成三一学院的功绩，特意在三一学院大门入口处给自己塑了一尊雕像，但是雕像刚刚装上，便遭到学生的反对。原来，这尊站立的国王塑像表情严肃，左手捧着金色圣球十字架，右手则高擎着一根象征着王位和威仪的金色权杖，一副高高在上、耀武扬威的样子。一些学生认为代表权力的权杖与剑桥大学“自由、挑战、幽默”的校训极不相符，便悄悄地把权杖偷走，用一根椅子腿代之。奇怪的是，剑桥大学并没有责怪学生，而是将椅子腿保留了下来。现在500年过去了，剑桥人还不断地向新生和游人介绍这个“精彩”的故事。这就是宽容、包容、兼容的精神。正是在这种精神哺育下，剑桥大学培育了六位英国首相和众多的诺贝尔奖获得者。

另一个是“游国恩的宽容”。在2014年第12期的《知识窗》上有篇小文叫《宽容，生活中最甜的甘蔗》，里面讲了游国恩大师在西南联大时的一件趣事：当时大师的生活十分窘迫，经常为生活发愁，工资一发，马上钻入集市，买米买面。一次，大师买了两袋米，没办法背回家，只好雇了个挑夫。挑夫挑着米走在前，大师跟在后。走着走着，大师脑海里突然蹦出个有关楚辞的问题，脚步渐渐慢下来，一边走一边吟哦着。想罢问题，却不见了挑夫，原来集市上人来人往，挑夫不见了大师，便将米挑回家“享用”了。米丢了，总得给夫人一个交代啊。于是，大师买了两袋甘蔗扛在肩上，雄赳赳走回去，恭恭敬敬献给夫人，并说明了丢米的经过。夫人急了，让大师报警，可大师却说：“这个挑夫比我们家更需要米，不然他怎么会这么干？”夫人听了，只好无奈地笑一笑。一个人在受到别人侵害时，首先不是恨别人，而是设身处地地想他人之所想，这就是大爱，就是宽容。一个人在生活困境中，把苦难当乐趣，这也是一种大爱、一种宽容。这样的宽容，是人生历程中最甜的甘蔗：生活越苦，甘蔗越甜。

（三）担当奉献

“担当奉献”是由教育工作者的职业特点决定的。这是教育文化目标的“善”。

《现代汉语词典》中，“担当”释义为担负、承担。“担当”，往大了说就是一种责任感或者使命意识；往小了说就是不怕困难、敢担事。“责重山岳，能者当之。”教育工作者必须加强学习修养，砥砺思想品质，提升能力素质，切实做到勇于担当、敢于担当、善于担当。要树“正气”。民族英雄文天祥的《正气歌》中写道：“天地有正气，杂然赋流形。下则为河岳，上则为日星。”有了浩然正气，才能抵得住诱惑、耐得住寂寞，才能坚定理想信念。要显“豪气”，“舍我其谁”。广大教育工作者具有敢为天下先的豪气，才能推动教育事业快速发展。实践证明，没有敢于冒险的精神、勇于担当的豪气，推动工作就是一句空话。要有“勇气”。当前，教育领域面临综合改革的新形势，广大教育工作者需要大力弘扬担当、奉献精神，“干好聊城教育事，何计任中任后名，不惧白发生！”各个县（市、区）教育局、各个学校都要有勇气担当起应该承担的任务，把教书育人工作干好，让人民群众满意。要有“底气”。打铁还需自身硬，铁肩才能担道义。面对信息技术飞速发展的时代，如果我们不注重学习积累，知识就会老化、思想就会僵化、能力就会退化。底气需要成熟的心态涵养，更需要过硬的本领支撑。只有不断积累锤炼，注重研究分析，吃透情况，把握政策，掌握方法，提高本领，才能铸就敢于担当、勇于担当、善于担当的“底气”。

“奉”，即“捧”，意思是“给、献给”；“献”，本义为“献祭”。“奉献”就是“恭敬地交付，呈献”。奉献是爱，是对事业的不求回报的爱和全身心的付出。奉献者付出的是青春，是汗水，是热情，是一种无私的爱心，甚至是无价的生命。奉献者收获的是一种幸福，一种崇高的情感，是他人的尊敬与爱戴，是自己生命的延长。对教育工作者而言，要在爱的召唤之下，把本职工作当成一项事业来热爱和完成，从点点滴滴中寻找乐趣，努力做好每一件事、认真善待每一个人，全心全意为教育事业贡献力量。要用爱去感染身边的每一个人，用大家的无私奉献编织出教育事业的美好蓝图。

（四）创新奋进

“创新奋进”是对教育工作者的要求。这是教育文化目标的“美”。“沉舟侧畔千帆过，病树前头万木春。”无论是一个人，还是一个团队、一个组织，都应该把争得“万木春”的“一树”、“千帆过”中的“一帆”作为理所当然的理想和追求，这是一个人的思想境界和精气神的自然体现。要学会用“苟日新，日日新，又日新”来激励自己不断创新，要焕发创造激情、激发创造活力、增强创新意识，不能习惯于按模式办事，凭经验办事，靠感觉办事。要突破传统的思维，做到脑中有全局，心中有大局，手中有布局，要改进工作方法，学会超前思考、现实操作，越位思考、定位操作，深度思考、科学操作；要创新工作方式，做到人无我有、人有我新、人新我优，适应新形势有新思路、应对新情况有新办法、解决新问题有新举措，确保单项工作创一流，整体工作上水平。我们教育工作取得的成绩没有一项不是源于创新。没有创新，就没有发展，就没有提高，就没有进步，就不能立于不败之地。聊城一中的低重心教学和体育、艺术“自助餐”选课模式，杜郎口中学的教学改革，聊城二中以学生为本位的“生本教育”，莘县实验小学做好“六件事”，高新区顾官屯联校的书信教育文化等都是创新。

“奋”者，振作而鼓劲。“进”字的构造颇有玄机。在甲骨文中，“进”上面是“隹”，形似小鸟；下面是“止”（趾），即鸟足，鸟足只能前进不能后退，像离弦之箭。“奋进”就是振奋向前，奋勇前进。“百舸争流，奋楫者先。”全市教育系统各单位各部门，必须做到创新奋进。不论是全市的教育，还是一个县的教育、一个乡镇的教育，都得奋力拼搏，奋勇前进。整体工作要居中上水平，单项工作要争创全乡、全县、全市、全省、全国一流。没有这样的气势、气概或者态势,我们不可能办好人民满意的教育。

三、大力培树教育文化,要踏石留印、抓铁有痕

(一)要提高认识

教育文化建设是教育科学、和谐发展的必然要求,是教育综合改革强大的精神动力和智力支持,是落实“321”工作思路、凝聚教育工作合力的题中之义,是打造聊城教育品牌、形成核心竞争力的内在需要,是推进教育现代化的必由之路。全市教育系统要大力培树“厚德重教、大气兼容、担当奉献、创新奋进”的教育文化,汇聚发展正能量。要认真领会教育文化目标内涵,充分认识教育文化的重要性,加强领导,凝心聚力,以踏石留印、抓铁有痕的劲头抓好落实,做到善始善终、善做善成。

(二)要制定计划

列宁说:“任何计划都是尺度、准则、灯塔、路标。”要实现教育文化目标,必先制定详尽的计划。教育文化建设不是一项单纯的创建工作,而是长期的系统工程,不可能立竿见影、一蹴而就。全市各级教育部门要把教育文化建设列入重要议事议程,纳入季度计划、年度计划和长远计划。要结合教育教学规律,以目标为指引,可以几项工作齐头并进,也可以分解目标,着重把一两项重点工作抓好,尤其要突出抓好“厚德重教”,这是根本。要在教育文化目标的引领下,创造出各具特色的“县(市、区)教育文化”“乡(镇、办)教育文化”“校园文化”“班级文化”。

(三)要常抓不懈

大力培树教育文化,关键是行动,关键是落实,关键是常抓不懈。古语有云:“行百里者半九十。”大力培树教育文化,要坚持常抓不懈,要在深入人心上下功夫,在结合实际上下功夫。要使教育文化目标真正入耳、入脑、入心,增强目标的吸引力和感染力。要结合教育工作者的思想实际、工作实际和日常生活,把目标的内涵和精神实质转化到行为方式上来,渗透到日常工作和学习、生活中去。各级教育部门要把教育文化目标的学习宣传融入教育、教学的各项工作中,要踏石留印、抓铁有痕,持之以恒、常抓不懈,真正培树起“厚德重教、大气兼容、担当奉献、创新奋进”的教育文化,汇聚发展正能量,引领教育各项工作健康发展,认真办好人民满意的教育。

坚定文化自信，实现民族复兴*

哈宝泉

“没有高度的文化自信，没有文化的繁荣兴盛，就没有中华民族伟大复兴。”实现中华民族伟大复兴，是中国共产党人和全体中国人民近百年来共同的奋斗目标。中华民族从站起来、富起来到强起来，文化要承担起更大的责任和使命。文化是国家和民族的灵魂，文化自信是中华民族伟大复兴的巨大精神动力。

一、文化力量：推动复兴

文化的力量是一个国家的分量，一个民族的重量，一个社会的体量。国家的繁荣和富强，人民的幸福和安康，社会的发展和进步，民族的独立和振兴，都离不开文化的力量支撑。

（一）文化的内涵

习近平总书记在党的十九大报告中指出：“文化是一个国家、一个民族的灵魂。文化兴国运兴，文化强民族强。”这是对文化重要性的高度概括，我们要认真学习领会。

文化是一个非常广泛的概念，笼统地说，文化是一种社会现象，是人们长期创造形成的产物，同时又是一种历史现象，是社会历史的积淀物。确切地说，文化是凝结在物质之中又游离于物质之外，能够被传承的国家或民族的历史、地理、风土人情、传统习俗、生活方式、文学艺术、行为规范、思维方式、价值观念等，是人类之间进行交流的被普遍认可的一种能传承的意识形态。东西方共同认可的解释是：文化是人类在社会历史发展过程中所创造的物质财富和精神财富的总和。基本定义是：广泛的知识面与根植于内心的修养。

---

* 本文原载《聊城教育》2017 年 12 月第 6 期。

一位哲学家曾作过这样的比喻:政治是骨骼,经济是血肉,文化是灵魂。这一比喻形象地说明了文化对人类社会发展所起的作用。文化作为一种基因、血脉和传统,内化于心、外化于行,渗透到人的活动的方方面面,也渗透到道路、理论和制度中,影响更广泛深远。

(二)中华优秀文化

中华优秀文化包括中华优秀传统文化、革命文化、社会主义先进文化。习近平总书记指出:“在五千多年文明发展中孕育的中华优秀传统文化,在党和人民伟大斗争中孕育的革命文化和社会主义先进文化,积淀着中华民族最深层的精神追求,代表着中华民族独特的精神标识。”中华优秀传统文化是中华民族的精神基因和独特标识。任何一个国家和民族,都有其固有的根本,这个根本,就是其文化。中华优秀传统文化支撑着中华民族生生不息、薪火相传,经历劫难而浴火重生,是我们实现中华民族伟大复兴中国梦的最强大的精神命脉。革命文化是宝贵的精神财富和精神动力。路走得再长,也不能忘记走过的过去;路走得再远,也不能忘了为什么出发。从“不忘初心”到“走好新的长征路”,革命文化激励着一代又一代的中国共产党人领导中国人民矢志不移、不断前行,是实现中华民族伟大复兴中国梦的不可或缺的重要内涵和精神支撑。社会主义先进文化引领前进方向,它来源于中华民族五千年的文明史,又植根于中国特色社会主义的实践;它把马克思主义与中华优秀传统文化结合起来探索形成的中国特色社会主义道路,反映了我国社会主义经济与政治的基本特征,又对经济和政治发展起到重大作用,引领我们实现中华民族伟大复兴的中国梦。

(三)关于文化的几个片段

1.“文王既没,文不在兹乎?”这是孔子用文化自信解困的一个例子。孔子在匡地受到匡人围困时,说:“周文王死了以后,周代的礼乐、文化不都体现在我身上吗?上天如果要消灭这种文化,那我就不可能掌握这种文化了;上天如果不消灭这种文化,那么你们又能把我怎么样呢?”一番话把匡人震住了,乖乖放孔子远去。

2.俄国作家列夫·托尔斯泰(1828～1910)认为,人类前途堪忧,如果有一种文化能够为人类提供一种光明的未来的话,那应该是东方的儒家文化。

3.1988年,75位诺贝尔奖获得者在《巴黎宣言》中说:“人类要在21世纪生存下去,必须从2500年前的孔子那里寻找智慧。”

4.1993年9月,世界宗教会议在美国芝加哥发表《全球伦理宣言》。《宣言》在回顾了世界上各种人为的冲突灾难之后指出,如果没有一种全球伦理,便不可能有更好的全球秩序。《宣言》从世界各大宗教和文化的道德准则中，提出了全人类都应当遵循的一项基本要求：推举孔子提出的“己所不欲，勿施于人”为全人类都应当认可、接受和遵循的伦理。

5.1999 年，美国前总统尼克松的著作《不战而胜》出版。书的最后一章中有这样一句话：当有一天，中国的年轻人不再相信他们老祖宗的说教和传统文化的时候，我们美国就不战而胜了！

6.1988 年 5 月，卧病在床的梁漱溟先生在接受来自台湾的尹萍女士的采访时说：“要注意中国传统文化，要顺应世界潮流。”

7.2005 年，“人民科学家”钱学森在谈到人才培养时说：“一个有科学创新能力的人不但要有科学知识，还要有文化艺术修养。小时候，我父亲让我学理科，同时又送我去学绘画和音乐。我觉得艺术上的修养对我后来的科学工作很重要，它开拓了我的科学创新思维。”

8.截至 2017 年 9 月，中国已在全世界 142 个国家或地区中设立共计 516 所孔子学院和 1076 个中小学孔子课堂，累计培养了 700 多万人。

9.2017 年 11 月 8 日，美国总统特朗普参观故宫时惊叹故宫建筑群的蔚为壮观，不时兴趣盎然地驻足凝望，仔细品味着朱墙黄瓦、雕梁画栋，更对底蕴深厚、内涵丰富的中华优秀传统文化深表赞叹。

(四)文化的力量

文化的力量，深深熔铸在历史、实践和民族精神中，有物质难以匹敌的威力。

其一，文化具有强大的精神支撑力。中华优秀传统文化是中华民族的灵魂。在优秀传统文化的长期浸润下，中华民族儿女从内心深处迸发出一种强烈的归属感、自豪感、使命感，这些情感汇聚成整个中华民族的凝聚力、向心力。文化使得各族人民紧密团结在一起，心往一处想，劲往一处使，形成不可战胜的重要力量和强大的精神支撑。

其二，文化具有强大的民族凝聚力。文化是民族的身份证，是维系民族团结的纽带。几千年绵延不断的中华优秀传统文化最广泛地维系了中华各民族人民的大团结，才使得中华民族在历史发展的长河中打不散、压不垮，始终保持着强大的凝聚力和向心力，历经磨难而经久不息。

其三，文化具有强大的历史穿透力。中华文化几千年来不断延续、传承，充满生机、永不枯竭，具有超越时空的穿透力量。例如，中华优秀文化中的“天人合一”对今天的生态文明建设具有重要意义；“知行合一”对当今理论与实践结合、埋头苦干有鲜明的导向作用；“天下为公”则为现在构建人类命运共同体提供了理论依据。

其四,文化具有强大的实践创造力。人类的创造是在不断的文化交流与融汇中实现的,文化提供创造的土壤和条件,提供创造的勇气和精神,提供创造的力量和源泉,没有文化的继承和发展就没有创造。我国古代“四大发明”、欧洲“文艺复兴”、现代科学技术、现代文学艺术,无不来自文化与实践的结合。

其五,文化具有强大的生命感召力。文化是构建精神家园、增进思想认同的“最大公约数”。我国是一个拥有13亿多人口的大国,只有亿万中国人民都树立为实现中国梦而不懈奋斗的信念,才能将中国人民的智慧和力量凝聚成一种无坚不摧、战无不胜的巨大力量。实现中国梦,靠的正是这种集体的力量、团结的力量。有了这种力量,中华民族伟大复兴就一定能尽快变为现实,中国梦就一定能梦想成真。

二、文化魅力:助力复兴

习近平总书记指出:“提高国家文化软实力,要努力展示中华文化独特魅力。……把跨越时空、超越国度、富有永恒魅力、具有当代价值的文化精神弘扬起来。”中华优秀传统文化是人类文明的宝贵财富,源远流长、博大精深、魅力无穷。学习、弘扬中华优秀传统文化,对于坚定文化自信,实现中华民族伟大复兴具有重要意义。

(一)“修齐治平”的家国情怀

“修齐治平”出自《礼记·大学》,即“修身、齐家、治国、平天下”,指提高自身修为,管理好家庭,治理好国家,安抚天下百姓的抱负和理想。“修身、齐家、治国、平天下”互相促进,但是修身是基础、是根本。家国情怀是中华优秀传统文化的基本内涵之一。家,人生开始的地方;国,人生理想的源泉;情怀,一种感情,一种寄托,一种希望。

《孟子·离娄上》云:“天下之本在国,国之本在家,家之本在身。”家是国的基础,国是家的延伸,在中国人的精神谱系里,国家与家庭、社会与个人,都是密不可分的整体。从孝老爱亲、兴家乐业走向济世救民、匡扶天下的担当,家国情怀宛若川流不息的江河,流淌着民族的精神道统,滋润着每个人的精神家园。无论是《礼记》里“修身、齐家、治国、平天下”的人文理想,还是范仲淹的“先天下之忧而忧,后天下之乐而乐”的大任担当,抑或是陆游“位卑未敢忘忧国”、林则徐“苟利国家生死以,岂因祸福避趋之”的忠诚执着,那种与国家民族休戚与共的壮怀,那种以百姓之心为心、以天下为己任的使命感都令人感佩。屈原的“长太息以掩涕兮，哀民生之多艰”是家国情怀，霍去病的“匈奴不灭，无以家为”是家国情怀，岳飞的“精忠报国”是家国情怀，顾炎武的“天下兴亡，匹夫有责”是家国情怀，郑板桥的“衙斋卧听萧萧竹，疑是民间疾苦声”是家国情怀，艾青的“为什么我的眼里常含泪水，因为我对这土地爱得深沉”也是家国情怀。

责任和担当，是家国情怀的精髓所在。梁启超说：“知责任者，大丈夫之始也；行责任者，大丈夫之终也。”只有兼顾好小家与国家的关系，将对家的情意深凝在对他人的大爱、对国家的担当上，人生才能真正达成圆满。从毛泽东“全心全意为人民服务”的壮志豪情，到邓小平“我是中国人民的儿子，我深情地爱着我的祖国和人民”的满怀深情，再到习近平“人民对美好生活的向往，就是我们的奋斗目标”的坚定信念；从赵一曼“未惜头颅新故国，甘将热血沃中华”的慷慨赴义，到孔繁森“一个共产党员爱的最高境界是爱人民”的博大胸襟，再到“两弹一星”科学家们以身许国的无私奉献，都展现了共产党人的忠诚信仰和担当情怀。

这里着重说一下习近平总书记的家国情怀。他在回忆五六岁时随母亲买《岳飞传》《岳母刺字》等小人书的故事时说：“‘精忠报国’四个字，我从那个时候一直记到现在，它也是我一生追求的目标。”从在黄土地上立誓要为人民做实事，到当选总书记后说的“我的执政理念，概括起来说就是：为人民服务，担当起该担当的责任”“人民对美好生活的向往就是我们的奋斗目标”，都是他“精忠报国”思想的一以贯之。再看他在政治局民主生活会上说的：“党和人民需要我们献身的时候，我们都要毫不犹豫挺身而出，把个人生死置之度外。我们都做不到，让谁去做？”“人民把权力交给我们，我们就必须以身许党许国、报党报国，该做的事就要做，该得罪的人就得得罪。”更是家国情怀的具体体现。正是他的家国情怀，使得他执政五年来解决了许多长期想解决而没有解决的难题，办成了许多过去想办成而没有办成的大事，推动党和国家事业发生历史性变革。

（二）胸怀天下的宏大格局

什么是格局？格局是指一个人的胸襟、胆识、风格、气度、情怀等心理要素的内在格局。宏大格局，即以大视角切入人生，力求站得更高、看得更远、做得更大，胸怀天下，海纳百川。如果把人生当作一盘棋，那么人生的结局就由这盘棋的格局决定。要想赢得人生这盘棋的胜利，关键在于把握住棋局，种种棋着就如人生中的一次次博弈，棋局的赢家往往是那些有着先予后取的大度、统筹全局的高度、运筹帷幄决胜千里的气度的棋手。性格决定命运，气度决定格局，高度决定深度，格局决定结局。只有格局宏大，方能有人生大气象、大意境、大趣味；方能虚心谦下，容人容物，有包容并世之心，吞吐天地之志；方能做贤圣、建事业、成天功;方能成大气候,不愧真君子、伟丈夫、大人物。

古人在宏大格局方面给我们作出了榜样。如孟子:"老吾老以及人之老,幼吾幼以及人之幼。"曹操:"夫英雄者,胸怀大志,腹有良谋,有包藏宇宙之机,吞吐天地之志者也。"苏轼:"天下有大勇者,卒然临之而不惊,无故加之而不怒,此其所挟持者甚大,而其志甚远也。"张载:"为天地立心,为生民立命,为往圣继绝学,为万世开太平。"顾宪成:"风声雨声读书声,声声入耳;家事国事天下事,事事关心。"陈澹然:"不谋万世者,不足谋一时;不谋全局者,不足谋一域。"左宗棠:"身无半亩,心忧天下。"张謇:"一个人办一县事,要有一省的眼光;办一省事,要有一国的眼光;办一国事,要有世界的眼光。"杜甫:"会当凌绝顶,一览众山小。"王之涣:"欲穷千里目,更上一层楼。"王安石:"不畏浮云遮望眼,自缘身在最高层。"余善:"一壶天地小于瓜。"这些都是宏大格局的代表,我们应认真学习借鉴。

习近平总书记说:"中国共产党是世界上最大的政党。大就要有大的样子。""大就要有大的样子",就是说中国共产党人要有宏大格局。一要有人民公仆的样子。党和人民鱼水情深,做人民公仆,是共产党人应有的样子。"党的各级领导干部都是人民的勤务员,中央领导是人民的大勤务员。"二要有时代先锋的样子。"百舸争流,奋楫者先。"做时代先锋,是共产党人优秀品质和精神气质的体现。在 96 年的风雨历程中,中国共产党勇立时代潮头,书写了气贯长虹的历史画卷。三要有民族脊梁的样子。"天地英雄气,千秋尚凛然。"一个有希望的民族不能没有英雄,一个有前途的国家不能没有先锋。做民族脊梁,是中国共产党人的历史担当。中国共产党是中华民族伟大复兴的中流砥柱,本色塑造形象,形象带来力量。党的样子不仅关系党的命运,而且关系国家的命运、人民的命运、民族的命运。"大就要有大的样子"表明了中国共产党为人类进步事业奋斗的大格局,诠释了马克思主义政党胸怀天下的大境界。

教育是最大的民生,高考又是重中之重。作为聊城市的教育局局长,同时又经历过 20 世纪 70 年代末的高考,我感同身受。如何提高高考成绩?我认为格局、胸怀、气魄是决定因素。因此,我自 2013 年 7 月担任教育局局长以来,把提高教学质量,办好人民满意的教育作为重中之重来抓,全面提高学生素质,为国家输送优秀人才。在每一年的高考之前,我都会给参加高考的"童鞋们"写一封信,鼓鼓劲、加加油。2014 年高考前我以《安知有我否?坚决得胜利》为题给全市的同学写了第一封信,鼓励他们以"安知有我否?坚决得胜利"的气概夺取胜利。2015 年我写了题为《青春需要梦想,人生需要拼搏》的第二封信。我送给即将走进考场的全体高三"童鞋"四句话:第一句话,青春需要梦想;第二句话,人生需要拼搏;第三句话,眼界决定境界;第四句话,自信创造奇迹。2016 年,因为是猴年，我以《苦练七十二变，坚决打赢高考攻坚战》为题写了第三封信。我引用六小龄童的一句名言——“只有苦练七十二变，才能笑对八十一难”，希望同学们像“灵猴”一样发挥聪明才智，努力拼搏进取，坚决打赢高考这场攻坚战。我鼓励他们直面困难，狭路相逢勇者胜，要敢于向困难亮剑；告诉他们“行百里者半九十”，越到最后时刻，越是紧要关头，越需要咬紧牙关坚持到底，不容许有丝毫的疏忽大意。我激励他们一定要不怕失败，相信“水滴石穿”；不惧困苦，相信“铁杵磨针”；不畏结局，相信“舍我其谁”。要用“仰天大笑出门去，我辈岂是蓬蒿人”的信念，一鼓作气；用“有约不来过夜半，闲敲棋子落灯花”的笃定，直面考试；用“长风破浪会有时，直挂云帆济沧海”的心态，创造奇迹。2017 年我写的第四封信题为《闻鸡起舞撸袖干，雄鸡高唱凯歌传》。2017 年是聊城教育的“立德树人”年，立德树人就是要培养和造就千千万万具有高尚思想品质和良好道德修养的社会主义事业的合格建设者和接班人。我送给即将走入考场的同学们八个字、四句话。八个字：格局、胸怀、理想、信念。四句话：要成长必须有宏大的格局，要成长必须有宽广的胸怀，要成长必须有远大的理想，要成长必须有坚定的信念。

(三)无远弗届的远大志向

习近平总书记指出：“人民有信仰，国家有力量，民族有希望。”“广泛开展理想信念教育，深化中国特色社会主义和中国梦宣传教育，弘扬民族精神和时代精神，加强爱国主义、集体主义、社会主义教育，引导人们树立正确的历史观、民族观、国家观、文化观。”

远大志向是人的总开关、总闸门，是人前进奋斗的大方向。没有远大志向，就没有前进的目标；没有远大志向，就没有奋斗的动力；没有远大志向，就不能激发自身的潜能。“无远弗届”出自《尚书·大禹谟》，意思是不管多远的地方都能到达。

十九大确立了我国从现在到 2050 年的奋斗目标：2020 年全面建成小康社会；2035 年基本实现社会主义现代化；2050 年建成富强民主文明和谐美丽的社会主义现代化强国。全国人民都要为实现这个目标而奋斗。

中华优秀文化中关于立志的格言、警句、诗篇不胜枚举、比比皆是。如屈原：“路漫漫其修远兮，吾将上下而求索。”孔子：“三军可夺帅也，匹夫不可夺志也。”陈胜：“燕雀安知鸿鹄之志哉。”诸葛亮：“夫志当存高远。”苏轼：“古之立大事者，不惟有超世之才，亦必有坚忍不拔之志。”蒲松龄：“有志者，事竟成，破釜沉舟，百二秦关终属楚；苦心人，天不负，卧薪尝胆，三千越甲可吞吴。”清《格言联璧》：“志之所趋，无远弗届，穷山距海，不能限也。志之所向，无坚不入，锐兵精甲，不能御也。”

这里着重说一下三个从小立大志的古人的故事。一是汉代陈蕃15岁立志：“大丈夫处世，当扫除天下，安事一室乎?”他因为从小立下治国安天下的大志向，所以成为汉代重臣，曾任太尉、太傅等职务，实现了“扫除天下”的志向。二是明代戚继光19岁立志：“封侯非吾意，但愿海波平。”他一生围绕这个志向去拼搏。正如他在《马上作》中所说：“南北驱驰报主情，江花边月笑平生。一年三百六十日，都是横戈马上行。”戚继光后来成为抗倭名将、民族英雄。三是明代王阳明12岁立志：“我以为第一等事应是读书做圣贤。”他还说：“志不立，天下无可成之事。虽百工技艺，未有不本于志者。”他立志做“圣贤”，真的就成了“圣贤”。他成为明代著名思想家、文学家、哲学家、军事家，陆王心学之集大成者。他的“致良知”“知行合一”思想光耀千秋。

(四)孜孜以求的学习精神

学习是人类获取知识、增长智慧的重要方式，是一个国家、一个民族精神发育、文明传承的重要途径。中华民族有着优良的学习传统，崇尚学习、诗书继世之风绵延数千年。唐代大诗人李白说：“三万六千日，夜夜当秉烛。”北宋文学家苏轼说：“发奋识遍天下字，立志读尽人间书。”毛泽东同志说：“饭可以一日不吃，觉可以一日不睡，书不可以一日不读。”周恩来同志说：“为中华之崛起而读书。”习近平总书记说：“领导十三亿多人的社会主义大国，我们党既要政治过硬，也要本领高强”；“领导干部要爱读书、读好书、善读书”；“我最大的爱好是读书”；“读书已成了我的一种生活方式”。学习决定一个人的修养和境界，关系一个民族的素质和力量，影响 个国家的前途和命运。学习更是一个国家文化软实力的具体体现，是坚定文化自信的基础条件。

从知识的总和看，最近50年超过了过去3000年；从知识的更新看，半个世纪前50年更新一次，1990年后3～5年、2～3年更新一次，现在更快；从知识的贡献看，100年前仅占GDP的5%，现在达到90%以上。农耕时代读几年书、工业经济时代读十几年书够用一辈子，知识经济时代，只有终身学习才不会被淘汰。要树立终身学习的理念，把学习当作一种生活方式、一种追求、一种境界、一种信仰。

关于学习的成语典故有：悬梁刺股（孙敬、苏秦）、凿壁偷光（匡衡）、燃薪夜读（侯瑾）、映雪读书（孙康）、囊萤映雪（车胤）、韦编三绝（孔子）、发愤图强、闻鸡起舞（祖逖）、孜孜不倦、举一反三等。这些成语典故每一个都是古人刻苦学习的事例、故事，非常感人，今天仍有学习借鉴意义。

我国历史上共有408位皇帝，其中许多都是爱学习的典范，如汉高祖刘邦在陆贾劝说下认真学习，奠定了大汉400多年的基业。他总结自己得天下的原因时说的著名的“三不如”，表明了他宽广的胸怀和清醒的头脑；他的《大风歌》更是唱出了安不忘危、乐不忘忧的家国情怀。

宋真宗（赵恒）的《励学》诗更是向全国发出的学习动员令：“富家不用买良田，书中自有千钟粟。安居不用架高堂，书中自有黄金屋。出门莫恨无人随，书中车马多如簇。娶妻莫恨无良媒，书中自有颜如玉。男儿若遂平生志，六经勤向窗前读。”

此外，孟母三迁、陶母退鱼、岳母刺字、欧母画荻等，都是劝子、教子学习、做人的美谈。

唐代大书法家、诗人颜真卿的《劝学》诗写道：“三更灯火五更鸡，正是男儿读书时。黑发不知勤学早，白首方悔读书迟。”写出了学习的刻苦和诗人对学习的感悟。

每临大事有静气，坚信今人胜古人。我们应该汲取、借鉴中华优秀传统文化中古人刻苦学习的内涵、精神，为建设学习型政党、学习型社会助力，夯实中华民族伟大复兴的文化基础。

（五）知行合一的道德修养

“知行合一”是中国传统思想的精华，是中华优秀传统文化的基本命题，其最早出自宋元之际儒学家金履祥所著《论语集注考证》：“圣贤先觉之人，知而能之，知行合一。”就是说，先知先觉的圣贤，知而能行，思想与行为一致。“知行合一”论后由王阳明发扬光大，发展成较完备的哲学体系。古之所谓“知”是指道德观念、思想意念和事物之理，“行”指道德践履和实际行动。这是中国古代哲学中认识论和实践论的命题，主要是关于道德修养、道德实践方面的。“知行合一”论认为，不仅要认识“知”，更要实践“行”，只有把“知”和“行”统一起来，才能称得上“善”。“致良知”“知行合一”是阳明文化的核心。先有“致良知”，而后有“知行合一”。“知”“行”类似今天的认识和实践的关系。

王阳明的“知行合一”思想主要包括以下两层意思：一是“知”中有“行”，“行”中有“知”。王阳明认为“知”“行”是一回事，道德意识离不开道德行为，道德行为也离不开道德意识，二者互为表里，不可分离。二是以“知”为“行”，“知”决定“行”。王阳明说：“知是行之始，行是知之成。”意思是说，“知”是人行为的指导思想，按照道德的要求去行动是达到“良知”的功夫。在道德指导下产生的意念活动是行为的开始，符合道德规范要求的行为是“良知”的完成。

从世人对王阳明的评价中，可以看出他“知行合一”论的地位。明穆宗：“两间正气，一代伟人，具拨乱反正之才，展救世安民之略。”《明史》：“终明之世，文臣用兵制胜，未有如守仁者。”清代著名学者王士祯：“王文成公为明第一流人物，立德、立功、立言，皆踞绝顶。”章太炎：“日本维新，亦由王学为其先导。”日本海军大将东乡平八郎在随身携带的一个印章上刻了“一生低首拜阳明”七个字。钱穆把王阳明的《传习录》归为“七本中国人必读的书之一”。

“知行合一”是王阳明“心学”的核心哲学观点，也是共产党人学习改造、修身养性的标杆准绳。这一观点强调了理论适用、学思结合，强调了道德践履与个体修养过程的一致性，亦与辩证唯物主义的认识论相契合，提示人们要通过“实践、认识，再实践、再认识”的循环运动，不断提高自身修养的境界和水平。党中央历来倡导共产党人要“知行合一”，部署“两学一做”基础在学、关键在做，其要义是知行合一；推进“两学一做”学习教育常态化制度化更是强调要坚持学思践悟、知行合一。习近平总书记多次阐述“知行合一”思想，在G20杭州峰会开幕致辞中，他指出二十国集团应“知行合一，采取务实行动”；在北京市八一学校考察时，他强调，“教育要注重以人为本、因材施教，注重学用相长、知行合一”；他提出的党员干部要做“三严三实”的表率，强调的学习贯彻十九大精神要在“学懂、弄通、做实”上下功夫都是知行合一的体现。知行合一不仅是一种滋润内心的修身治学理念，更是一种指导实践的强大力量。所以，我们要用习近平新时代中国特色社会主义思想武装头脑、指导实践、推动工作，做知行合一的模范。

著名教育家陶行知一生中曾两次给自己改名，他原名“陶文浚”。19岁读大学期间，受王阳明“知行合一”的影响，他给自己改名“陶知行”，认为“知”是“行”之始，认识先于实践。到了43岁时，他又给自己改名“陶行知”，提出“行”是“知”之始，有实践才有认识。不过，陶行知很快又认识到，从“行”到“知”只是认识的第一阶段，再由“知”到“行”才是认识的更高阶段。他曾写过一首小诗：“行动是老子，知识是儿子，创造是孙子。”这就是他的“行—知—行”理论。他根据“知行合一”的思想提出的主要教育主张有：生活即教育，社会即学校，教学做合一。

（六）止于至善的厚德载物

习近平总书记在党的十九大报告中指出：“深入实施公民道德建设工程，推进社会公德、职业道德、家庭美德、个人品德建设，激励人们向上向善、孝老爱亲，忠于祖国、忠于人民。”

德，是中华优秀传统文化的魂。“厚德载物”是一个成语，出自《易经》：“天行健，君子以自强不息。地势坤，君子以厚德载物。”意思是以深厚的德泽育人利物，强调容人、容物，指人的胸怀宽广、气度宏大，具有深厚的道德修养。厚德载物在中华民族精神和优良传统中占据重要位置。一个有道德的人,应当像大地那样宽广厚实,像大地那样载育万物和生长万物。一个人在做人与处世时,要心胸开阔,立志高远,要严于律己,宽以待人。厚德载物有两方面的含义:厚德指做人要增加内涵(近似于"内圣外王"的"内圣"),载物指做事要贡献社会(近似于"内圣外王"的"外王")。德即道德,能够关心人、爱护人,能够以公正、正直和与人为善的态度来处理好人与人之间的关系,与人为善,完善自我。

古代对道德修养非常重视。如《大学》:"大学之道,在明明德,在亲民,在止于至善。"《易经》:"地势坤,君子以厚德载物。"《荀子》:"君子至德,嘿然而喻,未施而亲,不怒而威。"

百善孝为先,善为德之本。古人有"八德"(孝、悌、忠、信、礼、义、廉、耻)和"五德"(仁、义、礼、智、信)之说。十九大报告指出要"推进社会公德、职业道德、家庭美德、个人品德建设",提出"四德"要求。24字的社会主义核心价值观,既是全党全国人民团结奋斗的共同思想基础,更是应遵循的道德规范。我认为,最重要的德是"善良"和"忠诚"。

1.善良:善良即纯真温厚、没有恶意,和善、心地好。中华优秀传统文化历来追求一个"善"字:待人处事,强调心态善良、和善和美;与人交往,讲究与人为善、乐善好施;对己要求,主张独善其身、善心常驻。如"言宜慢,心宜善"的例子。山东琅琊王氏因遵循"言宜慢,心宜善"的家训,在自东汉至清朝的1700多年间,仅《二十四史》中有明确记载的,就有36人被封为皇后,36人成为驸马,35人担任宰相,成为中国历史上最为显赫的家族,被称为"中华第一望族"!

2.忠诚:指真心诚意、无二心。《荀子·尧问》:"忠诚盛与内,贲于外,形于四海。"汉荀悦《汉纪·文帝纪下》:"周勃质朴忠诚,高祖以为安刘氏者必勃也。"如"唐代徐晦的忠诚"。徐晦系福建省历史上第一位状元,考试及授官均得杨凭举荐,官授栎阳尉。后杨凭获罪,由京兆尹贬为临贺尉,亲友怕受牵连,无人敢送。宰相权德舆原来与杨凭交情最深,亦躲之不送。他知道徐晦亲送杨凭后,便道:"今日送杨凭,定受连累!"徐答:"我一向深受杨公眷宠,杨公被贬,我岂能无言而别?"权德舆感慨万分。御史中丞李夷简虽然是杨凭的对头,却上奏推举徐晦为监察御史。徐晦问:"我向来不与您交往,您为什么推荐我?"李夷简说:"君不负杨凭,肯负国乎?"

(七)慷慨赴死的英雄气概

慷慨:大方、不吝啬,充满正气,情绪激昂。慷慨赴死:为了正义的事业,毫不犹豫地献出生命。英雄气概:指英雄们在重大问题、重要关口上表现出的魄力、气度、精神状态。如屈原:"亦余心之所善兮,虽九死其犹未悔。"荆轲:"风萧萧兮易水寒，壮士一去兮不复还。”曹植《白马篇》：“捐躯赴国难，视死忽如归。”文天祥：“人生自古谁无死，留取丹心照汗青。”于谦：“粉身碎骨浑不怕，要留清白在人间。”李清照：“生当作人杰，死亦为鬼雄。”谭嗣同：“我自横刀向天笑，去留肝胆两昆仑。”吉鸿昌：“恨不抗日死，留作今日羞。国破尚如此，我何惜此头。”毛泽东：“我们中华民族有同自己的敌人血战到底的气概。”“中国人死都不怕，还怕困难吗？”习近平：“党和人民需要我们献身的时候，我们都要毫不犹豫挺身而出，把个人生死置之度外。”《党章》入党誓词：“随时准备为党和人民牺牲一切。”习近平总书记在今年12月13日视察英雄王杰生前所在部队时，号召大力弘扬王杰“一不怕苦，二不怕死”的精神，更是传承、培树中华优秀传统文化中英雄气概的典范。

什么是英雄气概？我们看一看北宋吏部侍郎李若水。当金人扣留前来金营谈判的宋钦宗，要求他脱下帝服、逼他退位时，随行的李若水抱住宋钦宗不放手，怒斥金太子粘罕不讲信义。暴怒之下，金人毒打李若水，致其遍体鳞伤，当场昏厥。苏醒后，李若水毫不示弱，绝食抗争。粘罕见李若水忠勇可嘉，想收买利用，许以高官厚禄。李若水说：“天无二日，若水宁有二主哉！”不仅严词拒绝，而且骂声不断。金人又打破了他的嘴唇，他喷血痛骂，愈加激愤。最后，李若水被金人割颈断舌，英勇牺牲，其节义令人动容。金国元帅完颜宗望甚至叹息道：“如果宋人都像李若水那样，怎会有今日灭亡之事啊！”

什么是英雄气概？我们看一看清末甲午战争中的海军爱国将领、民族英雄邓世昌。邓世昌有强烈的爱国心，常对士兵说：“人谁无死？但愿我们死得其所，死得值！”1894年，中国和日本之间爆发了甲午战争，邓世昌多次表示：如果在海上和日舰相遇，遇到危险，我就和它同沉大海！这年9月的一天，日本舰队突然袭击中国舰队，一场海战打响了，这就是黄海大战。战斗中，中国担任指挥的旗舰被击伤，大旗被击落，邓世昌立即下令在自己的舰上升起旗帜，吸引敌舰。他指挥的“致远”号在战斗中最英勇，前后火炮一齐开火，连连击中日舰。后来“致远”号遭受重创，开始倾斜，炮弹也打光了，日舰包围过来。邓世昌对部下说：“我们就是死，也要壮出中国海军的威风，报国的时刻到了！”他下令“致远”号开足马力向日舰“吉野”号冲过去，要和它同归于尽。这大无畏的气概把日本人吓呆了。最终，“致远”号被日舰炸沉，邓世昌和200多名官兵壮烈殉国。

什么是英雄气概？我们再看一看杨靖宇、赵一曼、“狼牙山五壮士”、“刘老庄八十二壮士”等先烈们的英雄壮举，便会答案自知。我们吸吮着中华优秀传统文化中的英雄气概养分，必将汇聚起披荆斩棘、勇往直前的磅礴力量，实现中华民族伟大复兴。

(八)居安思危的忧患意识

"居安思危"出自《左传·襄公三十一年》:"居安思危,思则有备,有备无患。"意思是处在安乐的环境中,要想到可能有的危险。指要提高警惕,防止祸患。忧患意识是指一个人的内心关注超越了自身利害、荣辱、成败,而对世界、社会、国家、人民可能遭遇的苦难和危难抱有警惕并由此激发奋斗图强、战胜困境的决心和勇气。忧患意识是中华民族的生存智慧,是促进国家进步、民族复兴的催化剂和动力源。忧患意识承载着深厚的民族精神。中华民族是一个饱经忧患的民族,因此在几千年生存发展进程中,它始终强调"生于忧患而死于安乐"。它认识到"祸兮福之所倚,福兮祸之所伏",强调未雨绸缪,防患于未然;它倡导忧国忧民,"先天下之忧而忧,后天下之乐而乐",以天下为己任,任劳任怨;它将忧患与勤俭、勤政相联系,主张"居安思危,戒奢以俭",总结出"忧劳可以兴国,逸豫可以亡身"的宝贵经验教训。再如"国虽大,好战必亡;天下虽平,忘战必危""水能载舟,亦能覆舟""天下稍安,尤须兢慎,若便骄逸,必至丧败"以及"人无远虑,必有近忧"等,都是关于忧患意识的警句,我们应时刻谨记。忧患意识凝聚着我们党深刻的历史经验。我们党是一个在忧患中诞生、奋斗并不断成长壮大的政党。新中国成立前夕,毛泽东同志一再强调"进京赶考"的问题,在七届二中全会上提出"两个务必"的著名论断。邓小平、江泽民、胡锦涛同志也都告诫全党要增强忧患意识,大力发扬谦虚谨慎、艰苦奋斗的优良作风。习近平同志在党的十九大报告中指出:"要深刻认识党面临的执政考验、改革开放考验、市场经济考验、外部环境考验的长期性和复杂性,深刻认识党面临的精神懈怠危险、能力不足危险、脱离群众危险、消极腐败危险的尖锐性和严峻性。""把党建设成为始终走在时代前列、人民衷心拥护、勇于自我革命、经得起各种风浪考验、朝气蓬勃的马克思主义执政党。"可以说,忧患意识始终贯穿我们党的建设历史。增强忧患意识,就要密切党同人民群众的血肉联系,就要以求真务实的精神真抓实干,就要锐意创新、开拓进取。

(九)福祸相依的辩证智慧

辩证智慧是中华优秀传统文化的最深刻所在。一阴一阳谓之道,如有无相生、难易相成、长短相形、高下相倾、刚柔相济。还有动与静、男与女、雄与雌、天与地、昼与夜、夏与冬、南与北、左与右、正与负、合与分、进与退、盛与衰、生与死、福与祸、大与小、黑与白、舍与得等,无不包含着辩证智慧。《道德经》"祸兮,福之所倚;福兮,祸之所伏",《淮南子》"塞翁失马,焉知非福""夫物盛而衰,乐极则悲",《后汉书·冯异传》"失之东隅,收之桑榆",《了凡四训》"人为善,福虽未至，祸已远离；人为恶，祸虽未至，福已远离”等，也都充满辩证智慧。韩愈《原毁》载：“是故事修而谤兴，德高而毁来。”意思是说，事业成功了，就会有人来诽谤你；德行高尚了，就会有人来毁坏你的名誉。这句话类似李康《命运论》中的“木秀于林，风必摧之”，道出了成功者更容易遇到非难的辩证法。再如否极泰来、泰极否来、泰极生否、否去泰来、苦尽甘来等，也都是古人辩证智慧的体现。认真汲取中华优秀传统文化中的辩证智慧，对于我们沉着应对前进道路上的困难和挑战，更好地推进中国特色社会主义事业有着重大意义。

下面着重说一下古人几首诗的辩证智慧。一是杜荀鹤（唐代诗人、文学家）的《泾溪》：“泾溪石险人兢慎，终岁不闻倾覆人。却是平流无石处，时时闻说有沉沦。”这首诗的意思是，泾溪虽然水流湍急，石头嶙峋，但是人们经过泾溪的时候格外小心谨慎，一年到头没有听说过淹死人。倒是水流平缓没有石头的地方，时常听说有淹死人的事情发生。这首诗包含着“居安思危，思则有备，有备无患”的哲理，正如人们平时常说的一句话：“越是危险的地方越安全，越是安全的地方越危险。”诗人告诫我们，顺利时若失之谨慎，则“沉沦”是理之必然。

二是布袋和尚（五代后梁人）的《插秧诗》：“手把青秧插满田，低头便见水中天。心地清净方为道，退步原来是向前。”这首诗的意思是，农夫插秧的时候，一根一根地往下插，低下头便看到倒映在水田里的天空。当我们的身心不再被外界的物欲浸染的时候，才能与道相契。农夫插秧是边插边后退的，正因为他能够退后，所以才能把稻秧全部插好，他插秧时的“退步”正是工作的向前进展。这首诗告诉我们：从近处可以看到远处，有时“退步”是为了进步。

三是曾国藩（清代政治家、军事家、战略家、理学家、文学家）的赠弟诗：“左列钟铭右谤书，人间随处有乘除。低头一拜屠羊说，万事浮云过太虚。”这首诗的意思是，位高权重的人往往是在桌子的左边摆放着功名利禄和褒奖，而在右边则摆放着许多对他的恶评。人生是变幻莫测的，有许多风险，起起落落就像加减乘除的算数。做人要像屠羊说那样谨慎谦让。人间万事就像浮云，会在空中飘散，名利也一样，都是空的。“屠羊说”是《庄子》中的人物，一个卖羊肉的屠户。他帮助楚昭王平定大卜后，楚昭王要封赏他，他不要，只愿重操旧业。同治三年（1864），曾国藩的弟弟曾国荃打下南京，灭掉太平天国，受到朝廷封赏。但同时，朝廷也对手握重兵的曾氏兄弟有所猜忌。所以曾国藩借弟弟41岁生日的机会，写诗劝弟弟要谨慎，要警惕封赏之后潜在的祸患。这首诗表明曾国藩深谙辩证智慧。

（十）求新求变的创新思维

习近平总书记指出：“创新是引领发展的第一动力，是建设现代化经济体系的战略支撑。”“创新是一个民族进步的灵魂，是一个国家兴旺发达的不竭源泉，也是中华民族最鲜明的民族禀赋。”“创新”一词英语为innovation，来自拉丁语，有三层含义：①更新；②创造新的东西；③改变。创新思维是人类创造力的核心和思维的最高形式，是人类思维活动中最积极、最活跃和最富有成果的一种思维形式。人类社会的进步与发展，离不开知识的增长与发展，而知识的增长与发展又是创新思维的结果。

中华民族成长发展的历史就是一部创新求变的历史。商汤时期的《盘铭》就记载着：“苟日新，日日新，又日新。”意思是，如果能每天除旧更新，就要天天除旧更新，不间断地更新又更新。现代人朱金城戏对曰：“彼月异，月月异，再月异。”横批：“日新月异。”日新月异即日日更新，月月不同，随时都有新的变化。日新月异代表人类不断向前发展和积极进取的精神，是从量变到达质变的必然趋势和结果，是人类思想进步和物质创新的哲学。

《诗经·大雅·文王》曰：“周虽旧邦，其命维新。”意思是，周虽然是旧的邦国，但其使命在于革新。《周书·康诰》曰：“作新民。”意思是，做一个去恶扬善、弃旧从新的人。

我国古代脍炙人口的两个典故——“曹冲称象”“司马光砸缸救人”，就是两个孩童创新思维的结果。在如何称象这个问题上，人们想到的只是秤，称小物用小秤，称大物用大秤，但象因为太大无法用秤来称。曹冲利用船的吃水深浅，用砖头代替象，化整为零，终于称出了大象的重量。同样，当儿童落入水缸时，其他儿童想到的是怎样从水缸上面将落水者救出，这是习惯性思维。而司马光救人成功，用的是创新思维，从而出现了砸缸救人的壮举。

没有创新意识，就没有古代造纸术、指南针、火药、活字印刷术的“四大发明”，就没有当代“两弹一星”“航母”“蛟龙”“天眼”“悟空”“墨子”“大飞机”等一系列重大科研成果的问世，就没有中华民族屹立于世界民族之林的力量支撑。没有创新意识，就没有聊城教育“321”的工作思路。没有这个思路的引导，也就没有聊城教育“教学质量、师德建设、立德树人”三驾马车的齐头并进和累累硕果。

怎样搞好创新？一是要好奇，这是创新思维的萌芽；二是有兴趣，这是创新思维的营养；三是勇探索，这是创新的渠道；四是敢成功，这是创新的动力。

三、文化自信：实现复兴

习近平总书记在十九大报告中提出，要坚定文化自信，为实现中华民族伟大复兴提供强大精神力量。他说：“文化自信是一个国家、一个民族发展中更基本、更深沉、更持久的力量。”“没有高度的文化自信，没有文化的繁荣兴盛，就没有中华民族伟大复兴。”文化自信是一个民族对其文化精神的坚定认同和执着追求。文化自信是道路自信、理论自信、制度自信的有力支撑，是中华民族伟大复兴的强大力量。文化自信既体现中华民族的底蕴底色，也体现中华民族的耐力定力。我们要在伟大复兴中彰显文化自信，用文化自信之光照亮民族复兴之路。

文化既是沧桑的历史，也是繁荣的现在，更是璀璨的未来。随着中国特色社会主义进入新时代，随着人们从对物质文化的需要发展到对美好生活的需要，随着中华民族迎来从站起来、富起来到强起来的伟大飞跃，文化建设也要提升至更高层面，肩负起更多责任使命。只有坚定文化自信，才能鼓起奋发进取的勇气，才能克服前进道路上的艰难险阻，才能激发创新发展的活力，才能实现中华民族的伟大复兴。

首先，要夯实中华优秀传统文化自信，为中华民族伟大复兴提供深厚的文化根基。习近平总书记在十九大报告中强调，要“推动中华优秀传统文化创造性转化、创新性发展”。这深刻启示我们，对中华优秀传统文化，一要创造性转化，要像习近平总书记所要求的，“系统梳理传统文化资源，让收藏在禁宫里的文物、陈列在广阔大地上的遗产、书写在古籍里的文字都活起来”；二要创新性发展，即在全球化时代，要进一步促进中华优秀传统文化与世界其他文化的互动和互鉴，在比较和借鉴中深度挖掘中华优秀传统文化在重塑全球伦理中的启示价值和意义。中华优秀传统文化是中华民族对人类的伟大贡献。独具特色的语言文字，浩如烟海的文化典籍，嘉惠世界的科技工艺，精彩纷呈的文学艺术，充满智慧的哲学宗教，完备深刻的道德理论，博大精深的辩证智慧，共同构成中华优秀传统文化的基本内容。要深入挖掘中华优秀传统文化蕴含的思想观念、人文精神、道德规范，结合时代要求继承创新，让中华文化展现出永久魅力和时代风采。

其次，要承续中国革命文化自信，为中华民族伟大复兴提供强大的精神指针。习近平总书记一直高度重视革命文化的精神遗产作用，强调革命精神是“我们党的宝贵精神财富”，他对红船精神、井冈山精神、长征精神、延安精神、西柏坡精神、沂蒙精神等革命精神的精神遗产作用，都给予了高度重视，并从不同角度进行了深度揭示。因而在当下，要承续革命文化自信，关键是继承革命文化中所蕴含的革命精神遗产，这对于我们应对“四大考验”、破解“四大危险”，进一步推进党的建设新的伟大工程，都具有重要的精神指针意义。

再次，要坚定社会主义先进文化自信，为中华民族伟大复兴提供有效的价值引领。习近平总书记高度重视社会主义先进文化，强调要“坚持社会主义先进文化前进方向”,聚焦于“建设社会主义文化强国的目标”。社会主义先进文化,也即中国特色社会主义文化。十九大报告揭示了怎样发展社会主义先进文化:“以马克思主义为指导,坚守中华文化立场,立足当代中国现实,结合当今时代条件,发展面向现代化、面向世界、面向未来的,民族的科学的大众的社会主义文化。”这里的“坚守中华文化立场,立足当代中国现实,结合当今时代条件”具有强烈的现实针对性。要坚定中国特色社会主义文化自信,就要“立足当代中国现实,结合当今时代条件”,向世界展示中国社会主义文化的独特魅力。

最后,要坚定中华优秀文化力量自信,为中华民族伟大复兴提供强大的精神支撑。中华民族的伟大复兴,不仅是物质上的复兴,更是精神上的复兴。要利用好文化的精神支撑力、民族凝聚力、历史穿透力、实践创造力、生命感召力五个力量,为中华民族伟大复兴提供强大的精神支撑。要大力培育和践行社会主义核心价值观,发挥社会主义核心价值观对国民教育、精神文明建设、精神文化产品创作的领导作用,把社会主义核心价值观融入社会发展各方面,转化为人民的情感认同和行为习惯,不断丰富文化创作,丰润文化滋养,丰盈精神家园,构筑起中华民族的“精神高地”。

“长风破浪会有时,直挂云帆济沧海。”正如习近平总书记豪迈指出的那样:“当今世界,要说哪个政党、哪个国家、哪个民族能够自信的话,那中国共产党、中华人民共和国、中华民族是最有理由自信的。”文化,传承着历史,牵系着未来。只要我们运用文化力量、掌握文化魅力、坚定文化自信,担负起新的文化使命,不断铸就中华文化新辉煌,就一定能够实现中华民族伟大复兴!

八个“前所未有”，聊城教育发展迈出新步伐*

哈宝泉

近年来，在聊城市委、市政府的坚强领导下，聊城教育事业实现大发展，取得了显著的成效，可总结为八个“前所未有”：

一是各级党委、政府重视程度之高前所未有。党委常委会、政府办公会多次研究教育问题，每年教师节都看望教师并召开座谈会听取意见建议，真正把教育作为最大的民生工程、作为优先发展战略来对待，做到了优先发展教育事业。

二是市、县财政投入力度之大前所未有。近年来，民生投入占到市、县两级财政的百分之七八十以上，教育在所有民生工程中又是最大的，投入也是最高的，仅解决“大班额”问题和“改薄”两项工作，投入就达到111.1亿元。

三是市、县各相关部门支持力度之大前所未有。近年来建设了这么多的学校，需要这么多的资金、土地，没有财政、国土、规划、住建等部门的大力支持，是不能完成的，这里也向各相关部门表示感谢！

四是校舍建设速度之快前所未有。为了彻底解决“大班额”问题，聊城近年新建、改扩建学校123所，其中新建57所，改扩建66所。2017年，仅东昌府区就在主城区新建、改扩建21所学校。全市新增班级3000个，新增学位14万个，新聘教师10287人；纳入“改薄”的901所学校，开工面积达210万平方米；469所二期学前计划幼儿园全部建成。

五是基础教育改革力度之大前所未有。全市中小学校长全部取消行政级别，实行校长职级制（共分四级九等）；全市中小学教师县管校聘管理改革全部推开，教师由“学校人”变为“系统人”；深入实施名校带动工程，城市名校带动农村薄弱学校，乡村学生与城市孩子同步上课，全市“同步课堂”达到

---

* 本文原载《聊城教育》2017年12月第6期。

85%以上,已有161所名校托管、带动了214所弱校,惠及13万学生,切实扩大了优质教育资源的覆盖面,满足了人民群众"上好学"的愿望。

六是社会各界和人民群众对教育的关注程度之高前所未有。教育关系千家万户,更为千家万户所关注。人大建议、政协委员提案每年都在40个以上,占到提案、建议总数的10%以上;每年接到市长热线1000余个、电话咨询2000多个;每年参与新闻发布、政风行风热线、市长热线十几次。

七是全市广大教育工作者付出之多前所未有。近年来,聊城教育系统广大干部职工埋头苦干、开拓创新,仅教育工作大的工作思路、工作架构就有"321"聊城教育的整体工作思路、抓学校安全的"361"思路、抓党建的"2351"思路和办理人大建议政协提案的"13331"思路等。广大教育工作者在解决城镇普通中小学"大班额"问题、"全面改薄"、义务教育均衡县创建等工作中的付出仅仅用"夜以继日""废寝忘食""白+黑""5+2""晴+雨+雪"等词汇是很难形容和概括的。

八是全市教育提升发展速度之快前所未有。一是义务教育发展基本均衡县实现全覆盖,2015年是临清、茌平,2016年是东阿、高唐,2017年是东昌府区(含三个市属开发区)、冠县、莘县、阳谷。二是大力改善办学条件,通过解决"大班额"问题和"全面改薄"等工作,实现了城市、农村最美的院落是学校,最好的房子是教室。三是教育教学质量提升明显。聊城本科上线率达到65.11%,比全省平均值高出近10个百分点;空军招飞录取人数列全省第1名、全国第3名,创下了19年录取量全国地市级第一的辉煌战绩。四是职业教育体系不断完善,现有国家级示范校3所,国家级重点校8所,省级重点校2所,省级规范校8所,省级中职品牌专业建设试点5个。五是民办教育蓬勃发展,全市民办学校已达70所,聊城主城区民办高中占比18%、民办初中占比65%、民办小学占比25%,为解决"大班额"问题贡献了力量。六是从2017年秋季开学起全市中小学基本解决了"大班额"问题。

尽管取得了很大成绩,但我们必须清醒地看到,聊城教育事业仍存在不足和问题。一是义务教育城乡发展不均衡、不充分的问题仍然存在。目前聊城各县市区虽然都创建成了国家义务教育发展基本均衡县,但真正、完全实现教育均衡依然任重而道远。二是学前教育发展较为薄弱,真正意义上的公办园占比还不高。

我们将按照党的十九大报告和宋军继市长在《政府工作报告》中对教育提出的要求,认真做好2018年的工作,强调六个"再":"使命再牢记,目标再明确,措施再强化,责任再落实,力度再加大,水平再提升。"具体工作有:一是推动城乡教育一体化发展,全面完成农村义务教育薄弱学校改造任务;二是深入实施中小学校长职级制和教师“县管校聘”管理体制改革；三是加强对现有幼儿园的规范管理，提升幼儿园办园水平，实施第三期学前教育三年行动计划，推动民办公助，新建、改扩建 100 所幼儿园；四是建设中小学 34 处，新增教学班 520 个，新增学位 24000 个，新聘教师 1253 人，全面解决“大班额”问题。五是认真贯彻党的教育方针，落实立德树人根本任务，培养德智体美全面发展的社会主义建设者和接班人。

厚植学校文化底蕴，打造三中教育品牌*

赵振林

“思路决定出路，格局决定结局。”聊城市教育局党组立足全市“东融西借、跨越赶超，建设冀鲁豫三省交界科学发展先行区”的大局，结合聊城教育工作实际，提出了全市教育的“321”工作思路，为全市的教育部门、教育工作者明确了奋斗目标，提供了行动指南。为切实将“321”工作思路落实到位，我潜心研读学习市教育局相关文件及哈宝泉局长撰写的关于“321”工作思路的系列文章，在学深悟透的基础上研究开展了系列教育教学改革实践，主动承担起一所重点市直中学在打造聊城教育品牌中的责任与担当。特色、鲜明的学校文化是一所学校赖以生存发展的重要根基和血脉，也体现着一所学校发展的文化自觉与自信。聊城三中是一所有着 64 年发展历史的齐鲁名校，文化底蕴深厚。如何传承历史优良传统，创新打造独具三中特色、富有时代特征的三中“新文化”，以学校办学“软实力”的提升促进学校的跨越发展成为我思考研究与实践的重点，并取得了显著的阶段性成果，助推了学校的回归与崛起。

一、丰富精神文化建设，确立学校文化内核

先进的办学理念、共同的理想和价值追求是校园精神文化的引领。在教育教学实践中，我们树立了“做最好的自己”的三中核心价值理念，提出了“三年回归，五年名校”的近期发展目标和“6789”的升学目标，确立了培优育尖、全面提升的“1312”教育理念：第一个“1”是指“培养引领社会发展的卓越人才”的育人理念；“3”是指“没有教不会的学生”“尖子生是培养出来的”和“从最后一名学生抓起，对全体学生负责”的教学理念；第二个“1”是指“低重心”运行的教学策略；“2”是指导学案一体化的教学模式和精细化的管理模式。在核心价值理念与科

* 本文原载《聊城教育》2017 年 12 月第 6 期。

学发展目标引领下，三中全体师生提振精神，凝心聚力，人人追求卓越，争做最好的自己，形成了“崇德尚学，知行合一”的昂扬向上的校园精神文化氛围，为学校的跨越发展提供了强有力的精神支撑。

二、加强物质文化建设，奠定校园文化基础

苏霍姆林斯基说：“一所好的学校，墙壁也会说话。”学校是教书育人的场所，校园文化所营造的育人氛围无时无刻不在发挥着“润物细无声”的作用。

1. 建设寓情寓教于景，富有文化气息的校园景观。请专家对校园重新进行规划设计，建设了“思齐”“润玉”文化亭、假山、喷泉、文化长廊等校园景观，并在文化亭及文化长廊的柱子上绘以“天行健，君子以自强不息；地势坤，君子以厚德载物”“春风化雨润桃李，丹心育才书华章”“经天纬地聚俊贤，朗星秋月绘丹青”等对联，苏州园林式建筑风格已然形成。同学们在这集美丽、文化于一体的校园中，或阅读，或静思，或谈笑，或小憩，快乐学习，健康成长。

2. 开辟文化墙。按照品味高雅、设计新颖、美观实用的原则，我们对教学楼、科技楼、办公楼、餐厅等的走廊、楼梯道进行了文化设计。在教学楼、科技楼分别设计安装了国学人物介绍、名言警句等；在餐厅张贴了“文明用餐”“勤俭节约”“安全卫生”等警示标语；在办公楼设计悬挂了图文并茂的“做最好的自己”“教师节表彰”“落实五要素”“认真用心做事”“爱家爱校”等干事文化内容；在各楼外侧的醒目位置设计了风格统一的宣传栏，定期更新学校活动信息等，传播正能量。同时，配合整体文化建设，学校对各楼进行了命名设计，分别命以“知行楼”“启智楼”“致远楼”“求真楼”“笃行楼”，给人以文化与智慧的启迪。

3. 加强硬件建设，践行“以人为本”理念。本着服务师生、方便师生的精神，学校开展了系列“民心工程”：对校园进行了绿化美化，实现环境育人的目的；新学生公寓楼投入使用，全部为 6 人间，设独立卫生间、学习桌、空调、洗澡间；完成老宿舍楼升级改造，为住宿生提供良好的生活学习条件；对知行楼外墙进行保温节能改造，对启智楼、笃行楼、图书楼、临街楼外墙进行清洗，拆除第二运动场中间的平房，使学校更加规范、整洁、亮丽；完成教学楼洗手间节能改造工程，提升卫生间档次；建设科技楼外楼梯，保障师生上下楼方便安全；完成学校餐厅改造提升工程，里里外外全部改造升级。

所有这些工程的开展都向师生传递着“三中是我家”的“大家庭”理念，大大激发了广大师生“三中发展我发展，三中发展我受益”的意识，形成了“三中发展，人人有责”，凝心聚力，共谋跨越的良好局面。

三、做"优"制度文化，实施科学文化管理

管理上水平，制度要先行。我们常说，没有规矩不成方圆，这里的规矩就是规章制度。那么，在工作中，如何管理，如何搞好制度建设并落到实处呢？提高管理水平，办好一所学校，关键是要有一个好的领导班子。为此，我们确立了领导干部竞争上岗选拔机制，采取民主竞选和竞聘上岗的方式，调整充实了领导班子和中层干部队伍，并建立了"五会三部九中心"的管理体系，形成了学校统一领导、学部直接管理、中心服务协调的工作格局。学校坚持民主管理，实行校务公开、党务公开制度和教职工代表大会制度。今年11月6日，我们组织召开了学校第五届教职工代表大会，会上审议通过了《聊城三中教师专业技术岗位晋档工作实施办法》《聊城三中教职工代表大会提案征集实施细则》等学校制度，产生了聊城三中第五届教代会委员会。

同时，在实际工作中，我们不断建立健全各项制度，出台了适合我校的教师评价体系、职员考核评价办法、绩效考核办法、职称评审体系、教职工考勤制度、班主任评价方案、星级班主任评选办法、学生一日常规、学生量化考核细则等一系列规章制度，并编订成册，形成了一套科学高效的管理体系。无论是教师还是学生的评先评优都有规可依，公平、公正、公开，杜绝了违规操作，消除了抱怨牢骚，激发了干事创业激情，凝聚了跨越赶超合力，整个学校洋溢着奋发向上、催人奋进的正能量。

四、做"活"行为文化，彰显校园文化特色

我们所有教育的最终成效都要落实到师生的行动上，"让优秀成为师生的一种习惯"是我们一直追求的理想教育管理效果。我们把"日行一善"作为德育教育的总抓手，以国学教育启迪学生心智，以养成教育培养良好习惯，以封闭管理保障饮食安全，以家长课堂汇聚家校合力，以艺体教育助推多元发展，以海量阅读提升人文素养，以科技教育提升创新能力，以远足活动磨炼坚韧品质，以成人仪式激发公民责任，以升旗仪式培树爱国情感……在这里，我们的同学思善言善行善扬善，他们不乱丢一片垃圾，不给别人添麻烦，感恩他人、感恩社会，处处彰显文明品德；在这里，他们激扬青春，成就自我，在各级各类竞赛中摘金夺银，为校争光。2017年高考，学校本科上线1222人，本科升学率达到80%，实现了两年两大步，升学率以每年10%的速度递增的历史性跨越。在上学期期末统考中，我校高三学生有7人列全市理科前10名。在市中学生运动会上，我校

学生包揽游泳团体第1名、男篮冠军、女篮冠军、男排冠军、女排冠军。在2017年国际啦啦操精英赛中，我校荣获中学组高级混合集体技巧啦啦操亚军、中学组集体花球啦啦操第8名。在第19届全国中学生作文大赛中，我校参赛的10名学生取得5个全国一等奖、5个全国二等奖的优异成绩。在第16届全国创新英语大赛中，我校10名学生喜获全国奖项，另有400余名学生在省、市级作文大赛中获奖。2016年，我校4名学生获得“发明创造之星”荣誉称号，每人获得2万元奖金。今年8月，我校又有2名学生获得“聊城市政府专利奖”，每人获得1万元奖金。同时，在第17届山东省青少年机器人竞赛中，我校13名学生参赛，7名学生获得山东省一等奖，6名学生获得二、三等奖，是参赛的聊城市代表队中成绩最好、获奖最多的。在第5届山东省青少年模型无线电科技竞赛和第32届山东省青少年科技创新大赛中，我校6名学生获得省一等奖，36名学生获得二、三等奖。高尚的品德、昂扬的斗志、非凡的成绩正是我校精神文化、物质文化、制度文化建设在师生行为上的最终体现，“优秀”已成为我校师生的一种习惯。

优秀的学校文化是学校的灵魂，是学校重要的生命根基。一流的学校文化才能哺育一流的学校。我们将不断加强学校的精神、物质、制度和行为文化建设，厚植文化底蕴，为打造学校教育品牌注入源头活水，为实现聊城教育事业目标与文化目标，打造聊城教育品牌积极贡献力量。

文以睿智，德以塑人*

殷俊勇

文化是一所学校区别于其他学校的个性体现，是一所学校综合实力的重要标志，是一所学校兴衰荣枯的决定性因素。

——题记

一所学校办得好不好，不仅与其硬件条件有着十分重要的关系，而且与其管理模式、文化氛围、传统、风气、社会形象和社会评价等也有着极大的关系，甚至后者的影响大于前者。近年来，我们秉承“文以睿智，德以塑人”的办学理念，围绕“崇尚文学，崇尚文化，崇尚文明”这一办学宗旨，在“文德”文化的引领下，着力打造了“尚文教育”“进德教育”“崇智教育”三大教育品牌。

1.“尚文教育”是指围绕着特色课程的开设，通过传统文化、环境文化、班级文化、校本教材等多方面引导学生综合素质的提升。

哈宝泉局长说，中华优秀传统文化沉淀着中华民族最深沉的精神追求，包含着中华民族最根本的精神基因，代表着中华民族独特的精神标识，是中华民族突出优势，生生不息、发展壮大的重要滋养，是涵养社会主义核心价值观的重要源泉，是我们在世界文化激荡中站稳脚跟的根基。我们要认真落实习近平总书记关于传统文化“要从娃娃抓起、从学校抓起，做到进教材、进课堂、进头脑”的指示精神。

今天，我们要在新的历史条件下对传统文化加以认识、整理、把握、总结和提升，并注入新的时代因素，在“求实”“求严”的基础上，拓展出“求新”“求活”的新学校文化理念。

针对校舍不足、场地窄小的客观现实，我们从整体美的角度出发，有计划地安排设置各种活动场室，完善各种制度，提高校舍和场地的利用率。近年来，我

---

* 本文原载《聊城教育》2017年12月第6期。

校坚持走科学发展、内涵发展、特色发展之路，积极落实市、县教育局关于开展创建特色学校工作的要求，努力创建书香校园、艺术校园。如在文化走廊内展示君子文化、儒家经典、道德文化等内容，在校园内的院墙、展板上展示“文德”文化相关内容，其中包括“崇尚文学、崇尚文化、崇尚文明、德润人生、德才兼备、德艺双馨”六大方面，让每块墙壁、每个角落、每寸土地都能“说话”，起到教育、激励学生的作用。我们正努力把校园环境建设成为学校的“第二支教师队伍”。

崇文中学的学生们自信、阳光、积极，思维活跃，全体学生参与设计具有鲜明个性的“班级名片”。班名、班徽、班级宣言、班级口号等富有班级特色的设计成果，充分发挥了每位学生的创造性，提高了班级凝聚力，形成了具有鲜明特色的班级文化。走进窗明几净的教室，抬头、侧目之间，散发着人文魅力的班级文化令人震撼：或是一幅名人名言，或是一幅宣传标语……它们是暗示、是开导、是激励、是安慰，胜过千言万语，让学生一走进教室就接受无声的教育。

校本开发方面，我校经过认真研发、组织和整理，印制了《演讲与口才》《做人与处世》《雅行指南针》等校本教材。我校校本课程是结合我校的传统和特点以及学生的兴趣和需要自主开发的。校本课程的开发，为教师提供了专业发展的机会和条件，也为学校培植办学特色创造了条件，有利于完善国家课程、地方课程，弥补其局限性。

2.“进德教育”是指通过“学生论坛”“间操交流”“叙事教育”等形式，引导学生树立正确的人生观和价值观。

在学生管理层面上，我们实行“自我教育＋自主管理”模式，培养学生自立、自主、自律的品格和敢于创新的个性，从而促进学生全面发展。学生在政教处的指导下成立卫生部、纪律部、就餐部，学校的卫生、纪律、就餐秩序完全由学生自主管理，这给学生营造了一个安全、自由、自主的学习环境。学生拥有自己的学生会，并组织开展学生活动。班级管理、校园论坛、演讲比赛，到处都有学生们活跃的身姿。

学校始终把学生的养成教育当作一个重要的事情来抓。班级每天举行一次班级誓词宣誓、一次间操交流、一次3分钟演讲。政教处每周召开一次全体学生反馈会、一次“家校互联互通”、一次学生论坛；每月举办一次家长会、一次学生安全教育及演练、一次表彰会、一次文体活动，加强对学生内在潜能的开发，促进他们自主健康发展。

叙事教育成为崇文中学的新亮点。学校干部写管理叙事，把自己遇到的问题和处理问题的过程有重点地记录下来，积累工作经验，避免类似错误的重犯，促进学校长远发展；班主任写班级叙事，书写学生的优缺点，记录班级的问题和闪光点，对搞好班级管理、提高工作效率、客观评价学生即因材施教等大有促进;教师写教育叙事,积累教育经验,进行教育实践的反思,从而提高自身业务能力,步入专业发展的个性空间;学生写成长叙事,可以感恩老师、感恩父母,可以给老师提意见,可以反思一段时间内的学习、生活,可以记录学习的收获。

叙事教育已成为家长、学生、老师之间心灵沟通的桥梁。

3.“崇智教育”是指通过以“和谐互助式教学模式”为主的智趣课堂和特色各异的智慧社团来开启学生的心智,丰富学生的精神生活。

以“和谐互助式教学模式”为主的智趣课堂是指:让学生自主预习、自主展示,小组交流合作,既让学生掌握知识,又让学生得到全面的锻炼和提升,使学生学会学习,培养主动学习、自主学习、向别人学习的优良学习习惯,教师仅仅使用微课进行点拨。

特色各异的智慧社团包括墨苑书法社、雏鹰文学社等。学生们在社团中充分发挥了自己的特长和优势,得到全面发展。

在崇文中学,“教”者乐教,“学”者乐学,共享知识,共享智慧,校园生活变得更加精彩,校园氛围变得更加阳光,校园文化也变得更有特色。“办负责任的学校,培养负责任的学生,做负责任的教师,造就负责任的公民”,崇文中学始终以学生发展为本,切实把学生的学习和生活有机地结合起来,让他们得到全面的发展,努力将学校办成学生的“家园、乐园、学园”。

总之,我们已形成“文德”文化大格局,教学质量逐步提升,社会声誉不断提高,学校发展进入快车道。近年来,我校先后获得聊城市依法治校先进单位、聊城市德育先进集体、聊城市平安和谐校园、县师德建设先进单位等荣誉称号。我们非常有信心把崇文中学打造成一所有文化、有品位、有创新的知名学校,真正地按照哈宝泉局长“文化力量,推动复兴;文化魅力,助力复兴;文化自信,实现复兴”的思路走下去!

践行仰圣文化，提升核心素养*

李国富

近几年，在学校文化构建过程中，东阿县第二实验小学根植中华民族优秀文化，发扬圣贤精神，形成了以“仰圣文化”为主题，以“崇德仰圣，游艺笃行”为核心的理念文化体系。学校以此为指引，将素质教育新理念与优秀文化精髓相结合，打造高品位学校文化风貌，在继承中开拓创新，在创新中以文化人。学校以“孔子文化教育思想”为主线，以“挖掘孔子教育思想精华，弘扬优秀文化”为宗旨，注重“新六艺”国学经典教育，着力“打造文雅学校，塑造儒雅教师，培养高雅学生”，成效卓然。

“仰圣文化”的内在要求能够培养爱国主义精神，提升道德修养，塑造理想人格，促进综合素质发展，实现立德树人的最终目的。小学阶段是提升综合素质的基础阶段，也是继承和传播优秀文化的关键时期。小学时期的人文素养、品德修养往往可以渗透到学生最深层的认知结构中，对其一生的影响深远而长久。

“仰圣文化”体现着齐鲁文明、齐鲁精神、运河文化对学校的影响，也是对本土地域文化的继承和发扬，更诠释着齐鲁文化的深刻内涵。

东阿县第二实验小学积极践行“仰圣文化”，扎实推进“新六艺”教育，力争让六年学习影响孩子六十年人生。

学校以孔子“六艺”为依托，以发展学生综合素质、彰显个性特长为目标，在充分整合校内教育资源的基础上，围绕经典诵读、民族精神、民族技艺三条主线，以开发“六艺”校本课程为载体，按照礼、乐、塑、棋、书、技的“新六艺”，对学生实施素质教育。这一举措将传统文化教育和现代素质教育很好地结合在一起，既继承了传统，又糅合了新元素，既强调了全面发展，又突出了学生个性，有助于将学生培养成为知书达礼、德智体全面发展的人才。

---

* 本文原载《聊城教育》2017 年 12 月第 6 期。

1. 礼。设置礼仪课，加强中国传统美德教育、社会主义新风尚教育以及现代礼仪教育，以之补充和拓展品德课教育。从规范学生行为习惯做起，培养学生的良好道德品质和文明行为。以学生守则和日常行为规范教育为基础，贯彻“爱国守法、明礼诚信、团结友善、勤俭自强、敬业奉献”的基本道德规范，吸取中华礼教优良传统。注重培养学生的亲情、友情、师生情、乡情和爱国情感，以之作为礼仪教育的情感基础。倡导集体主义精神和社会主义人道精神，让学生树立心中有祖国、心中有集体、心中有他人的意识，学习处理人与人、人与社会、人与自然等基本关系，以之作为礼仪教育的认知基础。坚持知行结合，以礼仪行为作为学生最基本的道德实践，以礼修德，以礼立人。

2. 乐。开设乐教课，加强和改进音乐教育，弘扬中国教育传统中“兴于《诗》，立于礼，成于乐”的理念，以乐成人。开展声乐和器乐基础教育，培养学生初步的演唱能力和演奏技能，让每个学生至少会演奏一样乐器（含竖笛、口琴），培养学生健康的音乐审美情趣。将音乐教育与新诗教、新礼教、新武教等学科教学相结合，拓展学校艺体教育，充分发挥中华优秀传统文化以乐育人、以武育人的作用。

3. 塑。主要指根雕和陶艺两门课。根雕和陶艺是学校近年来着力打造的特色课程，也是学校教育的一大亮点。学校经过考察论证，把根雕、陶艺制作列入校本课程，编写教材，建设专用教室，配齐设施，在全校大力推广，着力培优。在美术课中，每月安排两节陶艺课，全校开设，培养孩子“发现美、欣赏美、感受美、创造美”的意识，锻炼孩子的动手实践能力，提高孩子的艺术修养。“根雕制作”同样是学生们参与实践的必修课。一件件形式、题材各异，充满稚趣的陶艺、根雕作品在孩子们的手中诞生，得到了上级领导和广大师生家长的认同和支持，国家、省、市、县电视台等多家媒体多次进行报道。

4. 棋。目前我校每个班每周安排一节象棋课，面向全体学生进行普及教学，并在校园投资建设“象棋苑”，定期举办各类比赛，为师生创设浓郁的对弈氛围，从而建立了广泛的象棋教育基础。我校实施“象棋进课堂”以来，取得了显著的成绩，学生的各方面都有明显的变化。一是学生的精神面貌有明显改善，在人格塑造、品德修养上也得到很大的提高。在将象棋引进课堂教学的过程中，我们除了教学生掌握一种技能、一种棋艺、一种发展的思维方式外，还注重对棋德、棋品等象棋文化的培养，并向学生诠释了“棋如人生”的道理，将对学生棋德、棋品的培养延伸至人格、品德的培养。二是学生的逻辑思维能力得到了很大的提高。开设象棋课后，学生的逻辑思维能力明显提高。这也促进了学生语、数、英等学科的综合发展，在数学学习上的表现尤为突出。三是促进了学生个性的良好发展。我们十分重视对学生自信心、社会竞争意识、独立能力的培养。学校经常组织学生参加不同类别的象棋大赛。通过比赛,学生的独立自主能力、自信心、社会竞争能力等都得到了锻炼和提高。

5. 书。设置书法课,改进写字课教学,强化中国书法教育,以之补充和拓展小学语文和艺术教育。重视培养学生的书法兴趣和爱好,培养学生的书法审美意识和初步的书法审美能力。强化书写技能训练,开展必要的书法常识教学;在硬笔书法教学的基础上,加强毛笔书法教学;在学习楷书的基础上,重视行书的学习;在临摹的基础上,注意体现学生个性;在字迹工整的基础上,讲求字迹协调、美观。我们十分注意将书法教学与美术教学相结合,不仅在书法课(写字课)上教书法,还在美术课上加以引导。学校非常重视发挥书法的育人功能,力图使学生在书写和欣赏过程中受到书法美的熏陶,以书品培育人品。现在,学校已经成为省、市、县书法家协会"书法进课堂"的示范学校。

6. 技。开设了烹饪、缝纫、洗涤、金工、木工、剪纸、修理等十几个项目,配备了专用教室和齐全的教学实践设备,形成了"集中学习、现场动手"的教育模式,由专职教师授课。开展小论文、小制作、小实验、小发明等丰富多样的科技、科普、劳技活动;培育学生学科学、用科学的意识、兴趣和动脑动手的习惯,培养学生的实践能力和科学精神;增强了学生的劳动观念,磨炼了学生的意志品质,使学生养成了良好的劳动习惯,以劳树德、以劳增智、以劳健体、以劳益美、以劳创新,全面提高了学生的综合素质。

在"新六艺"课程的设置与教学中,我们非常注意"新六艺"课程与国家课程、地方课程的协调配合,努力让学生继承、发扬中华民族优秀文化传统和革命传统,树立以爱国主义为核心的民族精神;注重培养学生的个性特长,养成健康的审美情趣和良好的行为习惯;注重培养学生的人文素养、科学素质、创新精神、实践能力,使学生初步具有中国心理、世界眼光、传统体认、现代意识,逐步形成正确的世界观、人生观、价值观,成为德、智、体、美、劳全面发展的一代新人。

东阿县第二实验小学不仅是一所学校,更是一个历史博物馆,一个珍品收藏所,一个美好事物集散地,一个给予孩子们最美好童年的天堂乐园、文化圣地。十九大的胜利召开,吹响了中华民族伟大复兴的号角,我们相信,坚持"仰圣教育"、用心传承优秀文化的东阿县第二实验小学,明天一定会更加美好!

倾情相约，让雷锋精神永驻校园*

张玉梅

阳春三月，临清市新华中学沐浴在温暖的阳光下，一颗颗学习雷锋精神的种子在发芽，成长，开花……

校园环境——雷锋精神正步走

走进新华中学，迎面看见的是“弘扬雷锋精神”展示栏，毛主席的题字“向雷锋同志学习”在阳光下熠熠闪光，雷锋的全心全意为人民服务精神、螺丝钉精神、助人为乐精神的实质在这里得到详尽的阐释。学生们学雷锋的各种实际行动在这里成为榜样。该校还利用教室内外板报、手抄报、班级展示框、橱窗、电子屏等阵地，宣传雷锋事迹和精神。各班通过利用班会时间组织学生观看影片《雷锋》，在音乐课上教唱歌曲《学习雷锋好榜样》等方式，让学生了解了雷锋同志生前的感人事迹，深刻领会了雷锋精神的实质，激发他们自觉地向雷锋同志学习。雷锋精神在新华中学正甩开臂膀，昂首挺胸，正步前行！

课堂教育——求学与做人并重

学校是教书育人的主阵地。新华中学抓住新学期开学的有利契机，在语文课、思想政治品德课、班会课、实践课中有机融入雷锋精神教育内容，把雷锋精神教育与理想信念教育、爱国主义教育、民族精神教育、社会主义荣辱观教育相结合。在此基础上，常抓不懈，进而形成课程化和常态化的德育工作模式。

---

* 本文原载《聊城教育》2016年4月第1期。

活动引领——拓宽育人新渠道

每周一升旗仪式上国旗下的讲话、全体学生宣誓、共唱爱国歌曲，使爱国爱校爱家的新时代雷锋精神沁入学生心脾。在“阳光大课间”，全体学生表演欢乐舞蹈《最炫民族风》等，既锻炼了身体，又愉悦了心情。手语表演《感恩的心》让感恩情怀沉淀在学生心田，注入他们灵魂深处，升华成人生最美的情感。“践行雷锋精神，争做优秀少年”演讲比赛，充分展示了新华学子昂扬向上的精神风貌，真切表达了他们自觉践行雷锋精神的信念和决心。每个班级里的“我就是雷锋”小分队，把好事从班内做到班外，从校内做到校外。教室、校园内优雅整洁，老师的办公室也窗明几净，学生就餐实行“军事化管理”：列队就餐，安静就餐，餐后自行清理桌面。老师们自愿亲自为学生盛汤送馒头，和谐的师生关系成为最美的风景。饭后，餐厅内活跃着“小雷锋”，他们擦桌子、拖地、洗碗的身影，忙碌而轻盈、充实而欢快。在学雷锋“真情手拉手”活动中，学生们自由组合，“一对一结对子”，这既让他们养成了助人为乐的好习惯，也在同学之间形成了互相帮助和促进的好风气。无论是学校有组织的活动，还是学生们自发的活动，无不成为新华中学育人的宽广渠道。

日常践行——浸润学生心深处

新华中学在“教师学雷锋，岗位树新风”“学生学雷锋，立德来践行”的德育基础上，提出实施三层次德育教育：以日常行为规范养成为内容的常规德育教育；以思想品德培养为目的的主题德育教育；以拓展德育内容为前提的随机德育教育。

为了避免学雷锋“三月来，四月走”，新华中学把学雷锋融入德育教育的全过程，让雷锋精神时刻熏陶、感染学生，真正实现学雷锋常态化。学校教育学生从弯腰捡起地上的一片纸屑、随手关上淌水的水龙头、及时关闭照明灯、见到老师问好、同学交往不打闹、主动为贫困学生捐款、用实际行动关爱父母等小事做起；利用我国传统节日和国庆节、建军节等培养学生良好的思想品德，扶正他们的人生航向，奠基他们的美好人生。新华学生都深深懂得，要从身边做起，从小事做起，以实际行动走近雷锋。

“驿路梨花处处开，雷锋精神代代传。”雷锋精神的传承与实践，使新华中学涌现出一批又一批雷锋式的好少年。目前，该校已逐步形成了“雷锋精神永驻新华，德育之花开遍校园”的德育特色，雷锋精神逐渐成为学校师生的一种生活态度、生活方式。我们坚信：在新华中学，倾情相约，让雷锋精神影响学生，使学生受益终生的目标一定能够实现！

聊城市技师学院校园文化建设纪实*

岳远涛　王雁翔

江北水城，历史悠久，人杰地灵。在这片底蕴丰厚的文化沃土里，孕育出一颗熠熠生辉的学界明珠——聊城市技师学院。学院始建于1958年，是山东省首批建立的九所市地技工学校之一，是党的领导干部的楷模孔繁森同志学习和工作过的地方，抗震救灾英雄柳德占也从这里走出校门……学院既有光荣的建校历史，又有丰厚的文化积淀。

现在的技师学院，占地面积500亩，建筑面积15万平方米，总投资8亿多元，建有25000平方米的实训楼和12000平方米的生产实习车间。这是一个高标准、高起点、设施齐全的现代化新校园。

突破困局谋方向

2013年8月，李友渔受命担任技师学院党委书记。上任后，他看着眼前建筑恢宏、整洁一新的校园，感到了责任的沉重。他心里明白：市委、市政府整合教育资源投资建立新校，绝不是叫我们穿新鞋走老路，一定要努力革除弊端，充实新内容，增加新内涵，赋予新校生机和活力。学院要腾飞，必须"瘦身""换血"，加注一针"强心剂"。

精神是支撑，文化是灵魂，扎实做好校园文化建设，乃是各项工作的重中之重。只有加强校园文化建设，才能增加全体职工的向心力、凝聚力和创造力，才更有利于学生的培养和成长。技师学院不缺少历史，也不缺少文化，关键是如何把这些因素进行归纳、提炼、升华，这也是学院文化建设重点考虑的核心所在。

经领导班子研究商讨，学院首先确定了校徽、校歌、校训、校风，并把"立德

---

* 本文原载《聊城教育》2016年12月第5期。

树人”作为学院教育的根本，用社会主义核心价值观引领德育工作，建设融入“红色文化、传统文化、工匠文化”的特色校园文化，营造出良好的育人环境。

校园文化谱新篇

学院西大门，欧阳中石先生为学院亲笔题写的“聊城市技师学院”七个大字赫然在目。右侧墙体书有习近平总书记的讲话：“要学习孔繁森同志的境界感，他有一句名言：爱的最高境界就是爱人民。”孔繁森，这个从技师学院走出去的党的领导干部的楷模，他的名字已不仅仅是个名字，更是一种力量、一种精神、一种文化符号。

（一）传承红色基因，培育红色精神

自学院西门步入校园，举目东望，繁森广场、雷锋广场、国旗广场依次排开。繁森广场紧接学院西大门，中央立有孔繁森同志铜像。这里已成为学院德育教育基地，对于弘扬繁森精神，推动校园文化和精神文明建设具有十分重要的意义。学院校园广播经常播放《公仆赞》和校歌，还定期开展孔繁森事迹报告会、讲孔繁森故事大赛等系列纪念活动。学院网站、校报、宣传栏开辟专栏宣传孔繁森事迹，帮助师生感悟繁森精神的内涵。繁森广场东侧是雷锋广场。习近平总书记指出，雷锋身上具有“信念的能量、大爱的胸怀、忘我的精神、进取的锐气”，这正是我们民族精神的最好写照。我院建设雷锋广场，就是希望莘莘学子更好地学习、践行这种民族精神。学院坚持以德树人，本着“先育人后教书”的教育理念，指导学生走“先成人再成才”的成长路子，充分利用模范人物的示范带动作用对学生进行品德教育。学院成立了“孔繁森志愿服务队”，各系也先后成立了“柳德占服务队”“雷锋班组服务队”等多个爱心公益组织。他们利用节假日帮助环卫部门清理护栏，协助交警维持交通秩序，长期到福利院、养老院提供爱心服务，用实际行动赢得了社会的认可和肯定。学院还举办了一系列“知史爱党”教育活动：召开党史专题报告会、组织观看红色影视片、举办“孔繁森故事”大讲赛、举办“纪念抗战胜利 70 周年”歌会……让学生接受国际主义、爱国主义和革命英雄主义的洗礼和教育。

汇智楼二楼大厅是红色文化区的终端，中堂东面墙体显要位置书有 8 个毛体大字——“团结紧张严肃活泼”。南北挂有两副巨画——“泰山十八盘”和“黄河奔流”，与屹立在学院南门附近的孔子塑像共同构成“一山一水一圣人”的文化景观。泰山为证，黄河为证，既有如此宏大的气魄，就没有理由不让人相信：聊城市技师学院定能立足聊城，面向全国，通过自身的努力，持续打造和巩固全国职业教育最高地，它必将成为聊城对外的又一张城市名片。

(二)弘扬传统美德,优化性情涵养

走进学院南门,便能感到一股扑面而来的浓浓的传统文化气息。传统文化区以孔子塑像为中心,以"二十四孝"及尊师励志雕塑群为延伸。孔子塑像总高度为9.28米,取9月28日孔子诞辰之义,体现出"大处讲章法,小处藏意境"的玄妙。"学而时习之,不亦说乎""己所不欲,勿施于人""言必信,行必果""择其善者而从之,其不善者而改之"……这些经典名句皆出自《论语》。学院选取其中的40句镌刻在底座围栏上,供大家瞻仰学习,同时借以表达对孔圣人的敬意。

古语云:"百善孝为先。"孝是中国优秀传统文化的重要组成部分,是中华民族的传统美德之一。文化广场向北的那条道路被称为"孔子大道",也被称作"孝德文化路",是宣传孝道文化的场地。道路两侧设有24块图文浮雕,反映的是我国古代"二十四孝"的故事。

孔子广场东西走向道路两侧,是尊师励志主题雕塑群。尊师重教主题雕塑有9座,概括为"师恩难忘";其他12座属于励志主题雕塑,概括为"奋发有为"。雕塑皆取材于我国历史上的真实故事,如大家熟知的"程门立雪""闻鸡起舞""凿壁偷光""苏秦刺股"等,目的就是利用历史故事,激励学生养成珍惜时光、奋发学习的良好品质。

学院还积极创造条件,让更多"优秀传统文化进校园",对受教育者进行全方位、多角度的渗透式教化。设立传统文化教学实践基地,多次邀请山东儒源文化集团创始人、孔子礼仪文化学校校长金辉等名师来校举行讲座,长期为教职工、学生和家长讲授"传统文化进校园系列课程"。我院力推"传统文化进校园",目的就在于纪念中华文化先贤,传承传统文化,培育和弘扬民族精神,建设积极向善的校园文化,引导学生规范言行,养成优秀品格,树立家国情怀。在"请进来"的同时,还实行"走出去"战略,派教师到外地学习,不断提高师资队伍的传统文化修养水平。

(三)锻炼精湛技艺,追求卓越品质

习近平总书记曾指出:职业教育是国民教育体系和人力资源开发的重要组成部分,要培育和践行社会主义核心价值观,着力提高人才培养质量,弘扬劳动光荣、技能宝贵、创造伟大的时代风尚。技师学院是培养技术人才的院校,宣传倡导工匠精神理应成为校园文化建设的一部分。那么,什么是工匠精神?工匠精神具体到个人层面,就是一种认真敬业的精神。其核心是具有对职业敬畏、对工作执着、对产品负责的态度,注重细节,追求完美,一丝不苟,精益求精。

工匠精神的培养，离不开工匠文化的建设。在工匠文化展示区，首先看到的是“室外机床博物馆”，露天陈列有包括车、铣、刨、磨、钻等多种类型的实训设备33台，每台都配有相应的文字说明，包括机床名称、生产时间、主要功能等。它们原本都是退出教学一线的老旧设备，功能已作古，但设备自身犹在。学院给这些“古董宝贝们”集体起了个十分雅致的名字——“时代的记忆”。其次看到的是鲁班、蔡伦、瓦特、爱迪生等12位中外科学巨匠的铜质铸像，学院以此激励广大学子向巨匠致敬，学习他们坚韧不拔的意志品格和追求卓越的职业精神，练就精湛技艺，习得工匠精神，成就出彩人生。

2015年学院参加山东省职业院校技能大赛，“液压与气动系统装调与维护”项目获一等奖，实现了我市中职学校参赛历史上一等奖零的突破。省专家组在考察后评价我院“硬件很硬，软件不软，特色明显”。当前，聊城市技师学院已成为“山东省现代学徒制”试点学校和山东省首批“教育信息化试点单位”，创设的361高效课堂被教育部推荐为典型案例向全国推广。2015年10月，学校被正式确定为“国家职业教育改革发展示范学校”。

环境孕育希望，理念放飞未来。置身于工匠文化展示区，会自然而然地被伟人的魅力折服，感受到他们对待科学严谨认真的作风和一丝不苟的态度，从而在精神层面和伟人们进行一次无声的心灵对话。这对学生优秀品格的形成起到潜移默化的教育作用。

书香致远气自华

近几年来，学院加强以“红色文化”“传统文化”“工匠文化”为特色的校园文化建设，让每名学生“扣好人生的第一粒扣子”，使每位技师学院人“都有人生出彩的机会”。当前，“学院发展我发展，我与学院共发展”已经成为大家的精神共识。聊城市技师学院犹如一只装备精良的战舰，满怀信心，满载希望，精神抖擞，劈风斩浪，向着胜利，扬帆起航。

伴随着下课铃声的响起，安静的校园渐渐变得活跃起来。同学们走出教室，来到操场上，湖水边，绿荫下……校园里到处闪动着年轻的身影，到处荡漾着青春的笑声。此时校园广播悄然响起，播放的是校歌：“放飞梦想，展翅翱翔，共创辉煌，走向明天……”

培育学校泉文化，弘扬中华传统美德*

王廷坤

近年来，冠县清泉中学积极培育学校“泉文化”，努力增强学校教育、传统美德教育、家庭教育的一致性，形成了“心齐、劲足、家和”的良好氛围。

一、解读“泉文化”

《说文》：“泉，水原也。象水流出成川形。”“泉”字也作“洤”。“洤”字从水从全，而“全”的本意为“纯玉”。故“洤”意为“纯水”或“水质如玉”“品质如玉”。“清泉”，好美的名字！既像《诗经》里的句子，纯净透明得不含一点杂质，又像唐诗宋词里的句子，意境深远，回味悠长。唐朝大诗人王维在《山居秋暝》中就有这样的诗句：“明月松间照，清泉石上流。”

水为泉之流。先哲圣贤对水有很多论述。老子在《道德经》中说道：“上善若水，水善利万物而不争，处众人之所恶，故几于道。”孔子也说：“君子见大水必观。”因为水有这样的优秀品质：长流不息，惠及一切生物就是有德；流必向下，不逆成形，或方或长，必循理，就是有义；浩大无尽，就是有道；流向万丈山之涧，毫不畏惧，就是有勇；安放没有高低不平，就是守法；量见多少，不用削刮，就是正直；无孔不入，就是明察；发源必自西，就是立志。

“泉”，看似无形却聚力聚气，敞开心扉包容接纳；看似柔弱却充满智慧，以柔克刚能屈能伸；看似平静却果敢勇毅，万丈之涧毫不畏惧。惠利万物而不争，周济天下而无私，故近道无尤。

“泉文化”的核心思想包括：泉之道——遵义循理、浩大有道；泉之德——仁爱至善、惠及万物；泉之容——虚怀若谷、容纳百川；泉之韵——鲜活灵动、清澈博雅；泉之柔——刚柔相济、动静得法；泉之志——清正高远、广蕴笃志。基于

* 本文原载《聊城教育》2016 年 12 月第 5 期。

"泉"的优秀品质,结合我校的实际情况,我们确定了自己的核心办学理念:让每一滴清泉都闪光。期望每一位清泉学子无论走到哪里都成为弘德之泉。

二、"泉文化"与优秀传统文化相结合

中华优秀传统文化博大精深,好的家风家训都是优秀传统文化的组成部分。

让家长影响家庭。我们把家长请到学校,利用国学堂和家长一起学习《养志读本》,或让家长讲师团成员解读《论语》《朱子家训》等传统文化经典。通过这些举措,让家长们从优秀传统文化中汲取营养,培养"君子风度、儒雅品格",进而影响家庭、影响孩子,最终让孩子能够"高境界做人、高品质学习、高水平做事"。

清泉中学提出了"以文化人,润泽心灵"的口号,把孩子的心灵作为传播和弘扬中华优秀传统文化的主阵地。我校采取了一系列举措:一是环境熏陶。我们设置了以儒家文化为主题的儒苑。苑区设置外圆内方,中间立孔子像,外围长廊按照仁、义、礼、智、信、忠、孝、廉、耻、勇等 20 个德目,对《论语》进行了分类;五个楼梯也装饰了《大学》《中庸》《孟子》《弟子规》等内容,同时将楼梯分别命名为仁梯、义梯、礼梯、智梯和信梯。学生见到老师都鞠躬行礼、问好,文明礼仪已经成为清泉中学的一张名片。二是家风家训家规征集。让孩子和家长一起总结家风家训家规,孩子的参与有效带动了家长,也促进了家长的成长。三是亲子阅读。我们利用校本教材《弟子规》《教师家文化》《学生家文化》,让家长和孩子一起学习,共写学习心得。学生自编自导自演的《孟母三迁》被山东省教育厅评为优秀奖,大型经典诵读《圣贤之光耀我中华》在聊城市初中教育教学现场会上展演并获得好评。今年 7 月份,冠县家庭教育讲师杜雪被中华优秀传统文化家庭教育课题组邀请到沈阳、淮南等地讲学,她的课堂被评为全国家庭教育优秀课堂。

三、"泉文化"与社会实践相结合

学校让家长和学生共同参观鲁西北地委旧址、武训纪念馆等场所,接受红色教育、传统教育。聘请京剧爱好者朱振国、国家非物质文化遗产查拳传人沙宗朝进校园,弘扬优秀传统文化,增强学生的历史使命感和责任心。通过观看鲁西北地委旧址等红色教育基地,学生们进一步了解了我国革命历史,受到了生动的革命传统教育。

四、"泉文化"引领学校内涵发展

我们推出了独具特色的"清泉十景",分别是:清泉松照、鲤跳龙门、曲水流觞、智源竹韵、杏坛春秋、银汀映雪、红色引航、稼轩偷闲、百家讲堂、释心乐园。

"泉文化"自然景观分为四大板块:

以"清泉"为主景的希望之泉。整个景区从空中看是古代篆书"泉"字。汩汩泉水从石缝流出,汇聚清泉之中,山的南面两棵挺拔的泰山松相互映衬,展现了"明月松间照,清泉石上流"的绝美佳境。假山两侧是两块硕大的泰山石,像两扇敞开的大门,山顶上有一块酷似鲤鱼的石头,寓意为鲤鱼跳龙门,希望每一位清泉学子都能成人成才。湖边大理石板上雕刻着核心办学理念及王维的《山居秋暝》诗句。四周草坪吐绿,百花争妍,杨柳拂面。生态环境好了,也吸引了五颜六色的鸟儿来访。

以"翠园"为主景的智慧之泉。整个景区,融入了老子的"上善若水,水善利万物而不争"和孔子的"水有五德"的理念,有山有水。山是泉之源,挺拔厚重;溪是泉之脉,秀丽灵动。"问渠哪得清如许?为有源头活水来。"泉穴幽然,泉池幽深,泉水从洞口涌出,珠帘般垂下,喷珠溅玉,在池面铺开,状如白花,然后软软而出,流入小溪,滋养万物。园区设计匠心独运,连廊曲折,绿草如茵,花果飘香,流水潺潺,生机盎然。孩子们坐在泉边,心会自然而然地静下来,感悟自然和人生之道。

以"儒苑"为主景的文明之泉。苑区设置外圆内方,中间是孔子塑像,塑像四周围绕着不同颜色的植物。红叶石楠组成的四朵祥云图案格外醒目,寓意伟大的祖国国泰民安、和谐吉祥。俯视整个苑区,仿佛看到古代的窗子,寓意为传道、授业、解惑的窗口。我们认为学好《论语》能从修身、言行、礼仪、处事、交友、志向等方面影响师生的发展,所以外围长廊按照仁、义、礼、智、信、忠、孝、廉、耻、勇等20个德目对《论语》进行了分类。五个楼梯也张贴了《大学》《中庸》《孟子》《弟子规》等相关内容,并且把五个楼梯分别命名为仁梯、义梯、礼梯、智梯、信梯。中华文明源远流长,优秀的传统文化博大精深,寓意深远,有孝悌和亲的伦理文化,有文质彬彬的礼乐文化,有远神近人的人本信仰。师生沐浴在浓郁的传统文化氛围之中,不仅能领会中华优秀传统文化的精髓,还能有一种穿越时空,与先贤对话的感觉。

以"领袖塑像"为主景的幸福之泉。用汉白玉雕刻的毛主席塑像高4.1米,背景墙高8.3米,墙面喷塑毛主席的词作《沁园春·雪》。主席像两侧是两棵青松,庄严肃穆;周边是冬青,象征万古长青。此板块的设置目的是让师生体会幸福生活的来之不易，不忘为祖国的解放事业献出鲜血和生命的先烈们，以此激发师生感恩党、感恩社会的强烈意识。

四大板块的设置紧紧围绕“泉文化”这个主题。走红色大道享幸福之泉；览春秋祥云传文明之泉；观智源溪水悟智慧之泉；游清泉美景沐希望之泉。请闭上眼睛遐想：一所朝气蓬勃的学校里，有小山有溪水，有草绿有花香，有蓝天有白云，学子们快乐地生活其中，构成一幅和谐恬美的画卷。景美则心旷，心旷则神怡，神怡则智清，智清则学佳。这，不正是我们办学的初衷吗？

五、“泉文化”塑人：社会新课堂加强“礼仪廉耻”教育

在学校，提起“我们的节日”，很多学生都会兴奋地告诉你：“那是我们最幸福的时刻！”春节、元宵节、重阳节……在学校的精心策划下，这些传统节日活动，学生都积极参与，从中感受中华文化的魅力。学校还组织学生到敬老院、留守儿童家中慰问，加强“礼仪廉耻”的教育，让学生树立尊老爱幼的理念，涵养高尚的道德情操。

六、“泉文化”硕果：校本课程《弟子规》开发成功

让学生与圣贤为友，与经典同行。清泉中学将《弟子规》编印成校本教材，在寒暑假发放给学生和家长。学生在暑假和寒假诵读《弟子规》经典内容，可以汲取养分，加强礼仪、诚信教育，培养良好习惯。2014 年 4 月，在校园文化交流培训活动暨全国校园媒体百佳示范校现场展示会上，清泉中学的校园文化《行得春风化秋实》荣获一等奖，获得推介展示。2014 年 11 月，学校获得“2014 年中国校园媒体建设百佳示范学校”的荣誉称号。

近年来，清泉中学积极培育学校“泉文化”，不断传承和弘扬优秀传统文化，让“泉文化”与传统文化教育变成了一本能影响学生观念、制约学生行为的生动教科书。

小细节成就大教育*

——冠县武训实验小学细节教育侧记

王向阳　郭　毅　顾　森

冠县武训实验小学遵循“教育无小事，小事成就大人生”的原则，以班会为起点，以平时的互相监督为抓手，以家校共育为合力，对学生提出明确的行为要求。学校主要从“路队管理”“自觉扶门”“弯腰捡纸片”“文明就餐”等小事抓起，从小细节上修正孩子们的行为，努力把他们培养成为讲文明、有修养的人。

路队管理修素养

学校倡导学生家长到指定接送点接送孩子。上学时，学生从每个班的家长接送点开始自觉排队按次序步入校园，走到校门口时自觉变队，低、中、高年级各自形成一列纵队。学生佩戴红领巾，着装整齐，昂首挺胸，安静地走进学校，然后按照教室所在的位置有序进入楼门、步入教室。

放学时，要求各班严格执行错时放学制度，值周教师必须提前到各楼层站位，做好楼梯间安全疏导准备。实行教师护送路队制度，要求班主任及跟班老师把学生护送到规定地点，低年级班主任必须等到家长接完最后一名学生方可回校。建立学生自我管理机制，充分发挥学生路队的凝聚力和约束力，让同学们相互提醒、相互监督，共同遵守交通规则，避免学生中途滞留玩耍和不按时回家。学校安排值周教师在指定地点对各班路队进行检查监督，并公布检查情况，计入班级考核。

---

* 本文原载《聊城教育》2016 年 12 月第 5 期。

自觉扶门重礼仪

“你好，请进！”“谢谢你帮我扶门。”这是冠县武训实验小学的学生进出教学楼楼门时常见的情景。为发扬优良传统，倡导文明礼仪，树立文明校园新风，培养学生“讲文明、讲礼貌”的优良品德，学校开展了“文明礼仪，我从扶门做起”的主题教育活动。各班教师根据活动要求和学生年龄特点，有目的、有计划地在班级开展系列活动，让学生从扶门这一小事中体会到团结友爱、文明礼貌带来的快乐。“扶门”的小主题教育有助于提高全体学生的文明素养，使全体学生的语言更文明，行为更规范；时刻提醒学生遵守公德、严于律己、礼貌待人，养成良好的行为习惯。

弯腰捡纸促文明

弯弯腰，捡起一片废纸，看似是一件不起眼的小事、一个不经意的小动作，但它体现出的却是学生高尚的品行、良好的习惯以及对班级、对校园的爱。学校发出倡议：当你弯弯腰捡起一片废纸时，你会发现一种未曾体验过的喜悦——教室因为我变得更干净了，校园因为我变得更整洁了。你的举动会赢得同学们的尊敬和老师们的赞赏，更会感染更多的同学加入美化校园的行列中来。当我们每一个人都愿意弯弯腰捡起散落的垃圾、纸屑时，我们的校园才会呈现出一种真正的美——心灵美。

学校通过倡议让学生行动起来，每天弯弯腰，为创造美好的校园环境奉献爱心和力量。弯腰精神注入了冠县武训实验小学每个人的心田，弯腰行动成为校园一道最美丽的风景。

文明就餐显气质

为倡导文明节俭之风，让学生养成良好用餐习惯，培养学生珍惜劳动果实的品质，学校组织开展了“文明餐桌，节俭养德”活动，在学校食堂悬挂了标语、制作了温馨提示牌、设置了文明就餐监督岗等。学校食堂里随处可见“节约粮食，远离浪费”“饮食是文化，请从窗口文明做起”“有序用餐，文明用餐”等温馨提示。孩子们就餐时有秩序地进入餐厅，有专门的跟班教师和值班学生分发午餐饭菜。

学生们文明就餐后，会自觉擦干净餐桌凳，把餐具送到洗刷间，然后安静离开。

冠县武训实验小学从点滴抓起，注重细节教育的做法已初见成效。很多孩子把自己养成的好习惯带到了家庭、社会，受到广泛好评。

市教育局组织学习孔繁森先进事迹暨庆“七一”主题党日活动*

刘　杨

6 月 30 日下午，为深入学习孔繁森同志的光辉事迹，弘扬党的优良传统作风，市教育局组织全体党员 60 余人赴全国爱国主义教育示范基地、全国党员领导干部教育基地——孔繁森纪念馆进行了参观学习。

全体党员首先瞻仰了孔繁森同志的塑像，敬献了花篮，并怀着崇敬的心情三鞠躬，表达了深深的敬意，随后列队举行了重温入党誓词活动。

在随后的讲解中，全体党员通过《齐鲁赤子·时代新人》《听党召唤·敢于担当》《汗洒高原·再谱新篇》《情深意重·大爱无疆》《星陨边陲·魂归故里》《光耀神州·精神永存》这六个篇章的内容，进一步加深了对孔繁森同志短暂而又辉煌的一生的认识。

参观结束后，全体党员有感而发，纷纷表示要持续学习孔繁森精神，坚定共产主义理想信念，争做孔繁森式的好党员、好干部；更要做好本职工作，办好人民满意的教育，为我市的教育事业发展增力量、做表率。

---

* 本文原载《聊城教育》2017 年 8 月第 4 期。

我市教育系统设立中华优秀传统文化培训基地*

刘振兴

12月22日，聊城市教育系统中华优秀传统文化培训基地在聊城同心国学院揭牌。市教育局党组书记、局长哈宝泉，市教育局副县级督学郝晓萍一行来到聊城同心国学院，就中华优秀传统文化教育事宜进行调研并为聊城市教育系统中华优秀传统文化培训基地揭牌。

调研期间，哈宝泉听取了国学院执行副院长的工作汇报，充分肯定了同心国学院过去几年在传承和弘扬中华优秀传统文化工作中取得的成绩。哈宝泉指出，设立中华优秀传统文化培训基地，符合党的十九大坚守中华文化立场这一重要精神要求，符合全市教育事业发展的客观要求，将有效促进我市教育工作者提高个人的传统文化修养，进而提高全市广大学生的优秀传统文化素质。

哈宝泉强调，党的十九大报告明确指出文化自信是一个国家、一个民族发展中更基本、更深沉、更持久的力量。中华优秀传统文化是中华民族的精神命脉，是中华民族的突出优势，是文化自信的重要来源。全市教育系统要充分利用好中华优秀传统文化培训基地这一平台，通过培训或研修活动，使老师们能够认识到传统文化的价值，提高传统文化的素养，在教育教学中自觉地按照教育规律办事，使优秀传统文化教育能够持久、有效、健康地进行，促进我市教育工作水平再上新台阶。

---

* 本文原载《聊城教育》2017年12月第6期。

市教育局举办宪法日宣传教育活动*

高　洁

12月4日上午，按照市统一安排，市教育局在人民广场举办第二个“国家宪法日”专题宣传教育活动，就人民群众关心的教育政策法规问题接受咨询。

为搞好这次活动，市教育局专门制作了宣传标语，印发了宣传手册。不少群众走到教育局展台前驻足观看，就感兴趣的问题咨询提问，现场工作人员为他们发放了《中华人民共和国宪法》《中华人民共和国义务教育法》《中华人民共和国教师法》《中华人民共和国未成年人保护法》《国家宪法日宪法晨读参考》等宣传资料。

上午10时许，市委常委、政法委书记刘强来到教育局展台前，就教育系统宪法及教育政策法规宣传教育活动开展情况进行了了解。他强调，青少年是法治教育的重中之重，宪法教育要从小抓起，宪法意识要从小培育，各级教育部门、各级各类学校要切实做好青少年学生的法治教育。

除宪法日宣传教育活动，市教育局还在全市中小学开展了宪法晨读活动，组织青少年学生参加了教育部开展的法治知识网络大赛，参赛学生数达58641人次。通过形式多样的活动，形成了全市教育系统学宪法、维护宪法权威的浓厚氛围。

---

* 本文原载《聊城教育》2015年12月第3期。

传承民族经典，描绘中国梦想*

——阳谷县成功举办首届中小学生汉字听写大赛

刘晓琳

汉字是中华文明的载体和基础，是中华民族智慧的结晶，有着深厚的文化意蕴和文化魅力。为弘扬传统文化，培养中小学生对祖国语言文字的热爱，提高学习素养，倡导正确书写、使用汉字，7 月 22 日，由阳谷县委宣传部、县教育局、县广播电影电视中心主办，县新华书店协办，县电视台承办的首届中小学生汉字听写大赛在县广播电影电视中心举行。县委宣传部部长、统战部部长马颖，县人大副主任程仁国，县政协副主席孙兰华，县政府党组成员、祥光经济开发区管委会主任袁广斌，县教育局局长张文芳出席活动并为获奖师生颁奖。

据了解，比赛分小学组、中学组进行，来自全县 49 所中小学的学生参加比赛。经过预赛、半决赛两个阶段，选出小学组、中学组共计 24 名选手参加最后的决赛。决赛分别产生小学组、中学组冠、亚、季军。为了激励学生的汉文化热，进入决赛的选手全部获得优秀奖，参赛学校获得团体奖。比赛内容以《通用规范汉字表》中的规范汉字和组委会下发的基础题库为主。决赛采取淘汰制，一、二轮淘汰 9 名选手，第三轮按照选手书写正确率，评选出冠、亚、季军。最后，来自实验小学的曹景洋同学获得小学组冠军，来自高庙王中学的董天舒同学获得中学组冠军。

比赛过程中，绝大部分选手沉着冷静，思维敏捷，答题审慎，特别是对于些生僻词语如“倾箱倒箧”“檄文”“撺掇”等都能在 30 秒时间内正确规范地书写出来，不时赢得在场观众的阵阵掌声。

举办首届中小学生汉字听写大赛，是为了弘扬我国优秀传统文化，促进规范书写、规范用字，丰富师生的文化生活，让学生更好地了解中国汉字的博大精深，从而培养起热爱汉字、保护汉字的意识。

---

* 本文原载《聊城教育》2016 年 8 月第 3 期。

聊城市举行第二届中小学生“学宪法讲宪法”活动演讲大赛*

郭　敏

聊城市青少年学宪法、讲宪法蔚然成风。9 月 30 日上午，聊城市第二届中小学生“学宪法讲宪法”活动演讲大赛在美丽如画的江北水城隆重举行。

聊城市教育局党组成员、正县级督学田凤奎，聊城市司法局党组成员、市普法办主任吕佩军等领导参加这次活动。根据省教育厅《关于做好第二届全国学生“学宪法讲宪法”活动省级决赛有关工作的通知》精神，为做好组织学生参加第二届全国学生“学宪法讲宪法”活动的工作，市教育局和市司法局携手组织了这次“学宪法讲宪法”活动演讲大赛。

来自聊城市 11 个县(市、区)和市直各学校的精英选手，经过层层选拔，汇聚到运河岸边的一所全国名校——聊城一中。参加本次大赛的选手共有 34 名，分为小学、初中、高中(中职)三组；指导教师、评委、工作人员及聊城市电视台等媒体记者共 130 余名，可谓盛况空前。大赛分三个赛场分别进行。

在开幕式上，田凤奎指出，宪法教育是法制教育与国民教育的基础，更是青少年法制教育的基础。法制走进校园，要采用不同的方式对不同年龄段的学生进行宪法教育，要通过长期的教育、潜移默化的引导，以及通俗的寓教于乐的形式普及宪法知识与理念。青少年是祖国的未来、祖国的希望，少年强则国强。青少年一代要更好地学宪法、讲宪法，将自强铭记于心，将宪法精神内化于心，外化于行。

经过一上午紧张而有序的比赛，聊城一中陈文静、临清京华中学张腾远、开发区实验小学张逸凡、高唐县第一实验小学高悠然等选手脱颖而出。各组评选出的特等奖选手晋级全省决赛。同时也推选出王现忠等 9 名优秀指导教师，授予聊城一中等 3 所学校优秀组织奖。

---

* 本文原载《聊城教育》2017 年 10 月第 5 期。

冠县大阅读让学生气自华*

申洪举　相春喜

为培养学生的阅读兴趣，促进学生全面发展，近年来，冠县全面开展学生阅读活动，掀起了阅读活动新高潮。

一是激发学生阅读兴趣，丰富积累，培养良好语感。活动把义务教育《语文课程标准》(2011 版)要求的必背篇目作为保底内容，同时大力倡导海量阅读，积极落实学生阅读“500 工程”，即小学阶段至少背诵经典古诗词 400 首，阅读(或欣赏)名著、名文、名片、名曲、名画 100 部(或篇、首、幅)。

二是引导学生博览群书，增长见识，发挥潜能。活动要求学校做到每周有任务，强调不同书目选用不同的阅读方法，强调背诵精彩章节，强调对经典图书反复品读。同时要求各学校开展丰富多彩的展示活动，展示学生的阅读成果。有计划地创新开展形式多样的活动，如举行经典、美文诵读比赛，评选读书大王、读书状元、书香班级、书香家庭，举办诵读会、故事会，编排小品、课本剧、相声等，激发学生读书兴趣，共享读书收获。

三是有效构建课外阅读体系，使学生养成终身学习的良好习惯。各学校加强图书室建设，成立“阅读专题研究小组”，阅读书目由优秀教师推荐确定，保障图书质量，满足学生阅读的需求。配备“必读书目”和“推荐书目”，让学生了解哪些是真正的好书。“必读书目”要以最大班额为标准购置。利用好现有的图书室，充实图书种类，建设好学生阅览室。健全图书借阅制度，方便学生借阅。建立以班级为单位的图书角，促进学生间图书的交流，将不流动的图书变为“行走的图书”，实现图书资源的共享。积极建设阅读网站，发掘电子图书信息，建立读书论坛，开辟教师、学生博客读书专栏，为学生提供阅读保障。

四是加强督导，建立学生阅读的常态机制。为了确保全县小学阅读活动有效、规范、深入、有序地开展，教育局成立由教育局党组书记、局长董建国任组长

---

* 本文原载《聊城教育》2016 年 4 月第 1 期。

的全县小学阅读活动领导小组和由教育局党组成员、政府督导室主任周卓民任组长的全县小学阅读活动指导小组，下设办公室，地点设在小学教研室。各学校成立以校长为主要责任人的组织机构，具体负责阅读活动的落实。制定各种规章制度，通过多种评价机制进一步加以规范、约束，形成促进阅读活动顺利实施的有效机制，从而促进学校有计划、有部署、有检查、有落实地开展阅读活动。

阅读活动的开展，在全县营造了良好的书香氛围，使阅读真正成为学生的自觉行动和生活需要，使学生养成良好的阅读习惯，使琅琅书声成为学校特色，逐步形成独特的学校文化。

教学质量

大力提高教学质量，认真办好人民满意的教育*

哈宝泉

一、大力提高教学质量必须提高认识

提高教学质量是推动经济社会发展的重要力量。经济社会的发展离不开人才，而人才培养要依靠高质量的教育，教育兴则百业兴。从长远看，一个地方人民素质的高低、掌握知识的程度、拥有人才的数量，决定着其经济社会的发展速度、发展质量和发展后劲；从经济社会变革看，人类社会的每一次产业革命和技术进步，都得益于教育事业的全面发展，都得益于有一大批高素质人才作为支撑。教育质量是教学质量的上位概念，教育质量的高低最终要体现在教学质量上。大面积提高教学质量，对经济发展和社会进步有着重要的推动作用。

提高教学质量是回应民生关切的重要内容。教育是民生之首，寄托着亿万家庭对美好未来的希望，寄托着人民对美好生活的向往。党的十八大提出"努力办好人民满意的教育"，充分体现了国家对教育的要求、社会对教育的关切、群众对教育的期盼。改革开放以来，我国教育事业的发展成就举世瞩目，但是也要清醒地认识到，我们的教育质量与人民群众的期待还有较大差距，尤其是人民群众对"上好学"的渴望越来越强烈，现在这一问题已成为民生关注的重要热点问题之一。我们要回应好人民群众的新期待，就必须努力做好提高教学质量这篇文章，用教学质量的提升满足人民群众对优质教育资源的需求。

提高教学质量是推进我市教育改革的重要环节。党的十八大报告提出的"全面实施素质教育，深化教育领域综合改革，着力提高教育质量，培养学生创

* 本文原载《聊城教育》2015年10月第2期。

新精神"为我市教育综合改革指明了方向。在充分调研的基础上，我市确立了教育系统"321"工作思路，即大力推进"教学质量、师德建设、立德树人"三项重点工作，实现"事业和文化"两大目标，打造"以三项工作为支柱、两大目标为追求的聊城教育品牌"。在落实"321"工作思路的过程中，必须始终将提高教学质量放在首要位置牢牢把握，以教学质量提升为目标，深化课程改革，加强现代化学校建设，加强教师队伍建设，将教育综合改革引向深入。

二、大力提高教学质量必须突出重点

提高教学质量要紧紧围绕"高考升入高校的学生万人比居全省中上游；升入重点大学的学生数逐年有所突破；各县(市、区)每个学段至少有1所在全市、全省乃至全国具有影响力的'特色学校'；各县(市、区)每个学段里每个学科至少有1名在全市、全省乃至全国有知名度的'名师'"这一目标，切实做到"六个加强"。

一是加强课程计划的实施。全面落实课程计划，是实施素质教育的基本保障。各级各类学校要严格执行国家课程计划，全面实施国家课程标准，开齐课程、开全课时；各级教育行政部门要加大对课程研究和课程落实的检查力度，特别是加大对音乐、体育、美术、综合实践活动、科学以及物理、化学、生物实验教学的检查力度；要积极开展校本研究，加大校本课程的开发力度，完善国家、地方和校本三级课程的管理体系，确保素质教育的有效实施。

二是加强教学常规落实。教学常规的扎实落实，是教学质量提高的基础和保障。要认真研究教学常规各环节对提高教学质量的作用，确保教学常规各环节实施的科学性和实效性；充分发挥教研指导作用，使备课全面完整，上课紧凑高效，作业科学合理，检测反馈及时。

三是加强对教师的培训。"有什么样的教师，才有什么样的学生。"要按照习近平总书记提出的有"理想信念、道德情操、扎实学识、仁爱之心"的"好老师"的标准要求和培训教师。要关注教师的道德修养，提升教师的人格品质，打造"爱心型"教师；要关注教师的专业发展，提高教师的专业理念、专业知识、专业能力，打造"智慧型"教师；要树立"教育家办教育"的理念，引导教师更新教学观念，加强先进教学理论学习，打造"科研型"教师；要树立"人以校名，校以人名"的思想，加强"名师培养工程"建设，建设一支高素质教师队伍，培养一批在省内外有一定影响力的教育教学专家，为教学质量的提升提供有力保障。

四是加强教学资源的开发与利用。教学资源是课堂教学活动的重要媒介，是激发学生兴趣、启迪学生思维、培养学生能力、构建高效课堂的重要因素。广大教师要认真研究教材特点和编排结构，对教材的显性和隐性资源进行有效开发与利用；要善于利用学生资源，激发学生的学习兴趣；要利用好社区和家庭资源，增强学生的心理体验；要加强信息技术教学资源的开发与利用，开阔师生视野，促进思想转变，催生新的教学方法和手段；要加强“校本课程”研发，促进学生“个性”发展，体现学校的办学特色。

五是加强课堂教学改革，构建高效课堂。改进课堂教学策略和方法，提高课堂效益，是提高教学质量的重要手段。要积极落实“以学生为主体”的教学原则，赋予学生更多的参与课堂活动的权力，构建民主课堂；建立良好的师生关系，构建和谐课堂；开放教学资源和学习时间，构建开放课堂；激发学生的学习情感，构建活力课堂。要积极落实“以教师为主导”的教学原则，转变教师的角色，促使教师成为课堂教学资源的提供者、活动的组织者、问题的设计者、评价的促进者和知识的解惑者。

六是加强教研方式的创新，提高教研质量。有效开展教学研究活动，有助于更新教学观念，凝聚教学智慧，助推教学改革，提高教学质量。各级教育行政部门和各级各类学校要积极创新教研方式和教研内容，提升教研质量。要在教研中渗透科研意识，用科研的思维指导教研活动，使教研活动具有更强的“问题性、科学性”；要加强“校本研究”，积极推进“课堂观察”的“专业听评课”方式，提高听评课质量；要积极探索“网络教研”形式，形成有效的“学习共同体”，提升教师的业务素质；要继续开展好“区域教研活动”，达到相互学习、相互借鉴、相互提高的目的。

三、大力提高教学质量必须讲究方法

1. 做到“四个引领”。一是理论引领。要有计划地组织教师学习先进的教育教学理论，更新教学观念，提高开展教育科研和教学改革的自觉性。二是专家引领。要坚持“走出去，请进来”，聆听专家的报告，接受专家的指导；要做好“名帅培养”工程，培养一大批“专家型”的教师；要充分发挥“齐鲁名师”“齐鲁名校长”“水城名师”“水城名校长”的作用，坚持“名师送教下乡”活动，传播先进教育思想，点燃课堂教学改革之火。三是典型引领。要组织学习和借鉴全国、全省以及我市的教改先进典型经验，整合我们的教学资源，大力加强教学改革；要努力打造一批具有办学特色的先进典型，发挥典型的辐射作用，营造“创新奋进”的教学文化氛围。四是课题引领。要坚持“问题即是课题”的观念，用课题引领理论的学习，用课题引领教改的实践，用课题推动成果的生成；要形成“校校有课题，人人参与研究”的局面，广大教师要积极开展“草根课题”的研究，教育科研部门和学科教研人员要有统领本学段、本专业的科研课题，引领教师的专业发展，引领课堂教学改革。

2. 做到“四个推进”。一是指导推进。要遵循“没有调查就没有发言权”的原则，深入课堂，走近学生，了解教情，具体指导。在调研中寻找影响教学质量的症结，在视导中解决影响教学质量的问题，在交流中创新提高教学质量的措施。二是活动推进。组织开展“主题活动”是提高教学质量的有效“载体”。要有计划地开展研讨会、观摩会、培训会、现场会等一系列活动，促进课程计划落实，促进教学研究和教育科研有效开展，促进办学水平提高，促进教师专业成长，促进课堂教学改革，促进教学质量提高。三是评价推进。教师要重视对学生学习的诊断性评价、过程性评价和终结性评价的有效操作，及时掌握学情，调控教学计划、教学方法和教学策略；学校要重视对教师教学成绩多元性评价指标的改革，关注教师的专业发展，调动教师的教学热情；各级教育行政部门要创新评价机制，管控各区域、各学校的教学质量的差异。要组织开展课堂大赛、教学能手评选、科研成果评选等一系列评选活动，促进教师对课堂教学的研究，推动一批科研成果的生成，发现、培植一大批优秀、骨干教师，提高教师队伍的整体素质。四是督导推进。各级教育行政部门要制定有效促进教学质量提高的详细评估细则，推动各项提高教学质量的措施有效实施。各级各类学校也要建立专门督导机构，完善督导评估机制，有效管控教学质量各项指标的落实。

教研引领，模式推进*

——初中教研室2017年工作总结及2018年工作思路

张维宪

一、2017年工作总结

在聊城市教育局党组的正确领导下，2017年初中教研室全体同志紧紧围绕“教学质量、师德建设、立德树人”三项重点工作，进一步强化服务意识、效率意识、创新意识，认真履行研究、引领、指导、服务职能，各项工作进展顺利，成效显著。

（一）做好研究——夯实教研工作的基础

研究是教研员的天职。只有研究到位，教研员才能有底气去指导、服务。一年来，教研室全体同志积极进行政策研究，研究党和国家有关教育的方针和政策，为教育决策的调整提供可靠的依据；进行以课题研究为主要形式的教育科研，跟踪教育科学研究的最新成果及其发展趋势；进行教学研究，努力提高自己的教研水平。组织广大教师开展教学研究，促进教师专业发展，积极参与教改实验，制定实验方案，培训实验教师，指导实验教学。

教研员紧紧围绕重点工作，沉下去，踏实工作；走出去，学习他人之长；坐下来，开展教研活动；钻进去，培养青年教师。依据《聊城市初中各学科课堂教学评价标准》，在全市大力推行“四化三量双生一活”教学模式。以学科突破带动学校发展，培养学生的核心素养。完善区域教研，促进教育均衡发展。加大教育信息化研究力度，促进现代教育技术与教育教学的深度融合。

---

* 本文原载《聊城教育》2017年12月第6期。

（二）培养青年教师——筑牢教育发展之本

教育大计，教师为本。培养指导青年教师是教研工作的重中之重。2008年，我市从全国聘请专家、名师，启动了初中名师带徒工程。该工程现已实施了两期，效果非常明显。从第三期开始，教研室把培养工作的重点从“侧重理念转变，重在方法指导”调整到“加强校本研修，促进专业发展”上来。

为了突破制约课程改革的瓶颈，我们注意盘活市内培训资源，采取教研员解读课标、理念引领，骨干教师解读教材、讲示范课等形式，组织学科培训活动。8月中下旬，各学科教研员分别对冠县、东昌府区的各学科教师进行了培训。另外，我们积极配合出版社组织新教材培训活动。8月下旬至9月上旬，与出版社联合在八一宾馆组织开展了道德与法治、历史教材培训。

除了组织教师培训外，我们还通过开展比赛等活动，促进教师专业成长。10月中旬至12月上旬，陆续开展了教学能手评选活动。该评选是一项综合评选，既要听选手讲课，又要给选手所获得的荣誉和教育科研成果等情况打分，历来倍受教师重视。在承办单位的大力支持下，整个评选公平、公开、公正，社会反响良好。

2月、8月、10月、11月、12月，副县级督学王秋云等同志分别应邀参加冠县实验高中教师培训，世纪园学校教师培训和在东昌府区、冠县、莘县举行的“2017年聊城市乡村初中教学管理团队跟岗培训”等活动，并作了专题报告，得到与会人员的好评。

（三）认真调研视导——发现和解决问题

实施课程改革，课堂教学改革是核心。下移教研工作重心，是新时期教研工作改革的方向。总结课堂教学中的经验，发现、解决课堂教学中的问题是教研工作的重要内容。

全体教研员继续坚持“三个1/3”的工作思路：1/3的时间学习；1/3的时间教研；1/3的时间指导教学。先后到茌平振兴中学、阳谷铜谷中学、聊城市外国语学校、聊城滨河实验学校、东昌中学、茌平振兴中学、冠县实验中学、开发区蒋官屯中学、文苑中学、聊城七中、高唐时风中学、高新区顾官屯中学、临清京华中学、文轩中学等几十所学校进行教学视导。今年人均听课超过100节。

视导期间，教研员走进课堂，重点观察教学过程，注意学生的反馈，通过了解教学现状，感受教改情景，提高了教研工作的针对性和教学指导的实效性。

（四）实施学科突破——找准工作的切入点

找准切入点，是提高工作效率的重要方式之一。在茌平县的阳光读写教学、茌平县肖庄中学的英语特色教学在全市乃至全省产生了一定影响之后，市初中教研室经过认真论证，又于2016年4月正式启动了语文“五个一”工程、英语“六个一”工程。两项工程既符合语言学习的特点，又与当前的教育教学改革，特别是中考和高考改革方向相契合。全市11个县(市、区)相继举行了开题仪式。同年12月，市教研室用20多天的时间组织县(市、区)教研室主任、骨干教师对11个县(市、区)共23所学校的两项工程实施情况进行了围观。2017年，市教研室又将推广围观中发现的好做法、纠正存在的问题作为教学视导的重要任务之一。同时，为了引导两项工程健康推进，2017年的语文、英语学业水平考试中适当加大了对学生知识积累的考查力度。

2017年12月26日召开的全市初中教育教学工作会专门将“学科突破与学校发展”定为会议主题。会上，市教育局党组成员、正县级督学田凤奎同志在致辞中解读了将学科突破确立为会议主题的原因，市教育局党组书记、局长哈宝泉同志作了题为《培养德智体美全面发展的社会主义建设者和接班人》的讲话，副县级督学王秋云同志作了题为《任务驱动下的学校发展》的报告。这次会议的召开必将有力地推进全市初中学科突破工作的健康发展。

(五)精心组织、指导课题研究——以研促教，教研相长

本着“以研促教，教研相长”的目的，教研室制定了课题研究与常规教学紧密结合，课题研究促进教师专业成长和教学质量提高的指导意见。各学校构建了校长负总责，教科室实施具体管理，依托各学科教研组、课题组的校本研修网络。市教研员及时对学校的课题申报、实施方案制定进行指导，确保实验工作顺利实施。

2017年4月，经过严格评选，全市上报省级课题13项。9月，副县级督学王秋云同志主持的初中语文课题“‘大格局·小积累·多沟通’价值的研究”被列为山东省基础教育教学成果重点培育项目，并于10月15日在山东省教育科学研究院进行了现场答辩。该课题是我市初中学段唯一被列入省基础教育教学成果重点培育项目的课题。

进行有计划、有针对性的课题研究，旨在引导教师逐渐养成学习与反思的习惯，学会以研究者的眼光分析、解决教学中遇到的问题，增强研究意识，提高研究水平。

(六)完善教研模式——促进教育均衡发展

区域协作教研是新形势下开展教学研究、促进区域内教育均衡发展的重要形式。早在10余年前，茌平县教研室就把县内所有初中按照办学水平划分为

三个教研协作区。协作区在教研室统一组织下，定期举行同课异构等教研活动。区域教研不仅使原本差距较大的茌平东部、西部初中教育质量基本均衡，还使城乡初中的教育质量差距大大缩小，同时为确立茌平县初中教育在全市的领先地位打下了基础。

2015 年茌平现场会后，市初中教研室专门召开了几次教研室主任会，研究、安排各县（市、区）区域教研工作，督促各县（市、区）加大区域教研力度。大力推广茌平经验，扩大区域教研的影响，提高教研的效益仍然是 2017 年全市初中教研工作的重要任务之一。2017 年，阳谷、东昌府、冠县、莘县、临清、东阿等县（市、区）区域协作内容日益丰富，形式日益多样，效果日益明显。

（七）借助现代技术——推进教育信息化与课堂教学的深度融合

互联网、大数据、云计算、VR 技术等正在改变着教育，也为教育带来了可持续发展的曙光。在瞬息万变的信息化时代，谁抓住了先机，谁就抓住了机遇。

高唐、高新区等县（市、区）的网上教研和集体备课起步较早，已经积累了成熟的经验。为了推进教育信息化与课堂教学的深度融合，促进教育教学资源共建共享，2017 年 2 月中旬，市教育局邀请中国微课创始人胡铁生主任对全市 1000 余名初中教师进行了培训。3 月下旬，市教育局组织开展了全市首届初中微课大赛。优秀微课评出后，又先后两次组织名师对获奖微课提出了修改建议。修改后的微课，现已放在聊城市教育资源平台上，供全市教师免费使用，有效地丰富了教师的课程资源。正如胡铁生主任所说："我去过全国很多地方，像聊城这么大规模、有成效地推广微课，在山东算首例，在全国也少见。顶层设计好，统筹规划好，微课后续应用问题也就容易解决了。"在全国微课联盟"信息化教学回响中国"年度盛典上，聊城市教育教学质量领导小组组长田凤奎同志、副组长郭章记同志应邀在"教育信息化实践年度人物圆桌论坛"上介绍我市推进教育信息化和微课制作的经验，得到全体与会人员的好评。

（八）精心命制学业水平考试试题——发挥评价的导向和激励作用

学业水平考试是对初中教育教学的一次全面评估，对教育教学具有导向作用。学业水平考试试题的质量至关重要。近年来，我市初中学业水平考试试题质量一直较为稳定，被多家报刊、网站刊载。为了充分体现课程改革精神，初中教研室在总结以往经验的基础上，根据一线教师的意见以及现代教育评价理论等，于 2017 年 2 月份编制了《2017 年聊城市初中学生学业水平考试说明》，对试题命制依据、考试范围、试卷结构、试题难度等作了说明。3 月中旬，发到了各县（市、区）教研室。

根据市教育局有关文件精神，我们精心组织命题人员，于5月29日至6月17日严格按照《考试说明》命制了2017年的初中学业水平考试试题。

6月22～28日，进行了阅卷工作。从阅卷情况看，2017年的试题无论是科学性，还是难度、区分度都是比较理想的。12月下旬，将所有学科的试题分析、双向细目表、相关数据等送至省教科院。

（九）重视宣传工作——发挥先进典型的示范带动作用

实行典型带动是做好工作的重要方式之一。

2003年，市教育局启动了初中教学示范校评选工作。各级教学示范校应重视与坚持什么，怎样才能发挥示范校的示范作用，如何结对帮扶弱校，是近几年全市初中教研工作的一项重要内容。

2017年，初中教研室在总结以往经验的基础上，继续办好聊城教育信息网“全市初中教学示范校巡礼”“全市初中教学工作会议精神落实纪实”两个专栏，介绍省级、市级初中教学示范校的教育教学情况。专栏因内容翔实，时效性强，受到广大初中教育工作者的关注。

在2017年12月26日召开的全市初中教育教学工作会上，副县级督学夏广立宣读了关于表彰全市教育教学工作先进集体、先进个人的决定，莘县教育局等单位的负责人作了典型发言。与会人员还观摩了翰林学校的课堂教学、课间操、校本课程。如何更好地发挥先进典型的示范带动作用，是初中教研工作的一项重点课题。

（十）走出去——虚心学习兄弟地市的经验

向书本学习，向实践学习，向先进人物学习是推进工作的重要方式。初中教研室先后参加了全省传统文化推进会、全省中考命题培训会、全省中考改革研讨会、第二届全国初中思想品德卓越课堂观摩会、全省基础教育信息化应用现场会、全省初中课堂改革现场会、全省基础教育学校发展共同体成立大会、全国第四届翻转课堂大会等。通过外出学习，我们对我市及全国的初中教育教学现状有了更加深刻的认识，工作思路更加明确。

（十一）协助兄弟科室做好工作——培树大局意识

习近平总书记强调：“必须牢固树立高度自觉的大局意识，自觉从大局看问题，把工作放到大局中去思考、定位、摆布，做到正确认识大局、自觉服从大局、坚决维护大局。”

2017年，初中教研室全体同志按照局领导安排，参与了普通高考、高中学业水平考试、计算机考试、中考实验操作考试、市直学校教师招考、教师资格面试等考试的考务工作，以及“改薄”工作检查、幼儿园办园行为检查等。通过参加这些活动，大家开阔了视野，锻炼了能力，密切了科室之间的联系，增强了大局意识。

二、2018 年工作思路

为了深化课程改革，全面推进素质教育，2018 年初中教研室计划做好如下工作。

（一）工作思路

聚焦一个教育愿景：推进全市初中教育内涵式发展——育人方向的准确定位，教育教学管理的优质高效，教育工作者综合素养的全面提升，教学效率与教育效益的有机统一。

提升教研员的两种能力：协调能力——对外能够与上级业务主管部门进行有效沟通，对内能够组织本学科教师开展引领性学科研究活动；研究能力——具有科学研究的意识，掌握科学研究的理论和方法，经常进行教育教学的批判性反思，真正成为理论与实践相结合的专家型教研人员。

实现教研工作的三大转变：第一，教研内容的生成由自上而下变为自下而上。依据教师的需要确定教研内容，研究教师在课程实施过程中遇到的具体问题。第二，教研活动中教研员由指导者、鉴定者变为教师成长的促进者。教研员引导、鼓励所有教师自主设计、实施课堂教学。第三，教研活动形式由“一言堂”变为“多言堂”，由单一的讲座变为对话、论坛等多种形式。

抓好初中教育的四项重点工程：第一，校长队伍建设。校长是学校的灵魂。要加强对校长队伍的培训，用现代教育教学及管理理论武装校长，用先进学校的发展激励校长，用身边的榜样引领校长。第二，教师队伍建设。教师是学校的第一资源。要对教师进行基本技能和教法学法培训，提升教师的职业素养。分学科组建名师群体，发挥名师的示范带动作用。启动教师读书计划，提高教师的理论水平。推进小课题研究，增强课题研究的实用性。举办形式多样的活动，搭建教师专业发展的平台。第三，打造高效课堂。课堂是学校一切活动的主阵地。力争用三年时间，形成符合我市实际的各学科不同课型的教学基本模式。努力打造具有强烈使命感的课堂、高效交流的课堂、充满问题的课堂、思维解放的课堂、呵护心灵的课堂、全面开放的课堂。第四，改革学校评价制度。树立整体评价观念，建立发展性的评价体系，协调好统一标准与办学特色的关系，增强评价制度的开放性。真正建立起促进学生全面发展的学生评价体系,促进教师职业素养和专业水平提高的教师评价体系,促进新课程健康发展的课程评价体系。

突破教师发展的瓶颈:增强教师的课程意识。增强教师的课程意识是基础教育改革的重要目标之一。要帮助教师树立科学的课程意识,提高教师的目标意识、资源意识、过程意识和评价意识。引导教师从教学意识向课程意识转变,更多地关注教学的价值问题。引导教师根据抽象的课程目标制定具体的教学目标,优化教学内容,主动搜寻课程资源;根据教学情境的变化恰当地选择教学方法和手段,捕捉并利用课堂即时生成的有价值的课程资源实施教学,并科学地评价课堂教学的效果。

(二)保障措施

1.铭记使命,直面挑战

教研员是教师,应熟悉课程标准、教材、教法、学法、教学管理、学生管理、命题、考试、教育技术等。教研员是研究员,应站在教育教学规律、教育教学理论的高度分析问题,有较强的科研能力。教研员是管理者,负责着对本学科的教学管理和教学指导。教研员是服务者,应为学校、教师提高教育教学质量服务。

新课程改革给教研员带来了新挑战。一是新课改对教研员指导地位的挑战。教研员与教师同时接触新课程,教研员没有“先知先觉”的优势。二是新课改对教研员专业优势的挑战。教研员原有知识结构未必都适应新课程。三是新课改对教研员评价地位的挑战。与以往相比,新课程评价内容更多元,评价标准更灵活,评价方式更多样,等等。这些对教研员来说都是重大挑战。

问题是思维的逻辑力量。意识到困难的存在,方能有针对性地寻找对策。教研室要求每位教研员时刻牢记自己肩负的使命,清醒地认识面临的困难,努力提升自己,创新工作思路,改进工作方式。

2.提升素养,应对挑战

能上课、上好课、会评课、会磨课、会说课、会命题、命好题,当好领军人,是对教研员的要求。打铁需要自身硬。建立一支高素质的教研团队,是充分发挥教研室职能的前提。

第一,加强教研机构建设。完善内部管理机制,严格规范要求,努力配齐各学科教研员,精心打造一支思想素质高、教育理念先进、理论基础扎实、实践经验丰富、研究能力突出、服务意识强的教研队伍。根据新时期的教育形势和目标任务,与时俱进,及时调整教研员的角色定位。

第二,加强顶层设计、宏观研究、整体协调和工作评估。克服教研工作缺乏总体规划、教研制度建设与政策制定滞后、教研机构缺乏主流声音等问题,科学指导、有效规范各级教研工作的开展，形成共同深化基础教育课程改革、落实立德树人根本任务的强大合力。

第三，把教研员的职后进修培训纳入各级骨干教师进修培训计划之中，不断提高教研队伍的研究素养、指导水平和服务能力。从整体提高教育质量的目标出发，重视、支持、加强农村的教研工作。

一是提升教研员的两大素养——职业道德素养和专业能力素养。首先，进一步增强教研员的责任心和使命感，完善教研员的人格，强化教研员的团队精神，提高教研员的人文科学素养、身心素质和政策水平。其次，提高教研员的专业能力素养。完善教研员的知识结构，使其具有广博的科学文化知识、系统的专业学科知识和理论、较为全面的教育科学知识、基本的教育科研知识和熟练的专业实践技能。完善教研员的能力结构，使其具有较强的教育研究能力、教学示范能力、信息整合能力、语言文字表达能力、组织与交际能力、研究和指导能力、领导和管理能力。

二是帮助教研员处理好几组关系。引导教研员将敬业与专业相结合，用人格修养和专业素养引领教师的发展；将学习与科研相结合，使自己成为用教育理论武装起来的研究型人员；将个性化与规范化相结合，在拥有扎实基本功的基础上发展个性风格；将创新精神与求实态度相结合，树立切合现实的革新意识；将绩效评价与发展评价相结合，积极发现、推广教学改革成果，从中总结经验，引领发展方向。

学习是一种信仰，发展是一种使命。学习是国家工作人员掌握知识、履行职责的重要方法，更是增强纪律性、陶冶情操的重要途径。初中教研室全体同志将一如既往地把加强学习作为一种政治责任、一种精神追求、一种思想境界来认识、来对待，进一步提高对新时期教研工作重要意义的认识，努力练就全新的教育教学理念、坚实的教育理论功底、开阔的教育前沿视野、过硬的教育科研能力、精湛的教育教学艺术、优质的教育教学服务，着力提升课堂教学的评价能力、有效教研活动的组织能力、命题和评价能力、课题研究能力，不忘初心，牢记使命，为办好人民满意的教育尽职尽责。

用一流的教学质量留住农村孩子*

——东昌府区梁水镇中心中学提升教学质量综述

李令涛

“教育承载着孩子的梦想，也承载着家庭的未来。从这个意义上讲，教育工作者是铺路的人，也是点灯的人——为学生铺一条成长的路，为学生家长点一盏希望的灯。做到这一点靠什么？就是靠一流的教学质量。一所学校靠什么让群众满意？也是一流的教育质量。好酒不怕巷子深，学校的教学质量上去了，对学生的吸引力就强了。最近几年，片内的小学毕业生绝大多数都选择在我们学校就读，这说明，老百姓对学校是认可的、信任的，也说明我们一门心思抓质量的路子是对的。”对于教学质量，东昌府区梁水镇中心中学校长杜金元看得很透彻。近年来，该校凭着“咬定青山不放松”的韧劲，一门心思抓质量，用一流的教学质量留住了片内的孩子。

抓德育，帮学生健康成长点亮“心灯”

人无德不立，业无德不兴。抓好德育工作，能够为学生点亮做人的“心灯”，指引他们在人生道路上砥砺前行，成为有益于他人、有益于国家、有益于社会的人。

梁水镇中心中学充分发挥课堂德育主阵地作用，利用思想品德课、学科课堂教学以及班会等，对学生进行思想教育。同时，重视育人环境的建设，以“名校带动”工作为契机，汲取聊城一中的文化精髓，加强了校园文化的顶层设计，使学校处处显现出文化气息，为学生提供了健康向上的学习环境，让学生在耳濡目染中陶冶情操。开展了手抄报比赛、演讲比赛、体育比赛等丰富多彩的校园文化活动，丰富了学生的在校生活。通过家长学校、家长座谈会、向家长征询

---

* 本文原载《聊城教育》2017 年 8 月第 4 期。

意见等方式，加强与学生家长的联系，家校双方及时交流信息、沟通思想，形成合力。特别是邀请聊城一中的王树臣、陈敬一等专家为全体师生和家长作报告，极大地鼓舞了学生的学习热情，也使大部分家长对如何与孩子交流、如何管理孩子有了新的认识。在此基础上，学校致力于为学生营造和谐、健康、快乐的学习氛围，激发了他们奋发学习、自我发展的内生动力。在梁水镇中心中学的教室里、绿荫下，随处可见学生读书的身影。

抓常规，为教学质量提升奠定基础

梁水镇中心中学坚持“用新的理念统领课堂，用新的师生关系维系课堂，用新的角色进入课堂”的理念，倡导自主学习、合作学习、探究学习，让学生感受到真诚的关爱、成功的喜悦、学习的乐趣。

教师课堂教学的真正目的是教给学生学习的方法、思维的方法、交流的方法、活动的方法，培养学习的兴趣，让他们获得学习的乐趣。近年来，学校推行学为主体、思为主攻、练为主线的“学—思—练”三位一体的主体化教学模式，教师在课堂上多传授学习方法，引导学生勤于动脑、动手、动口，实现师生互动、生生互动的教学，让学生领会其中的窍门儿，从兴趣上、能力上、习惯上解决根本问题。

为解决学生学习水平差距太大导致的“优生吃不饱，差生吃不了”的问题，学校先后分两次选派初一、初二部分教师和初三全体教师走进聊城文轩中学学习交流，使教师对分层教学有了新的理解，特别是初三教师对复习的思路方法有了更清晰的认识。他们针对不同层次学生的学习状况，科学合理地制定教学目标，设计出不同层次的训练内容和流程，编写出有针对性的教案。他们面向不同层次学生的训练需求，精选题目，从易到难、从简到繁、从单一到综合，保证了普通生“吃得饱”，优秀生“吃得好”。

为保证教学常规落到实处，学校坚持“以学论教，以评促教”，认真抓好质量抽测和统测工作。通过“推门听课”等方式随机抽查课堂教学，根据学生的学习效率和学习效果评价课堂教学，引导教师进一步优化教学行为。

严谨、细致的教学常规管理，为学校教学质量的提升奠定了坚实基础。

抓特色，为学生全面发展提供保障

“事物之独胜处曰特色。”一所学校的办学特色是其独特优质教育资源的集中体现，是其与其他学校的重要区别，是学生全面发展、个性发展的重要保障。

梁水镇中心中学坚持以传统文化立校，增加学生发展的厚度。学校从2012年起开设了书法、绘画、武术等特色课堂。2017年，学校在区文化局的大力支持下，又将非物质文化遗产——运河伞棒舞引进了校园，在大大丰富了师生校园文化生活的同时，也使运河伞棒舞这一传统文化瑰宝得到了继承和弘扬。

学校专门聘请了著名书法家陈占英教授书法、通背拳第七代传人王彦峰等教授武术，学生中的书法、武术爱好者纷纷走进特色课堂，在努力实践自身爱好的同时，也使自身的整体素质得到全面提升。在2017年高中自主招生中，学校书法班的43名学生，有20名分别获得了聊城二中加80分、60分、40分的录取资格，有16名分别获得了聊城四中加80分、60分、40分的录取资格。美术班共10名学生，有6人次分别获得了聊城二中加80分、60分、40分的录取资格，有10人次分别获得了聊城二中加80分、60分、40分的录取资格。

梁水镇中心中学还不断强化学生阅读，拓展学生发展的深度。学校安排了阅读时间，规定每天午饭后的12:30～13:30为语文阅读时间，晚饭后的第一节课为英语阅读时间，还设立了班级图书角，设立了“读书节”，优化了学生读书的环境。教师们制定了详细的阅读计划，对阅读书目进行初步筛选，引导、督促学生们养成良好的读书习惯，并利用丰富多彩的活动激发学生的阅读兴趣。梁水镇中心中学凭借一流的教学质量，不仅让当地群众放心地把自己家的“宝贝”送到学校就读，也为当地孩子提供了尽可能大的发展空间：2016年，该校学生190人参加中考，有5人升入聊城一中，6人升入聊城三中，15人升入聊城二中，34人升入聊城四中；2017年，该校学生150人参加中考，有10人升入聊城一中，2人升入水城中学，19人升入聊城二中，23人升入聊城四中。

素质教育与教学质量*

崔吉会

素质教育已经实施10余年，这个概念已深深根植在中国广大教育工作者的心中。同时，新课程改革适时地应和了素质教育的需要。面对教育形势的变化，特别是在素质教育的大前提下，学校如何才能保证教学质量，不断提高升学率？作为一名校长，必须作出深层次的思考。

长期以来，应试教育使每个受教育者都变成了考试“机器”。而学校和教师则成为使这些“机器”运转的组织者和实施者。长期的应试教育，使得评判一所学校、一个年级、一个教师的教学质量，仅侧重于学生的及格率、平均分及优秀学生的人数，而忽视了学校、教师在组织实施教学过程中的其他方面。因此，很多学校怕影响升学率，以形式主义的方式“轰轰烈烈”地搞素质教育，以应付上面的检查，骨子里却“涛声依旧”——应试教育扎扎实实。这是对素质教育的误解，没有真正搞清楚素质教育、教学质量和升学率的关系。

所谓素质教育，就是不受社会短期利益干扰的、为了社会和个人可持续发展的教育。其基本要求是通过对自然科学、社会科学和人文科学的基本事实和基本理论的消化、吸收，不仅使学生掌握这些知识，而且使学生掌握生产相应知识的方法，形成相应的心理品质。因此，素质教育是提高教学质量和升学率的基础，只有真正落实素质教育，才能全面提高教学质量，从而不断提高学校的升学率。

那么，怎么才能处理好素质教育、教学质量和升学率的关系呢？

春风化雨，德育教育注重熏陶

第一，让墙壁来“说话”，营造绿色的校园文化氛围。走进冠县武训中学，

---

* 本文原载《聊城教育》2017年8月第3期。

"名言警句""温馨提示"遍布校园，有激励奋发向上的，有提高斗志的，有倡导勤俭的，有呼唤关爱的，有提醒文明的，有建议创新的。学生在良好的育人环境里健康成长。就连餐桌上都摆放着各种各样的警示牌，学生们用餐时展现给人们的是有序、安静、文明。在校园里，学生主动跟陌生老师打招呼，也证明了墙壁"温馨提示"的效果，更证明了老师们的工作落到了实处，学生身心受到了感染。另外，学校的"学生光荣榜""名师风采""优秀毕业生榜"等，也是一种无声的激励与召唤。

第二，以活动为载体，在活动中提升学生的道德素养。"知之者不如好之者，好之者不如乐之者。"德育教育也应该寓教于乐。为此，我们武训高中就以丰富多彩的活动为载体，来加强对青少年思想道德和良好行为习惯的培养。我们先后开展了行为习惯教育周活动、迎国庆歌咏比赛、法制教育报告、心理咨询、心理辅导讲座、走进大自然科技实践活动、素质教育基地实践活动汇报展、"推普周"活动、"我眼中的武训"征文、消防演练等一系列育人活动，活动育人已成为学校德育工作的特色。"教育无小事，事事关教育。"团委、学生处、各级部关注教育细节，重视学生良好习惯的培养，充分发挥团支部、学生会自主管理的作用，组织学生开展常规检查，校园里乱贴乱画、吃零食、说脏话的现象愈来愈少，卫生、纪律、文明行为又有了新的改观，基本形成了文明有序的班级秩序和校园秩序。

少教多学，让学生"学会学习"

教育家叶圣陶先生曾说过，教是为了不教。让学生"学会学习"，才是真正的素质教育。衡水中学张文茂校长做客新华网河北频道时曾讲道："素质教育的主阵地在课堂，课堂教学的主体是学生。在课堂教学中，我们主张'三转''五让'。"张校长解释说，"三转"是指课堂教学要实现三个转变，即"变注入式教学为启发式教学，变学生被动听课为主动参与，变单纯知识传授为知能并重"；"五让"是指能让学生观察的要让学生观察，能让学生思考的要让学生思考，能让学生表述的要让学生表述，能让学生自己动手的要让学生自己动手，能让学生自己总结的要让学生自己推导出结论，教师不能包办代替。

我们冠县武训高中借鉴衡水中学的先进经验，以承接国家级科研课题——"英语'四位一体'教学法""'少教多学'在中小学语文教学中的策略与方法研究"等为契机，通过开展课题研究与实验，真正把素质教育和全面提高教学质量落到了实处。课题研究工作的开展，从不同侧面打破了学科原有的教育教学模式，探索出适合学科特点的教学方法，培养了学生的创新精神、主动参与精神和自学能力,提高了学生的综合素质,提高了课堂效率,减轻了学生的课业负担,提高了学科的教学质量。课题研究提高了教师的业务素质、研究能力和教育教学整体水平,同时也培养了教师的协作精神,课题组教师的论文、优质课在市、区频频获奖,涌现出了一大批名优型教师。

全面育人,为了一切学生和学生的一切

为了全面提高教育质量,全面提高学生素质,体现“面向全体”的素质教育精神,冠县武训高中首先严格按照上级部门有关课程设置的规定,开齐了课程,开足了课时,做到了不随意增减课程。同时,积极开展“第二课堂”,成立了科学、英语、体育、美术、音乐等兴趣小组,激发学生兴趣,发展学生个性和特长。

其次是进行分层次教学。分层次教学源于孔子“因材施教”的思想。我们要求教师根据学生学习基础和接受能力的不同,对不同的学生作不同的要求,既保证“面向全体”,又兼顾“提优”“补差”。

再次是兴趣引导。我校成立了乒乓球、书法、绘画、作文、数学等多个兴趣小组,积极组织学生参加各级教育部门举办的各种竞赛活动,并取得了优异的成绩。从学科上看,活动不光有“语数外、理化生”的比赛,还有音乐、美术、书法、体育的较量;从形式上看,大部分活动我们都尽量让学生全员参与,再从中选拔最优秀的学生参加上级的竞赛,以体现活动的公平性、群众性、基础性和拔尖性。学校通过开展各种丰富多彩的活动,开发了学生的潜能,发展了学生的个性特长,促进了教育质量的全面提升。

教育的本质是培养全面发展的人。抓好素质教育,全面提高学生的综合素养,才是提高教学质量和升学率的唯一途径。学校领导要有长远的眼光,不急功近利,扎扎实实地去搞素质教育,给教师创造一个良好的创新平台。广大教师要不断提升自己的综合素养,因材施教,循循善诱。

高分没有低能。让素质教育的光芒,照亮莘莘学子应试的前路!

素质教育，首先要把书教好*

李吉涛

教育是民族振兴的基石。我们党从全面建成小康社会、实现中华民族伟大复兴中国梦的全局出发，作出了“优先发展教育、建设人力资源强国”的战略部署，明确提出了“全面贯彻党的教育方针，坚持育人为本、德育为先，实施素质教育”的要求。

全面实施素质教育是时代赋予我们的一份厚重责任，我们没有推脱的遁词，也没有回避的理由。可对于怎么实施素质教育、怎么才算实施好了素质教育，各有各的说法。我认为，坚持以课堂教学为主阵地，落实好课程标准，努力提高教学质量，就是说先把书教好，这是学校的底线，也是当老师的底线，这是没得商量的。老师就是教书育人的，通过教书来育人，如果连书都教不好，连学生都教不会，连课堂效果都保证不了，那就别说是素质教育了，什么教育也谈不上。因此，我们首先必须投入更多的精力和时间，用素质教育的理念来审视教学，用素质教育的观点、方法研究课堂教学，改进教学方法，提高教学质量。

教学目标应该是知识、能力、觉悟的统一，而不只是应试的知识与能力；教学对象应面向全体学生，而不只是照顾少数能升学的尖子生；教学内容应是能使学生适应未来社会发展需要的东西，而不能只限于课本和应试的知识与技能；教学关系应是以学生为主体、教师为主导的双边互动，而不是教师“一唱到底”、学生被动接受的单向传授；教学手段应是现代多媒体与传统手段的整合，而不是仅靠一支粉笔一张嘴“战斗”到底；教学方法应是以启发式手段引导学生主动探究，而不是“填鸭式”的一味灌输；教学重点应着眼于学生创新精神和实践能力的培养，而不是考试方法与能力的反复训练。应极力创造让学生敢想善想、敢问善问、敢做善做、敢说善说的课堂教学环境，鼓励学生质疑，发表与教师或课本不同的意见，切忌伤害学生的自尊心和熄灭学生创新思维的火花；应让

---

* 本文原载《聊城教育》2017 年 8 月第 3 期。

学生之间相互交流,使课堂成为学生展示自我的舞台,增强学生的自信心,消除使学生成为“分数奴隶”的土壤,在教学中形成学生的独立人格意识;应加强对学生学习方法的指导,教育学生养成良好的学习习惯,让学生学会思考,学会发现,学会尝试,真正变“要我学”为“我要学”“我会学”。教师要注意向学生提出难度适当的学习任务,用任务驱动的办法,激发学生的学习积极性和学习兴趣,让学生运用已学过的知识,借助于教师的指点、同学的帮助和学习小组的讨论,通过模仿和自己动脑动手去加以解决,从而培养学生的学习习惯、成功意识和克服困难的坚强意志等。要通过小组活动,培养学生的团队合作意识和责任意识;通过班级信息发布、信息交流等课堂活动,使学生养成倾听别人意见的包容心理。要把智力开发和非智力因素培养结合起来,把素质教育落到实处。教师要因人而异,随机应变,讲究策略,遵循“因材施教”的教育原则,根据学生在不同方面的能力水平和不同的教学内容,运用适合自身的教学方法来组织教学,使所有学生都能在全面发展的基础上突出自己的某些特长,让课堂教学散发出愉悦的魅力!

这样的课堂教学就是素质教育,“教”再多也没事,“教”再多也是“育”。“教书育人”是一个整体,根本不存在“先育人后教书”“少教多育”“一分教九分育”等。搞好素质教育,应有好的教学质量;教学质量低下,如说是搞素质教育,那简直是给素质教育抹黑!

那教得好的标准是什么?这自然又引出一个话题——考试成绩或升学率。

教学成绩好、升学率高往往是成功教师或学校的一个很重要的标志。而升学率高的学校往往是素质教育搞得好的学校。升学率和素质教育不是天生就对立的。但追求升学率过了头,片面追求升学率,就有问题了,就站到素质教育的对立面,变成应试教育了。应试教育关心的是如何考高分,关心的是应试能力,它不关心其他能力甚至排斥其他能力,也不关心应试能力的社会应用。它只知道工具的、功利的目的而不知道本体的、内在的目的。而素质教育是有灵魂的,它关注内在目的,它作为一个整体是不能割裂的,它不仅关注素质,而且关注对素质的驾驭。因此,虽然应试素质可以构成素质整体的一部分,但应试教育与素质教育却是对立的,这正如同片面与全面是对立的。为了提高升学率,一些学校常常无视学生身心发展特点,违背教育规律,把学生变为学习、考试的“机器”。

对校长而言,有时也无可奈何,升学率上去了,领导嘉奖,群众赞扬,学校名声大振;升学率下降了,就会受到来自各方面的批评和责难。对老师来说,学生成绩和升学率是评价其工作的主要依据,是评优评先、晋级职称的关键。还有家长,学校实行“减负”,家长却担心孩子成绩下降,纷纷请家教“加负”;国家为了提高学生的艺术素质，制定艺术特长生考大学可以加分的政策，在实施中却变了味，一些家长要求孩子在完成学业之外，还要练琴、练歌、练舞，以增加升学砝码，最后还是归到追求升学率上了。

我们摒弃应试教育绝不是要摒弃考试。相反，素质教育更重视考试，更重视改进考试和完善教育评价制度。我们否定应试教育，反对片面追求升学率，并不等于反对升学率高的示范学校。升学率高本身并不是一件坏事。升学率高的学校，不一定素质教育搞得好，其真正的综合教育质量可能很高，也可能一般。但升学率低下的学校，一定是素质教育搞得不好的。实施素质教育的学校，升学率一般不比同类具有可比性的学校低。素质教育并不是要求或鼓励不及格，相反，实施素质教育必将硕果累累，高升学率仅是其中之一。

素质教育是根，教学质量是花，升学率是果*

——论素质教育和教学质量、升学率的关系

王圣方

前段时间，衡水一中在浙江开办分校的事情被各大媒体炒得沸沸扬扬，进而也引起了要素质教育还是要教学质量和升学率的大讨论。我也关注了相关报道。但我觉得，当前推行的素质教育和提高教育教学质量、提高升学率并没有直接矛盾。相反，三者之间有着密切的联系。如果把这三者比作一棵树的话，那么，素质教育是树之根，教学质量是树之花，升学率则是树之果。

我们清楚地知道：一所学校存在的价值，就是看这所学校的教育教学质量或者说是学校的升学率。但对于提高教学质量的途径，不同的学校有不同的认知，这就导致衡水一中在浙江开办分校的现象引起了大家的争论。从培养人才和人们对优质教育的需求上看，衡水一中的做法似乎无可厚非，而让人们产生争论的焦点是衡水一中培养人才的方式与当下推行的素质教育似乎有些相悖。正因如此，衡水一中在浙江开办分校的事情才会引起人们的关注和争论。

就东阿县实验小学而言，我们是东阿县的重点小学。这些年，经过东阿实小人的不断努力，学校在全市乃至全省有了一定的知名度。但我们始终把培养学生核心素养放在学校教育教学工作的首位。我们认为：学生的综合素质提高了，教育教学质量也不会差到哪里去。换句话说，素质教育是基础，教育教学质量和升学率是附加产品。或者说，学校的教育教学质量和升学率是验证素质教育成果的一种标准。所以，我们始终认为实施素质教育不是不要教育教学质量和升学率，相反，实施素质教育，会促进教育教学质量和升学率的提高。本着这样的认知，我们在日常教育教学工作中以教师队伍建设、课堂教学改革、课程体系建设、阳光阅读工程、信息化建设和家校协作为抓手，积极践行素质教育，并取得良好的效果。在全县教育教学综合评估中，我校连续多年名列第一，连续

---

* 本文原载《聊城教育》2017 年 8 月第 3 期。

15年被评为全县教育教学工作先进单位。我们的主要做法有：

一是抓教师队伍建设，为实施素质教育奠定基础。我们以建设学习型教师队伍为抓手，以更新理念为引领，以各种学习培训为载体，不断提高教师思想素质和业务素质。我们通过加强教师的职业道德建设，让教师坚守职业道德底线，远离高压红线，严格按照《教师法》《未成年人保护法》等国家法规从事教育教学活动。同时要求教师加强政治理论学习，提高政治理论水平。此外，加强教师业务培训。每年，学校都会派出教师200多人次参加由省、市组织的培训、研讨和观摩，拓宽了教师视野。

二是抓课堂教学改革，为实施素质教育提供保障。多年来，我们积极建构课堂教学改革载体，推进课改进程。通过定期举办教学观摩、课堂教学大赛和优质课评选等活动，检验课改成果。以竞赛活动为载体，丰富学生学习生活。通过在三至六年级开展作文竞赛，在二至六年级开展数学竞赛、"计算小能手"竞赛等活动，激发学生的写作热情和学习数学的兴趣。此外，在语文、数学、英语等学科的教学中，我们以践行生本教育理念为引领，积极进行课堂教学改革，在扩大课堂教学容量、提高课堂教学效率上下功夫，课堂教改效果显著。以教学科研为载体，推进课改进程。我们始终以课程改革为重点，以教育教学为中心，坚定"科研兴教、科研兴校"的思想，向科研要质量，切实提高科研效益。

三是抓课程体系建设，为实施素质教育创造条件。我们在开全开足国家课程、地方课程的同时，不断探索创新，开设符合我校实际的校本课程，先后开设了国学、围棋、机器人、经典诵读、写字、安全预防等校本课程，不仅丰富了课程体系，而且提升了学生的核心素养。

四是抓阳光阅读工程，为实施素质教育提供内涵所需。我们把开展阳光阅读活动作为学校教育教学工作的主要抓手，扎实开展阳光大阅读活动。我们通过开展图书漂流活动，书香家庭、书香教师、读书小能手评比，各种主题的征文比赛、朗读比赛、讲故事比赛等，促进师生阅读，促进阳光阅读活动的开展。

五是抓信息化建设，为实施素质教育提供动力。我们始终秉持"以教育信息化促进教育现代化"的发展理念，率先在全市实施"人手一机工程"。在校园网络建设方面，开通了移动千兆网络带宽，添置了华三多业务核心交换机和防火墙以及华三"三叉戟"AP，实现了"千兆进校园，千兆到楼层，百兆进教室"，具备了开展电子书包教学的硬件条件。此外，还添置了现代中庆录播系统，实现了展示课堂的自动录像及现场直播。承办了两次聊城市信息技术应用现场会，承办了东阿县信息技术辅助教学跟岗培训，彰显了我校信息技术应用水平。

六是抓家校协作，为实施素质教育创设和谐育人环境。自2010年成立首届家委会以来，学校持续重视各级家委会建设，规范成立三级家委会组织，在探索中逐步完善各级家委会组织的成立流程、工作机制和管理办法。我们依托学校各级家委会组织开展寓教于乐的德育教育活动，效果显著。学校家委会创立了“大美东阿一日游”“智慧父母家长课堂”两个工作品牌，产生了良好的教育教学效果。

诚然，在实施素质教育方面我们还有很多工作要做，但我们将会坚定不移地沿着这条道路走下去，让素质教育在我校开花、结果，切实把办人民满意的教育落到实处。

莘县六项措施培优教育人才*

张　强　崔志华　孔卫平

近年来，莘县教育局不断优化人才成长、发展环境，实施六大人才培养措施，加强人才工作决策部署，加大人才资源开发力度，教育人才队伍不断壮大、素质明显提高、结构逐步优化。

大培训，提高队伍素质。近年来，莘县教育局与上海师范大学、东北师范大学、陕西师范大学等国内知名师范院校合作，共派出40多批近1000名中小学校长、骨干教师进行高端培训，累计举办县级培训班60多期、培训教师15000人次，教师队伍的教育理念和专业技能得到了更新和强化。目前，共培养名师120人，名校长20人。

大互动，实现人才交流。全县教育系统上下交流、内部互动。100多名名师下乡送教上门，去乡镇讲公开课、当培训专家。同时，1000多名基层骨干教师到城区听课、观摩学习，原汁原味地学习城区教师的敬业精神、工作状态、教育技能和职业道德。另外，各农村中小学还通过镇域内互动交流，实行教师走教、名师挂职，结对帮扶等措施，大大提升教师专业素养。2010年以来，还出台了一系列文件，对全县城乡教师交流工作提出明确要求，规范了城乡交流教师的考核和管理。通过互动交流，实现了城区教师和农村教师的优势互补，共同提升。

大挖潜，优化人才配置。动员初中学校富余教师200余人去农村小学支教，全县所有镇（街）联校工作人员180余人全部到缺编小学兼课，共盘活教师队伍内部资源380余人，有效缓解了农村小学师资不足的问题。同时，动员90多名城区教师到农村中小学支教，没有一年以上农村支教经历的一律不准晋升高级职称。部分学校还通过专业培训，把130名职能岗位上能胜任教育工作的人员转任到一线教学。通过支教、兼课、转岗等措施，让教育队伍中能胜任教学工作的人员全部任课。教育队伍内部潜力得到充分挖掘，人才配置进一步优化。

---

* 本文原载《聊城教育》2017年8月第3期。

大招聘，壮大人才队伍。自 2003 年以来，从师范类大学毕业生和符合条件的非师范类大学毕业生中择优公开招聘 3041 名教师。2014 年招聘 188 名在编教师，2015 年招聘 180 名在编教师，2016 年招聘 230 名在编教师、270 名合同制教师。近几年，95％的新聘教师被分配到农村中小学任教，农村中小学教师得到有效补充。同时，各学校还主动作为，积极筹措资金，自聘教师 707 名，全县教师队伍不断壮大。

大倾斜，留住优秀人才。为吸引更多的优秀人才到农村中小学任教，在职称评聘上，加大对农村中小学教师的倾斜力度。在教师编制核定、岗位设置、职称晋升、聘用考核、评先树优、培养培训等方面，农村学校指标数高出城镇学校 10％以上。没有农村中小学教学经历的教师不允许参与晋职、晋级。农村学校中高级岗位比例在规定比例上限基础上上浮 1～2 个百分点。通过一系列的政策支持，吸引了更多的优秀教师长期扎根于农村中小学任教。

大视野，引进高端人才。为优化教育结构，吸引更多的优秀人才到教育队伍中来，县政府制定了优秀人才引进规划和实施方案，加大了引进优秀人才的力度。去年，引进“985”“211”名校优秀师范毕业生 43 人，全部充实到城区 4 所高中，并与名师“结对子”进行重点培养，为莘县教育事业的可持续发展奠定了坚实的人才基础。

哈宝泉接连走基层、下学校，全面调研教育质量*

郭　敏

10月30日，市教育局党组书记、局长哈宝泉继10月28日调研城区4所小学后，再次深入基层，先后来到小城镇化建设帮扶对象临清市金郝庄乡和临清、冠县部分学校，就贯彻落实十八届五中全会提出的“提高教育质量”要求和市局“321”工作思路进行了调研指导。

上午，哈宝泉首先来到金郝庄乡，对该乡小城镇化建设基本情况进行了调研。

随后，哈宝泉来到聊城幼儿师范学校，出席了该校图书信息中心开工奠基仪式。仪式后，在校领导的陪同下，哈宝泉全面深入地调研了学校的建设情况和办学条件。从教学楼到餐厅，从学生宿舍到在建的艺术楼，每到一处，哈宝泉都认真了解，对硬件设施、餐厅卫生、宿舍安全等进行了详细询问。

下午，哈宝泉又来到冠县实验高中，在会议室听取了学校的相关汇报，对学校如何通过改革提高教育质量等情况进行了全方位的了解，对冠县县委、县政府面向全国选聘高中校长的创新做法给予了充分的肯定，并与选聘校长进行了深入座谈。座谈后，哈宝泉走进教学楼、教师办公室，与广大教师亲切交谈并提出殷切期望。教师们纷纷表示要再接再厉，共创佳绩。随后，哈宝泉还参观了录课室、心理室等。

离开冠县实验高中后，哈宝泉又走进了武训实验小学，听取了讲解员的详细讲解，并对提高教育质量相关工作给予了指导。随后，他来到了与武训实验小学相邻的县直第二实验幼儿园，参观了在建的新教学楼。

哈宝泉还调研了富有文化气息的清泉中学和焕然一新的第二实验小学。

* 本文原载《聊城教育》2015年12月第3期。

他强调，要认真贯彻落实十八届五中全会精神，结合全市教育“321”工作思路，大力推进教学质量、师德建设、立德树人三项重点工作，认真办好人民满意的教育，提升群众满意度。

立德树人

抓住立德树人根本任务，培养全面发展的接班人*

哈宝泉

一、立德树人的意义

党的十八大报告指出："坚持教育为社会主义现代化建设服务、为人民服务，把立德树人作为教育的根本任务，培养德智体美全面发展的社会主义建设者和接班人。"这一重要论述首次引入"立德树人"的概念，并将之作为教育的"根本任务"，为今后教育工作的发展指明了方向。

中华民族是重视德育、志趣高尚的民族，"立德"为我国古代所谓"三不朽"之一。《左传》载："太上有立德，其次有立功，其次有立言，虽久不废，此之谓不朽。"意思是，人生最高的境界是立德有德、实现道德理想，其次是事业有成、建功立业，再次是有知识有思想、著书立说。做到这三者，人生就可"不朽"。把立德摆在第一位，是因为万事从做人开始。"一年之计，莫如树谷；十年之计，莫如树木；终身之计，莫如树人"，《管子》中的这段话已充分认识到培养人才是长远之计。

立德树人也几乎是我国历代教育共同遵循的理念。孔子"为政以德"的思想，毛泽东"又红又专"的人才标准，邓小平"四有新人"的人才观，以及习近平总书记在北京大学师生座谈会上的讲话——"国无德不兴，人无德不立。……做人做事第一位的是崇德修身。这就是我们的用人标准为什么是德才兼备、以德为先，因为德是首要、是方向，一个人只有明大德、守公德、严私德，其才方能用得其所"，都充分说明思想道德在人才培养过程中起着至关重要甚至是决定性的作用。

---

* 本文原载《聊城教育》2015 年 10 月第 2 期。

市教育局确立的“321”工作思路——“力推三项重点工作，实现两大目标，打造一个品牌”，把立德树人作为大力推进的三项重点工作之一。

二、立德树人的目标

1. 增强爱国情感，培育和弘扬以爱国主义为核心的伟大民族精神。深入开展中华民族优良传统教育和中国革命传统教育、中国历史特别是近现代史教育，引导广大学生认识中华民族的历史和传统，了解近代以来中华民族遭受的深重灾难和中国人民进行的英勇斗争，从小树立民族自尊心、自信心和自豪感。

2. 确立远大志向，树立和培育正确的理想信念。开展中国革命、建设和改革开放的历史教育与国情教育，引导广大学生正确认识社会发展规律，正确认识国家的前途和命运，把个人的成长进步同中国特色社会主义伟大事业、同祖国的繁荣富强紧密联系在一起，为担负起建设祖国、振兴中华的光荣使命作好准备。

3. 规范行为习惯，培养良好道德品质和文明行为。普及“爱国守法、明礼诚信、团结友善、勤俭自强、敬业奉献”的基本道德规范，倡导集体主义精神和社会主义人道主义精神，引导广大学生牢固树立心中有祖国、心中有集体、心中有他人的意识，懂得为人做事的基本道理，具备文明生活的基本素养，学会处理人与人、人与社会、人与自然等基本关系。

4. 提高基本素质，促进学生全面发展。努力培育学生的劳动意识、创造意识、效率意识、环境意识和进取精神、科学精神以及民主法制观念，增强他们的动手能力、自主能力和自我保护能力，引导未成年人保持蓬勃朝气、旺盛活力和昂扬向上的精神状态。

同时，市教育局分别确立了学前、小学、初中、高中、中职等不同学段的育人目标，明确了不同年级德育培养的具体要求。

三、立德树人的要求

教育部在《关于全面深化课程改革落实立德树人根本任务的意见》中提出，要加强“五个统筹”，落实立德树人的根本任务。“五个统筹”即统筹小学、初中、高中、本专科、研究生等学段，理顺各学段的育人目标；统筹各学科，特别是德育、语文、历史、体育、艺术等学科，充分发挥人文学科的独特育人优势；统筹课标、教材、教学、评价、考试等环节，全面发挥课程标准的统领作用；统筹一线教师、管理干部、教研人员、专家学者、社会人士等力量，形成育人合力；统筹课堂、校园、社团、家庭、社会等阵地，发挥学校的主渠道作用，营造良好的育人环境。这“五个统筹”涵盖了育人的各个方面，充分体现了全科育人、全程育人、全员育人，从多个维度系统构建全方位、立体化的育人体系。这也对我们如何做好立德树人工作提出了具体要求：

1. 必须坚持德育为先。“德者，本也。”蔡元培先生说过：“若无德，则虽体魄智力发达，适足助其为恶。”道德之于个人、之于社会，都具有基础性意义，做人做事第一位的是崇德修身。当前我国正处于开放的国际环境与多元文化的背景之中，而青少年学生又正处在世界观、人生观、价值观形成的关键时刻，德育为先更具有必要性和紧迫性。要把社会主义核心价值体系融入教育全过程，把理想信念教育作为教育核心价值观的重中之重，把弘扬以爱国主义为核心的民族精神和以改革创新为核心的时代精神作为重要内容，引导和教育学生自觉践行社会主义核心价值体系。

2. 必须着眼促进学生全面发展。教育作为实现人的全面发展的重要途径，必须以学生为本，关注学生的全面发展、和谐发展、持续发展、终身发展和健康发展。在坚持德育为先的同时，要全面加强和改进智育、体育、美育。要全面实施素质教育，坚持文化知识学习与思想品德修养的统一、理论学习与社会实践的统一、全面发展与个性发展的统一，促进德育、智育、体育、美育有机融合，着力培养学生的社会责任感、创新精神和实践能力，提高其综合素质，使之成为德智体美全面发展的社会主义建设者和接班人。

3. 必须坚持培育学生健全的人格。教育是塑造人的灵魂的伟大事业，是“心灵与心灵的沟通，灵魂与灵魂的交融，人格与人格的对话”。要加强学生心理辅导，注重对学习困难学生、贫困家庭学生、单亲家庭学生、留守儿童、流动人口子女等特殊群体学生的关怀和帮助。要认真发掘学科中所蕴含的健全人格教育资源，将显性教育与隐性教育结合起来，使学生在获取知识的同时，得到人格的滋养与涵育。

4. 必须致力于“让每个孩子都能成为有用之才”的教育理想。十八大报告提出“让每个孩子都能成为有用之才”，这是对教育战线提出的重大命题，是对教育人才观、质量关的科学阐释，也是我们的教育理想。这就要求我们必须切实坚持“一切为了学生，为了学生一切，为了一切学生”的教育理念，尊重教育规律和学生身心发展规律，为每个学生提供适合的教育，提供公平的受教育机会，满足每个学生的学习需要，促进每个学生主动地、生动活泼地发展。

四、立德树人的任务

市教育局确定要大力推进立德树人等三项重点工作后，随即下发了《聊城市教育局立德树人工作方案》，对立德树人工作进行安排部署。近期，为进一步推进局党组“321”工作思路的贯彻和落实，市教育局又拟定了《关于进一步加强立德树人工作的意见》，明确立德树人工作的主要任务。主要包括：

1. 充分发挥课程管理在立德树人工作中的统领作用。课程是教育思想、教育目标和教育内容的主要载体，集中体现国家意志和社会主义核心价值观，是学校教育教学活动的基本依据。要围绕社会主义核心价值观进教材、进课堂、进头脑的方式方法、有效途径、实施成效等，开展专题研究。

2. 充分发挥课堂教学在立德树人工作中的阵地作用。积极改进中小学课堂教学方法和形式，采用学生喜闻乐见、生动活泼的方式进行教学，把传授知识同陶冶情操、养成良好的行为习惯结合起来。要积极探索实践教学和学生参加社会实践、社区服务的有效机制，建立科学的学生思想道德行为综合考评制度。要把思想品德教育与法制教育紧密结合起来，使二者有机统一，相辅相成。

3. 充分发挥团队建设在立德树人工作中的指导作用。把对少先队、团队工作的指导、检查、考核纳入教育行政部门的督导、评估范畴。教育行政部门的有关负责同志要参与少先队工作委员会的工作，加强对中学学生会工作的指导，更好地发挥他们的作用。要积极支持少先队开展活动，并选派优秀青年教师担任少先队辅导员，把少先队辅导员培训纳入师资培训体系。

4. 充分发挥任课教师在立德树人工作中的示范作用。教师要严格执行《中小学教师职业道德规范》，严于律己，正师德、铸师魂。要把社会主义核心价值观纳入教师职前培养和准入、职后培训和管理的全过程，特别是要加强班主任队伍建设，严格班主任选聘，提高班主任工作艺术、管理水平、管理理念和工作能力，加强班主任管理与考核，并完善激励机制。

5. 充分发挥教育科研在立德树人工作中的引领作用。充分整合优秀教师、教科研人员等力量，开展德育课题实践研究活动。各级教育科研部门要确立德育工作课题，建立德育研究课题档案，用课题引领理论学习和德育工作的实践，为做好人才培养各环节的衔接提供理论支撑和实践指导。

6. 充分发挥家庭教育在立德树人工作中的补充作用。教育行政部门和中小学校要担负起指导和推进家庭教育的责任，办好家长学校，并积极运用新闻媒体和互联网，面向社会广泛开展家庭教育宣传，帮助和引导家长树立正确的家庭教育观念，掌握科学的方法，提高教育子女的能力。要充分发挥各类家庭教育学术团体的作用，针对家庭教育中存在的突出问题，积极开展科学研究，为指导家庭教育工作提供理论支持和决策依据。

7. 充分发挥社会实践在立德树人工作中的促进作用。要广泛开展社会实践活动，将社会主义核心价值观细化为贴近学生的具体要求，转化为实实在在的行动。要组织学生在每个学段至少参加1次学工学农生产体验劳动，教育学生主动承担家务劳动。要广泛利用博物馆、美术馆、科技馆等社会资源，充分发挥各类社会实践基地、青少年活动中心等校外活动场所的作用，逐步完善中小学生开展社会实践的体制机制。

8. 充分发挥评价机制在立德树人工作中的导向作用。要加快推进考试招生制度改革，完善学生考试诚信制度，注重综合考查学生的发展情况，引导学校实施素质教育，科学选拔人才。要加强发展性评价，发挥评价促进学生成长、教师发展和改进教学实践的功能。要进一步加强中小学教育质量综合评价改革，鼓励学校积极探索，完善科学多元的评价指标体系，引导学校树立科学的教育质量观。要将学生践行社会主义核心价值观情况纳入综合素质评价体系，使社会主义核心价值观内化为学生的精神追求，外化为实实在在的自觉行动。

9. 充分发挥活动载体在立德树人工作中的深化作用。要开展"孝心少年""优秀共青团员""十佳少先队员""十佳少先队辅导员""十佳少先队志愿辅导员"等评选活动，发挥先进典型的引领作用。要加强图书馆建设，提升藏书质量，开展经常性的读书活动。要以升国旗、入党入团入队等仪式和重大纪念日、民族传统节日等为契机，开展主题教育活动，传播主流价值。要加强校风班风学风建设，组织开展丰富多彩、生动活泼的文艺活动、体育活动、科技活动，充分利用板报、橱窗、走廊、校史陈列室、广播电视网络等设施，营造体现主流意识、时代特征、学校特色的校园文化氛围。

百年大计，教育为本。教育是关乎国家和民族长久发展的千秋大计。全市教育系统要坚持育人为本、德育为先的理念，以社会主义核心价值观为指导，大力推动立德树人工作深入开展，实现全市教育工作达到既定的"事业目标和文化目标"，打造出亮点突出、特色鲜明的聊城教育品牌，努力使每一个孩子都成为德智体美全面发展的社会主义建设者和接班人！

宋军继到聊城市技师学院宣讲党的十九大精神*

张丽梅 刘海宾

近日，聊城市委副书记、市长宋军继到聊城市技师学院宣讲党的十九大精神，与师生交流学习体会。聊城市技师学院党委书记张连臣，党委副书记、院长刘德云及班子成员出席了报告会。近600名师生聆听了报告会。

学院勤业楼学术报告厅座无虚席、暖意融融。宋军继结合聊城实际，联系历史与现实、理论与实践、国际与国内，对党的十九大精神特别是习近平新时代中国特色社会主义思想作了深入阐释。他指出，党的十九大具有划时代、里程碑式的意义，会议的重大理论成果是明确提出习近平新时代中国特色社会主义思想，开辟了马克思主义新境界、中国特色社会主义新境界、治国理政新境界、管党治党新境界；会议的重大制度成果是进一步明确了习近平总书记在党中央、在全党的核心地位，把习近平新时代中国特色社会主义思想确立为党的指导思想；会议的重大组织成果是选举产生了以习近平同志为核心的新一届中央领导集体，为决胜全面建成小康社会、夺取新时代中国特色社会主义伟大胜利提供了坚强保证。

宋军继强调，党的十九大精神的主线和灵魂，是习近平新时代中国特色社会主义思想。我们必须始终坚持以这一科学理论统一思想和行动，将其贯穿到社会主义现代化建设全过程、体现到党的建设各方面。一要深刻领会把习近平新时代中国特色社会主义思想确立为党的指导思想的重大意义；二要深刻领会习近平新时代中国特色社会主义思想的重大历史贡献；三要深刻领会习近平新时代中国特色社会主义思想的丰富内涵；四要深刻领会新时代坚持和发展中国特色社会主义的基本方略。要牢固树立“四个意识”，旗帜鲜明讲政治，坚决维护习近平总书记核心地位、领袖权威；坚定“四个自信”，挺起中国人的精神脊

---

* 本文原载《聊城教育》2017年12月第6期。

梁;坚定信仰信念,自觉把个人理想融入伟大梦想;积极投身新时代中国特色社会主义伟大实践,努力在新征程展现新作为。

宋军继要求,聊城市技师学院要坚持以习近平新时代中国特色社会主义思想为指导,全面贯彻党的职业教育方针,为聊城经济社会发展培养更多高素质技能人才,办出自己的特色和亮点。广大师生要自觉用习近平新时代中国特色社会主义思想武装头脑、指导实践,热爱党、拥护党,切实增强学习宣传贯彻十九大精神的自觉性、坚定性,锐意进取、奋发有为,为决胜全面建成小康社会、夺取新时代中国特色社会主义伟大胜利、实现中华民族伟大复兴的中国梦而努力奋斗。

张连臣在主持报告时表示,宋军继同志的宣讲报告主题鲜明,重点突出,从八个方面全面阐述了党的十九大精神,对于我们深入领会习近平新时代中国特色社会主义思想具有重要作用。会后,全院各单位和全体师生要结合宋军继同志报告内容,深刻理解党的十九大报告精神,以习近平新时代中国特色社会主义思想作为培养高素质技能人才、推动学院事业科学发展的强大思想武器,以昂扬向上的精神状态和严谨务实的工作作风,争取尽快实现设立聊城工程职业学院和创建全国文明单位的学院梦,为聊城经济社会发展做出新的更大贡献。

树人须立德，立德为树人*

——聊城一中立德树人建设永远在路上

李荣军

立德树人是发展中国特色社会主义教育事业的核心所在，是培养德智体美全面发展的社会主义建设者和接班人的本质要求。2016～2017学年，学校深入学习领会党的十八大及历次全会精神，深入开展“两学一做”学习教育，秉持“珍爱生命、科学发展”的办学理念，以打造“德行校园”“智慧课堂”“活力操场”为抓手，大力推进“四有好教师”队伍建设，积极开展立德树人教育，不断推进内涵发展，教育教学质量持续提高，办学水平得到全面提升，取得了突出成绩。

2017年高考再次实现新跨越，13人达到清华、北大录取线，全市文理科前十名我校分别有8人和7人，文理状元均出自我校；自主招生上线人数达1128人，上线率77%，比去年提高了近10个百分点；本科上线1441人，上线录取率接近100%！尤为可喜的是，我校在全国自主招生500强中学中的排名，在2016年提升了12个名次后，2017年再进3位，列第14名。不仅高考成绩突出，我校学子在国家级、省级重要赛事中更是大放光彩。

在清华大学等高校主办的“登峰杯”全国中学生学术科技创新大赛、宋庆龄少年儿童发明大赛、中国科学素养大赛、全国青少年科技创新大赛、全国中小学生创新作文大赛、全国中学生财经素养大赛、全国语文报杯作文大赛、机器人大赛等各项比赛中，我校学子的成绩不仅在我市遥遥领先，而且填补了许多我市学子的获奖空白。全市首届政府专利奖获得者全市共10人，我校有7人，每人奖金1万元；冯天洋同学在2017年度全国科学素养大赛中荣获冠军；陈文静同学以山东省总冠军之势助力我省代表队勇夺全国“讲宪法学宪法”第一名；数学奥赛中，我校以6个一等奖名列全省第二。我校还多次在“登峰杯”大赛、山东省青少年科技创新大赛上作典型发言，介绍我校的做法。

在立德树人方面，我校主要做了师德和生德两方面的工作。

---

* 本文原载《聊城教育》2017年8月第4期。

一、强化师德师风建设，打造一支师德高尚、业务精湛的教师队伍

师德是教师最重要的职业素养，师风是学校教育教学质量的指向标，优良的师德师风是人民群众对教育发展最大的期盼，也是学校自身发展完善的重要体现。学校努力培养和造就了一支“有理想信念、有道德情操、有扎实知识、有仁爱之心”的“四有好老师”队伍，树立了聊城一中教师的良好形象，推动我校教育事业科学和谐发展。我校组织全体教职工深入学习习近平总书记关于教育事业的一系列重要讲话精神，加强对《教育法》《教师法》《中小学教师职业道德规范》《事业单位工作人员处分暂行规定》《中小学教师违反职业道德行为处理办法》等法律法规和文件的学习，规范从教行为，提高依法执教意识，同时强化各类反面典型的警示教育，形成舆论氛围，筑牢思想防线，杜绝教职工违规违纪行为的发生。

学校严格执行中央、省、市各级政府的要求，强化工作纪律，教育教职工恪尽职守，干好本职工作。严禁工作时间上网聊天、打游戏、观看娱乐节目、进行网上购物、从事商业活动等。学校纪委和值班领导经常对教师办公室、各科室办公室进行检查，检查情况每周一通报，接受全体教职工监督。

学校除每学期对师德进行两次学生评价外，对学生报告的、家长反映的、学校领导查到的、有关部门反馈的有悖师德规范、有违法规制度的行为直接予以量化，计入个人师德考核分数。师德考核实行一票否决制。

学校通过多种形式的载体和平台，大力宣传先进教职工典型事迹，集聚正能量、传递好声音，积极培育和践行“爱心、责任、奉献”的聊城一中教师共同价值观，塑造我校教师的良好形象，营造“学模范、做先进”的良好风气，整体提升全校师德师风建设水平。

二、以德立校，立德树人，给学生以终生难忘的教育

首先，按照“12345”的德育工作思路，整体谋划学校德育活动。一年来，我校德育工作坚持一条主线——传承优秀传统文化，践行和培育社会主义核心价值观；开展两项创新——德育内容创新、德育形式创新；建立三种机制——自我管理引导机制、常规管理激励机制、量化管理反馈机制；加强四项建设——德育队伍建设、德育制度建设、德育网络平台建设、校园文化建设；强化五项教

育——民族精神教育、行为规范教育、诚信责任教育、法制教育、心理健康教育。我们侧重在落实上下功夫，在创新上拓思路，以新理念指导德育，以科学规律规划德育，以主体需求运作德育，以工作创新推进德育，培养学生的“领袖气质、君子风度、科学精神、工匠才干”，不断开创学校德育工作的新局面。

其次，坚持把立德树人作为学校的根本任务，强化育人为本、德育为先的理念。我校确立了“修身、立德、求真、创新”的校训，通过校训引领，让师生以“修身”为习惯、以“立德”为追求、以“求真”为品质、以“创新”为性格。要求全体教职工牢固树立“成才先成人”的观念，胸怀教好每一名学生的理想，教书育人、管理育人、服务育人，把“学校无小事，处处是教育”的要求落实到各个方面。

落实“安全、守纪、文明”的学校、级部、班级三级值班体系，加强日常巡查与监管纠偏，实现全时段、全区域管理。着眼于培养学生的领导力，建好学生会、班干部、志愿者三支队伍，让学生成为日常管理的主力军。

建立学校、家庭、社会三结合教育网络。班级建有任课教师、家长代表、学生干部参与的班级教导会制度，年级建有家长委员会，家长学校活动正常化（各年级每月一次），办好家长开放日，实施家长义工制，形成了家校育人合力。与一些高科技企业、科研单位等联手，建立学生参观、考察实践基地，开设社会考察课程，让学生扩大知识视野，激发学习热情，增强实践能力。

建立综合素质评价电子化管理平台，认真抓好学生成长记录和综合素质评价，约束学生不良行为，强化学生自我管理，及时、准确地掌握学生在德智体艺劳方面的表现，引导学生自我完善，全面发展。认真组织好学生假期社会综合实践、社会调查活动，培养学生热爱祖国、热爱集体的美好情感，形成互相关心、互相帮助的良好风尚。同时，及时了解学生的情绪及心理状态，采取切实有效的方法及时解决困扰学生的实际问题，将问题“消灭”在萌芽状态。

再次，精心组织德育活动，打造德育活动精品。精心规划设计、组织实施校园学生活动，把活动办成陶冶学生情操、丰富校园生活、深受学生喜爱的精品。认真组织了以下四类活动：

（1）榜样引领类：开展以“筑梦、追梦、圆梦”为主题的系列活动，即高一年级开展“十大学星”评选活动，高二年级开展“十大学霸”评选活动，高三年级开展“十大学神”评选活动；组织校园“十佳优秀学生”的评审和评选，陈光教育奖学金获得者的评审和评选，文明班级、文明宿舍的评选，举办优秀学子报告会。

（2）社会实践类：开展“走进军营、走进农村、走进职场”活动，让学生通过社会实践活动，体验职业行业，了解经济社会发展趋势和需求，了解不同职业的基本情况、发展过程、行业前景、工作任务和社会责任，了解自身职业倾向，形成适合自己的职业规划。

(3)体验参与类：认真组织五四合唱比赛、国庆书画展、“心理剧”大赛、成人礼、安全疏散演练、法制教育等活动。

(4)阳光体育类：举办间操标兵班级评选、秋季田径运动会、“校长杯”足球比赛、“校长杯”篮球比赛、级部间拔河比赛、绑腿比赛等活动。

最后，充分发挥共青团工作对学生思想工作的教育引领作用。依托党校和团校建设，开展团课、专题讲座和其他形式的活动，对共青团员进行世界观、人生观和价值观的教育，尤其是将“立栋梁志，成精英才”的理念植入学生的内心，让聊城一中学子具有崇高的理想和使命感，激发其学习的内动力。同时，对特别优秀的团员进一步加强组织培养，力争将他们发展为入党积极分子，推动党的后备力量队伍建设。

积极打造爱心社、青年志愿者队伍等精品社团。以培养学生的核心素养为核心，规划整合社团活动，推动学生课堂外的成长，让学生有更多的对外展示的经历和经验，提高学生个人素养，为其申请高校自主招生增加分量，让社团建设成为我校的另一张名片，助力我校争创全国名牌高中。

新学年，聊城一中的总体工作思路是高举习近平新时代中国特色社会主义思想伟大旗帜，全面贯彻党的十九大精神，大力加强党的建设，以党建统领学校各项工作，大力推进全国文明校园创建，全面落实以“立德树人”为根本的党的教育方针，以新课改新高考改革和学生核心素养培育为重点，全面提升学校的办学水平和教育教学质量，高举创建全国名校的大旗，向全国一流名校阔步前进。

落实立德树人,推进内涵发展*

杜英伟

党的十八首次提出“把立德树人作为教育的根本任务”。党的十九大明确强调“要全面贯彻党的教育方针,落实立德树人根本任务,发展素质教育”,进一步为我们的教育工作指明了方向。

立德树人的语境宏阔、语意深远。立德树人,说到底是明确培养什么人、怎样培养人的问题。教育部基础教育一司司长王定华指出,立德树人有三层含义:第一,立德树人指明了基础教育的方向就是“树人”,要坚持育人为本,通过合适的教育来发展人、改造人、塑造人;第二,立德树人指出了基础教育实施的途径就是“立德”,要坚持德育为先,通过正面的教育来引导人、感化人、激励人;第三,立德树人决定了基础教育的内容就是要在传授基础知识、基本技能的同时,突出社会主义核心价值体系,从而规范人、要求人、提高人。

聊城市教育局局长哈宝泉同志在讲话中明确指出,立德树人是我国历代教育共同遵循的理念。孔子“为政以德”的思想,毛泽东“又红又专”的人才标准,邓小平“四有新人”的人才观,以及习近平总书记在北京大学师生座谈会上的讲话——“国无德不兴,人无德不立。……做人做事第一位的是崇德修身。这就是我们的用人标准为什么是德才兼备、以德为先,因为德是首要、是方向,一个人只有明大德、守公德、严私德,其才方能用得其所”,都充分说明思想道德在人才培养过程中起着至关重要甚至是决定性的作用。

聊城市教育局确立的“321”工作思路把立德树人作为大力推进的三项重点工作之一,高唐县教育局也相继出台了落实立德树人的文件。在上级精神的指引下,高唐县第一实验小学秉承“为学生未来奠基,对学生终身负责”的办学理念,以“遵守规则养成习惯”为核心校训,把“学生成人,教师成功,学校成名”作为办学目标,努力践行“健康开朗,懂规有仪,全面个性,交流合作”的育人标准。

---

* 本文原载《聊城教育》2017 年 8 月第 4 期。

我们把"立德树人"作为学校的发展之本，努力培养学生的创新能力、良好习惯、责任意识、道德品质，扎扎实实为学生未来奠基，把"树人"教育作为学校教育的首要目的，让学生学会做人、学会做事、学会学习，通过文化育人、课程育人、活动育人三条途径，促进学生德学双行，全面发展。

一、文化育人

学校文化是学校特色和历史积淀的反映，是全体师生认同的思维和行为方式，对学生思想品德的养成具有潜移默化的导向作用和持久深远的影响功能。我校非常注重学校文化建设，重点做了以下两方面工作：

第一，搞好顶层设计。我校着力打造以"遵守规则，养成习惯"为核心的校园文化，通过继承、整合和创新，从物质文化、行为文化、制度文化和精神文化等方面进行创建。为此，我们先后两次邀请北京师范大学鲍传友教授到校考察指导，做好顶层设计，学校文化架构已经形成，育人效果凸显。

第二，塑造学校共同价值观。围绕"为学生未来奠基，对学生终身负责"的办学理念，我们组织教师开展了"认真践行办学理念，促进学校持续发展"大讨论等活动。老师们把学校发展理念铭记于心，在深刻理解的基础上，将之作为一切教育教学活动的指南，切实"为学生未来奠基，对学生终身负责"。老师们对办学理念进行大讨论的文章，学校择优编辑成《践行理念　且行且思》一书，供所有教师学习内化，提升教师对学校办学理念的认同感。

二、课程育人

课堂教学是学校教育的中心，是学生道德认知、道德情感培养的主要途径。与课程教学有机结合的德育，是最基本、最自然的德育。我们要求老师们在向学生传授知识、培养学生能力的同时，将良好的情感、端正的态度、正确的价值观自然融入课堂教学过程，并适时渗透科学发展观和社会主义核心价值教育。

另外，我们组织骨干教师开发了校本教材《好习惯益终生》低、中、高三册，供不同年级使用。教材图文并茂，通过"看一看""读一读""学一学""说一说"等多种形式，对学生们的日常生活、学习、礼仪等行为作出了具体指导。《好习惯益终生》获山东省优秀课程资源一等奖。

三、活动育人

一是开通"养成教育天天见"电视节目。每天下午预备铃前10分钟为电视直播时段，播放由学生们自编自演的以“遵守规则，养成习惯”为主题的小节目。节目由各班轮流负责制作，每天一个班，学生在耳濡目染中接受养成教育的滋养。学期末学校对精彩节目进行编辑整理，刻成光盘，发放到学生手中。

二是开展践行社会主义核心价值观系列教育活动。组织年级进行国歌、队歌、校歌三歌比赛，举办亲子诵读、讲故事比赛及“敬长辈，尽孝心，争当小孝星”感恩教育活动等，对学生进行价值观、人生观和荣辱观教育，规范学生言行，张扬学生个性。

三是开设家长大讲堂。分主题抓好家长培训和沟通，全面探讨育人策略，加强家校合作，真正做到了德学双行、全面育人。学校被评为山东省优秀家长学校。

立德树人是学校的发展之本。学生成长之路任重道远，但我坚信，只要我们拥有一颗用心做教育的心，在立德树人的道路上持之以恒，一切都会水到渠成。

坚持立德树人，培养优秀学子*

唐吉民

2017 年 2 月 4 日，聊城市教育系统“立德树人年”启动大会召开，确定今年为全市教育系统“立德树人年”。市教育局局长哈宝泉作了重要讲话，逐一明确了立德树人的意义、目标、要求和任务。会后印发了《聊城市教育系统“立德树人年”工作方案》，对 2017 年立德树人工作做了详尽安排，分别确立了学前、小学、初中、高中等不同学段的育人目标，明确了德育培养的具体要求。根据上级部署和要求，东阿县实验中学积极行动，围绕“立德树人”开展了大量工作。

一、成立学校领导小组，将德育作为学校一切工作的目的

东阿县实验中学迅速行动，2 月 13 日开学第一天，即召开中层以上领导班子会，成立了以校长为组长、校级班子为副组长，中层干部为成员的学校立德树人领导小组。明确了工作目标，即以“立德树人年”为契机，健全工作机制，完善考评措施，将德育工作贯穿教育教学的方方面面，不断强化督促检查，确保工作力度不减、常抓常新。

二、加强师德建设，坚持廉洁自律，打造一支具有高尚师德的德育队伍

学校以“团结、勤奋、文明、求真”为校风，以“崇尚真理，追求真知，永做真人”为校训，以“创品牌学校，办优质教育”为发展目标，以“坚持德育为先，坚持能力为重，坚持全面发展”为办学纲领，贯彻“科学发展，和谐育人”的办学理念，

* 本文原载《聊城教育》2017 年 8 月第 3 期。

坚定不移地实践“重德、启智、创新、广才”的办学思想，不断优化校园环境，完善学校管理，大力推进以“导学精讲，多维互动”教学模式为核心的教学改革，全力打造高效课堂，形成了“全程育人，全面发展，全员负责，全体提高”的办学特色。

利用校门口公示举报电话、教师承诺书上墙等形式，严肃工作纪律，坚决杜绝有偿家教。组织教师学习《中小学教师职业道德规范》等文件，贯彻党和国家的教育方针。要求广大教职工廉洁自律，不接受家长宴请，不收受学生及家长的礼品。通过多项措施，使师德建设规范化、制度化、长效化。学校下发雷夫的《第56号教室的奇迹》，并精选全国优秀班主任任小艾的《做最好的班主任》、郭思乐的“生本教育”理论中的内容，装订成册，让每位教师精心研读。通过组织师德演讲比赛、师德标兵评选，制作师生“四德”宣传栏，表彰先进。近几年来，教师缺编严重，但大家任劳任怨，学校打造出了一支素质高、能力强、讲奉献，具有高尚师德的教师队伍。

三、完善德育机制，
高标准定位全员德育管理新模式

通过广泛征求意见，我们修订并完善了《班主任管理制度》《学生综合素质评价规程》《班级评比细则》等制度，促进了德育工作的制度化、常态化。本年度，我们尝试实施教师全员管理制度，要求每位教师都参与到班级管理中，参与到学生道德品行教育和班级文化建设中。班级管理不仅是班主任的事，每位教师都有责任和义务做出贡献。政教处、安全办、团委齐抓共管，形成良好的德育管理网络。

在建立健全各项规章制度的同时，狠抓制度落实与执行。安全值班领导、值班教师、学生干部对学生日常行为、班风学风进行检查评比，每天公布检查结果，每周小结通报，每月总结，并把考核结果纳入班级量化考评，为更好地打造学生自主管理的德育特色夯实了基础。

四、创新工作思路，
构建多元化德育工作体系

1.健全学校领导机构，构建完整的德育工作体系架构。通过以校长为首的德育管理体系来指导完成德育工作。政教处、团委、保卫科是德育工作职能部门，负责起草和组织实施德育工作计划，发挥指导和检查协调作用。年级组和各班级是执行层，由班主任和任课教师具体实施德育计划，创造性地开展德育活动。

2.充分发挥学生会、家校委员会等机构的教育作用。学生成长离不开家庭、学校及社会的共同努力。坚持以学校教育为主,以社会教育为辅,邀请家长来校听评课、座谈,共同参与学校教育教学和管理。定期邀请家委会成员来校听课、指导工作。通过法制副校长进学校,召开安全法制教育报告会,增强学生法律安全意识。

3.发挥班主任在德育工作队伍中的骨干作用。通过举办班主任论坛,由优秀班主任介绍先进经验。班主任每学期至少对家长进行一次面访,通过家访和电访方式与家长联系,反映学生表现,充分沟通,使家长与教师互相了解孩子在学校、家庭中的表现,提出有针对性的建议。

4.发挥党员教师在德育工作中的先锋模范作用。党员教师每年在暑假、寒假期间都开展"学困生"帮扶活动,了解所帮扶学生的家庭状况、学习困难等,并协助班主任对学生进行思想道德教育。

5.发挥司法局、交警队、德育基地等在德育工作中的教育作用。拓宽教育渠道,把德育教育工作从校园向社会拓展。学校与公安局、司法局、交警队、检察室、消防队等单位联系,定期请专人为学生上法制安全课,组织学生参观德育展室,增强学生法制观念,并开展各种消防、安全知识宣传活动。

6.发挥"社会主义核心价值体系教育"的教育作用。通过制作"社会主义核心价值观"宣传栏和文化长廊,弘扬传播时代正能量,推进未成年人思想道德建设,抓好日常行为规范和文明习惯养成教育,并把"社会主义核心价值观"教育融入各学科中,发挥各学科全面育人功能,抓好文明礼仪、法制环保和心理健康教育。

五、坚持用优秀的校园文化育人,切实推进素质教育

学校通过培植优秀的校园文化,加强对学生进行中华优秀传统文化教育,增强学生的社会责任感、创新精神和实践能力,促进学生良好品质的养成。

1.加强常规及养成教育。利用每周一的升旗仪式进行爱国主义、遵纪守法教育;以"学雷锋活动月"为契机,组织学生参观德育展室,开展"学雷锋师生签名"活动,对学生进行爱党爱国教育。教学生唱《四德歌》,并作为课前一支歌每天传唱。根据行事历安排,每周开展不同内容的主题班会,教育效果非常显著。

2.开展丰富多彩的文体活动,抓好阳光大课间活动。定期举办拔河比赛、会操比赛、乒乓球及篮球比赛,每天的阳光大课间活动已成为我校一道亮丽的风景线。学生课间操动作到位、整齐划一,跑步步调一致、口号洪亮。阳光大课间规范了学生行为,增强了学生体质。

3.提供平台,挖掘学生潜力,展示学生才华。校刊《海燕》《启航》《文苑风景》以及每天的《班级日志》让喜爱写作的学生大显身手。才艺表演和主题演讲比赛,为学生提供了展示青春才华的平台,一些极具表演和演讲天赋的学生脱颖而出。

4.家校携手,形成合力,全面发展。家校携手,能形成促进学生健康成长的强大合力。每学期召开两次家长会,交流教育经验,针对学生情况制定教育方案。组建学校、年级、班级三级家委会组织网络,加强家长与老师的沟通联系。定期邀请家委会主要成员来校进教室听课、与教师座谈,指导学校工作。

5.安全工作常抓不懈,安全重于泰山。安全是学校的底线。每学期聘请司法局、交警队的同志为师生讲授法制课,讲解青少年违法犯罪案例,让学生学法、懂法、守法。建立健全了档案管理制度,使学校工作有法可依,有据可查,实现了管理的制度化、规范化和民主化。

六、扎实开展具有实效性的德育主题实践活动,践行立德树人

1.积极推进阳光阅读活动,认真实施语文“五个一”工程和英语“六个一”工程。2016年以来,在市、县教育局的全面部署和支持下,我校扎实开展“推广阳光读写,创建书香校园”活动,认真实施语文“五个一”和英语“六个一”工程。通过开展一系列活动,向中学生传播先进思想文化,引导他们树立正确的世界观、人生观和价值观,提高抵御不良文化侵蚀的能力,坚定为实现中华民族伟大复兴而奋发学习的理想信念。

2.开展关爱弱势群体的帮扶活动。以向有困难的学生捐款捐物为切入点,开展捐赠活动。对“学困生”、贫困生、留守儿童进行摸底调查,建立帮扶档案,并争取社会力量,让属于弱势群体和特殊群体的青少年权益得到保障、基本要求得到满足,让他们感受到党和政府的关爱。

3.实施感恩教育和诚信教育。利用各种节日对学生进行感恩教育,如母亲节教育学生感恩父母、教师节教育学生感谢师恩、清明节教育学生感恩先烈,并通过黑板报、主题班会等教育学生懂得感恩、讲诚信。每年教师节,老师们都能收到学生亲手制作的礼物。

4.实施爱国主义、国防双拥思想教育。我校被县委宣传部、人武部授予“国防教育基地”荣誉称号。学校和县武警中队建立共建关系,签订《双方共建协议书》,并向中队捐赠图书100多本。组织学生定期慰问和帮扶军烈属,收看航天员太空授课。

5. 组织开展各种学生社团活动，培养学生能力。学校成立文学社、广播站和各种球类代表队。文学校刊《海燕》《启航》等让学生大显身手。举办的才艺表演和演讲比赛，为学生提供了展示平台。近年来，我校学生屡屡在省市各级演讲比赛中取得优异成绩。

6. 创办“实中心理咨询室”，加强对学生的心理健康教育。学校先后派出多位教师参加国家级心理健康培训，教师通过考核后均获得心理咨询师证书。心理咨询教师对学生产生的心理问题及时进行疏导，指导学生少走弯路，积极乐观地面对生活中的挫折，走出心理误区，受到学生和家长的一致好评。

我校的立德树人工作在各级部门的正确领导下，经过全体教职工共同努力，取得了显著成效。但德育工作是一项不断超越、持续发展的工作，今后我们将查找不足，学习先进经验，积极探索德育教育新渠道，使学校德育工作再上一个新台阶。

立德树人，润泽生命*

王秋荣

立德树人乃是教育之本，任何一个民族，任何一个国家，没有强大的精神正能量，没有先进价值体系的引导和支撑，不可能屹立于世界民族之林。党的十八届三中全会上，党中央从全局和战略高度出发，强调坚持育人为本，德育为先，把立德树人作为教育的根本任务，为进一步做好新形势下的德育工作指明了正确方向，提出了更高要求。作为一名班主任，必须肩负起“立德树人”这一重任。

一、加强学习，充实自身的正能量

教师的学识和教学水平在课堂上是另外一种人格魅力的体现。苏联教育家马卡连柯曾经说过：“学生可以原谅教师的严厉、刻板，甚至吹毛求疵，但是，不能原谅他们的不学无术。”所以，教师要树立不断进取、终身学习的目标，学习党的教育方针政策、教育法律法规，学习教育家的思想方法，学习教育科学理论，学习必要的法律知识，平时多读书，课余时间参加一些业务进修培训，密切关注现代科学的发展变化，不断丰富自己的教学手段。只有不断地学习新知识，勇于探索和拼搏，才能成为一盏路灯，为学生照亮前程。

二、用自己的言行去影响每一位学生

孔子说：“其身正，不令而行；其身不正，虽令不从。”在日常生活中，我严格要求自己，处处以身作则，做学生的表率。要求学生做到的，我首先做到。要求学生不说脏话，我带头使用文明用语。寒来暑往，我带头提前到校，劳动、打扫

---

* 本文原载《聊城教育》2017 年 8 月第 3 期。

卫生我首先干在前面。要求学生按时完成作业，我首先做到及时批改每一份作业。要求学生讲卫生，我首先主动捡起校园里的垃圾纸片。我在学生面前树立起良好的师德形象，赢得学生的理解、尊敬和效仿。孩子们刚升入一年级还不会扫地，我每天早晨早早来到学校，带领着他们打扫教室，年龄大一点的孩子就跟着我一起扫地，慢慢地，孩子们自己就能够打扫班级的卫生了。我带领我班学生积极践行“弯腰精神”，随时捡起点滴垃圾。孩子们在我的影响下，看到校园里的垃圾就主动捡起来，也带动了其他班级的小朋友主动去捡垃圾。

三、积极开展活动，对学生进行德育教育

积极开展有意义的活动。3 月份是学雷锋月，我班开展了“我为同学做好事”活动，有的孩子帮助同学系红领巾，有的孩子帮助同学系鞋带，有的孩子把自己的铅笔借给别的小朋友。此次活动加深了同学之间的友谊，促进了班级的和谐进步。3 月 8 日妇女节，号召孩子们为妈妈做一件事情，来报答妈妈的养育之恩。有的同学做了精美的贺卡，在贺卡上写了几句感恩妈妈的话，有的同学帮妈妈做家务，有的同学帮妈妈洗脚，等等。这些活动让孩子们感受了亲情、友情，表达了感恩之情。

四、关心学生，不吝赞美

俗话说：“浇花浇根，帮人帮心。”在师生交流中，我的善解人意、幽默随和让学生愿意接近，乐于接受教诲。我的赞许与激励常常鼓舞学生上进。在课堂上我严格要求学生，成为他们的师长；在课堂外我与学生平等相处，成为他们的朋友。我班有个特殊生，由于家庭原因，性格孤僻，爱发脾气，与同学都合不来，大家对他敬而远之。为彻底改变这个特殊生，我先找他多次谈心，但收效甚微。我没有泄气，我发现这个学生喜欢画画，便利用班级做板报的机会，鼓励他做板报设计。果然，他设计的板式新颖，得到全班同学的认可。我在班会上及时表扬了他，之后，又找到他的家长进行多次谈心，共同培养他良好的性格。经过我的努力，这个同学渐渐改变了自己，快乐地融入班级这个大家庭中来。学生小凡，父母常年在外，得不到亲情照顾的他，成绩一再下降，学习态度也明显散漫。我看在眼里，急在心里，及时与他的父母取得联系，劝其父母定期回家，还经常把这个孩子带到办公室进行辅导与教育。经过不懈努力，他的成绩有了明显提高，思想有了很大进步，成为班里的优秀生。

五、家校联合对孩子进行德育教育

要把孩子教育好，单靠学校和教师是不够的，只有学校和家庭、教师和家长协调一致，才能形成教育的合力，使孩子在学校、在家庭中都能得到良好的教育。

“十年树木，百年树人。”育人是一个漫长的过程，是一个循序渐进的过程，是一个爱的释放的过程。作为一名教师，我将秉持“春蚕到死丝方尽，蜡炬成灰泪始干”的精神，像春雨入夜那样润物无声、潜移默化地感染学生，把知识和关爱传播给每一位学生，做促进学生健康成长、全面发展的指导者和引路人，为中华民族的伟大复兴培养合格的建设者和接班人。

聊城举办校长"立德树人"专题培训，哈宝泉作报告*

刘 杨

为全面贯彻党的十九大精神，落实立德树人根本任务，加快推进城乡义务教育均衡发展，由聊城市教育局主办、聊城市实验中学协办的聊城市2017年初中校长"立德树人"专题培训于11月9日在八一宾馆开班。聊城市教育局党组书记、局长哈宝泉出席开班典礼并献上精彩报告。

哈宝泉以《落实立德树人根本任务，培养德智体美全面发展的社会主义建设者和接班人》为题，献上一场催人奋进的报告。报告中，哈宝泉一次次引经据典，旁征博引，以风趣幽默的语言、微言大义的故事，传递了教育事业育人为本、德育为先、立德树人的正能量，赢得了阵阵掌声。

哈宝泉在报告中提出，学习宣传贯彻党的十九大精神，是当前和今后一个时期全市教育系统的首要政治任务，希望全市教育工作者认真践行习近平总书记提出的有理想信念、有道德情操、有扎实学识、有仁爱之心的"四有"好老师要求，切实肩负起立德树人、教书育人的光荣职责，把立德树人作为教育的根本任务，做好学生"引路人"。

一是要用高尚品德奠基人生。哈宝泉以习近平总书记在十九大报告中指出的"深入实施公民道德建设工程，推进社会公德、职业道德、家庭美德、个人品德建设，加强师德师风建设"为切入点，引经据典，结合现实，深入分析了"德"的深刻含义，指出百德善为先，提出忠诚和善良是为人处世的根本，更是教育者的追求和情怀，全市教育系统要坚持育人为本、德育为先的理念，用高尚品德奠基人生，把立德树人放在首位，大力推进立德树人工作深入开展。

二是用理想信念定向人生。结合习近平总书记在十九大报告中提出的"人民有信仰，国家有力量，民族有希望"，"广泛开展理想信念教育"，哈宝泉指出教

---

* 本文原载《聊城教育》2017年12月第6期。

育者要以理想信念为指引，用理想信念定向人生，在思想上、政治上、行动上自觉同以习近平同志为核心的党中央保持高度一致，做“四有”好老师，当好学生“引路人”。

三是用宏大格局架构人生。习近平总书记指出：“担当大小，体现着干部的胸怀、勇气、格调，有多大担当才能干多大事业。”“性格决定命运，气度决定格局，细节决定成败，态度决定一切，思路决定出路，高度决定深度，格局决定结局。”教育工作者胸怀远大理想，做人才有大格局；人生格局宽广，才能实现远大理想。

四是用创新思维启航人生。习近平总书记在十九大报告中指出：“创新是引领发展的第一动力，是建设现代化经济体系的战略支撑。……培养造就一大批具有国际水平的战略科技人才、科技领军人才、青年科技人才和高水平创新团队。”创新思维是人类思维的核心，是最积极最活跃的思维形式。当今社会已步入“互联网＋”时期，大数据、云平台等新型教育手段已得到广泛应用，作为教育工作者一定要鼓励学生创新、激发学生创新思维，并创设良好环境。

五是用渊博知识助力人生。习近平总书记强调，教师要有“扎实学识”。当今社会5年创造的知识总量超过过去300年，拥有扎实的知识功底、过硬的教学能力、勤勉的教学态度、科学的教学方法是教育者的基本素质，其中知识是根本基础，是教育事业发展的强大动力，要把持续学习作为人生加油站，用渊博知识助力人生。

六是用优秀文化辉煌人生。习近平总书记在十九大报告中指出：“文化是一个国家、一个民族的灵魂。”文化是物质财富和精神财富的总和，是根植于内心的修养，是国家和民族的自信。新时期要把握好中华优秀传统文化、革命文化、社会主义先进文化，培育和践行社会主义核心价值观，结合时代要求对传统文化进行继承创新，让中华文化展现出永久魅力和时代风采，让优秀文化进教材、进课堂、进头脑，加强文化底蕴。

本次培训为期3天，全市初中正职校长200余人参加，开班仪式由聊城市教育局副县级督学郝晓萍主持。培训以校长“立德树人”为主题，邀请全国知名专家作专题报告。培训有助于全市初中学校校长开阔视野、激发职业激情、提升现代教育管理能力，落实新时期“立德树人”根本任务，推进全市初中办学水平的全面提升。

市教育局召开全市教育系统“立德树人年”启动会议*

张敬朝

农历正月初八，春节后开班第二天，市教育局召开了全市教育系统“立德树人年”启动会议。这是继2015年开班第一天召开党建工作会议，2016年开班第一天召开“师德建设年”动员会议后，第三年在开班伊始就召开的全市教育系统大会。

市纪委派驻第三纪检组副组长程德君，市教育局全体领导班子成员出席会议。各县（市、区）教育局局长，市直学校（园）校（园）长，市教育局全体工作人员参加会议。市教育局党组成员、副局长史兆海主持会议。

会议传达了聊城市教育局《关于印发聊城市教育系统“立德树人年”工作方案的通知》（聊教党字〔2017〕2号）文件精神，要求全市各级各类学校全体教职工和学生参加“立德树人年”活动，活动从2017年2月初开始，持续到年底结束。

程德君就全市教育系统正风肃纪、加强行风建设提了三点意见：一是充分认清形势、提高认识，增强工作的责任感；二是全面推进从严治党，确保立德树人工作实效；三是切实落实主体责任，营造清明的政治生态。最后，市教育局党组书记、局长哈宝泉就如何开展好工作讲话。他指出，今年是市教育局党组确立的“立德树人年”，是落实聊城教育“321”工作思路的重要载体，主要是面向全体学生，通过开展系列教育活动，落实立德树人这一教育的根本任务，担当起培养社会主义建设者和接班人的重任。他强调，坚持立德树人工作必须坚持德育为先，着眼促进学生全面发展，坚持培育学生健全的人格，致力于实现“让每个孩子都能成为有用之才”的教育理想。他要求，各级教育行政部门要加强组织领导，形成齐抓共管的良好局面；强化舆论宣传，为立德树人工作的开展创造良好的舆论氛围；建立长效机制，确保立德树人工作力度不减、常抓常新。

---

* 本文原载《聊城教育》2017年2月第1期。

会议还就2017年解决城镇普通中小学“大班额”问题、“全面改薄”工作、义务教育均衡县创建工作、第二期学前教育三年行动计划等几项重点业务工作以及加强教育系统党风廉政建设，治理乱办班、乱收费等工作进行了安排部署。

聊城市贯彻落实十九大精神，举办全市立德树人工作推进会议*

刘　杨

为全面贯彻党的十九大精神，进一步落实立德树人根本任务，12月14日上午，伴随着2017年冬的第一场雪，聊城市教育局在东昌宾馆召开"全市立德树人工作推进会议"。市政府副市长、公安局局长成伟，市政府办公室副主任李猷春，市教育局党组书记、局长哈宝泉，党组成员、正县级督学李开双、田凤奎，党组成员、副局长徐化忠、李正出席会议。会议由李猷春主持。

成伟指出，此次会议召开的主要目的是学习贯彻党的十九大精神，以习近平新时代中国特色社会主义思想为指导，进一步落实立德树人的根本任务，培养德智体美全面发展的社会主义建设者和接班人，开创我市学校德育工作新局面。下一步，要重点做好以下三个方面的工作：一是要深刻认识立德树人是做好一切教育工作的前提和基础。"德"是人的立身之本，一个人要在社会上立足，首先就要具有良好的品行，必须从"培养什么人，怎样培养人"的高度，来认识和把握德育工作的要求，增强做好德育工作的责任感和使命感，新时期，必须根据人民群众的新期盼，将立德树人工作摆在更加突出的位置，切实转变轻视德育、忽视德育的错误观念，提高人民群众对教育的满意度。二是要准确把握做好当前立德树人工作的总体形势。2017年为全市教育系统"立德树人年"，广大中小学校围绕学生德育工作开展了丰富多彩、形式多样的主题教育活动，为我市进一步落实立德树人根本任务，深化学生德育改革奠定了坚实基础，但我市学生德育工作还存在一些薄弱环节，重智育轻德育、重课堂教学轻社会实践等现象尚未得到根本改变，要主动适应新形势新任务新要求，不断深化改革，拓展德育内容，创新德育方式，优化育人环境，健全德育机制，将社会主义核心价值观融入国民教育全过程，进一步增强中小学德育工作的针对性和实效性。三

* 本文原载《聊城教育》2017年12月第6期。

是要突出重点、狠抓落实，开创立德树人工作新局面。要高度重视立德树人工作，对立德树人工作保持信心。要千方百计为学生提供精神引领平台、心理对话平台、才智展示平台，让学生以阳光的心态面对生活。要不断加强针对学生的人生规划和理想信念教育，帮助他们树立明确的发展目标和远大的人生理想，培养他们脚踏实地、积极进取的人生态度，为他们更好地学习知识、顺利走上工作岗位和长远发展奠定基础。

会议第二阶段，哈宝泉用六句话对下一步做好立德树人工作提出了具体要求。一是用高尚品德奠基人生。教育工作者要把立德树人放在首位，要用高尚的品德奠基人生，大力推进立德树人工作深入开展。二是用远大理想定向人生。教育工作者要以理想信念为指引，用理想信念定向人生，为建设富强、民主、文明、和谐、美丽的社会主义现代化强国作准备。三是用宏大格局架构人生。古今中外，凡成大事者无不胸怀宽广、无不信念坚定、无不格局宏大，要用大的格局、胸怀、眼界、视野架构人生。四是用创新思维启航人生。创新思维是人类创造力的核心，是最积极最活跃的思维形式，知识的增长和进步离不开人的创新思维。教育工作者要鼓励学生创新、激发学生创新思维，让学生运用创新思维启航人生。五是用渊博知识助力人生。知识是教育事业发展的强大动力和根本基础，要把持续学习作为人生加油站，用渊博知识助力人生。六是用优秀文化辉煌人生。中国优秀文化包括优秀传统文化、革命文化、社会主义先进文化，要把握中国优秀文化内涵，成为对国家有用的人，成为社会主义的建设者和接班人。

会上，东昌府区教育局、茌平县教育局、聊城一中、莘县二中、高新区顾官屯中学、东阿县第二实验小学主要负责人就本部门立德树人工作开展情况作了典型发言，分享了立德树人工作的经验做法。徐化忠通报了近几年全市立德树人工作进展情况、存在的主要问题和下一步的推进措施。各县(市、区)教育局局长、分管局长、分管科长和高中、职教中心、初中、小学校长及幼儿园园长共计300余人参加会议。

师德建设

坚持“四有”标准，加强师德建设*

哈宝泉

在第30个教师节来临前夕，习近平总书记在同北京师范大学师生代表座谈时发表重要讲话，把“好老师”的标准概括为“四有”教师。“四有”标准，充分体现了党中央对广大教师成长的殷切希望，为新时期加强教师队伍建设，尤其是加强师德建设指明了方向。全市教育系统要认真对照“四有”标准，大力加强师德建设，努力打造一支“有理想信念、有道德情操、有扎实学识、有仁爱之心”，爱岗敬业、无私奉献，师德高尚、业务精湛，充满活力、勇于创新的“好老师”队伍，为教育事业科学发展提供坚强有力的队伍保障。

一、“四有”标准是师德建设的指南

教师是立教之本、兴教之源。学生的成长成才离不开教师的辛勤培养，教育事业的发展进步离不开教师的无私奉献，认真打造一支师德高尚、业务精湛的高素质专业化教师队伍，是办好人民满意的教育的关键。当前形势下，加强师德建设的重要性和必要性日益凸显，“师德建设在教师队伍建设中发挥基础性作用”这一观点也已经成为共识。如果说师德建设是教师队伍建设的根本，那么“四有”标准就是师德建设的指南，要做一名好老师，首先就要深刻理解“四有”内涵，从“四有”标准中寻找差距、明确目标。

“有理想信念”，就是要坚持思想育人。理想信念是人的精神向导、动力和支柱。苏格拉底说：“世界上最快乐的事，莫过于为理想而奋斗。”罗曼·罗兰也说：“最可怕的敌人，就是没有坚强的信念。”有了坚定、正确的理想信念，人就会有明确的前进方向，就会有强大的意志去面对和战胜前进道路上的重重困难，最终实现自己的人生价值。从这个意义上讲，理想信念支配着人的思想和行

* 本文原载《聊城教育》2015年10月第2期。

为,并在很大程度上决定着人内在潜力的发挥。

学生是未来实现中华民族伟大复兴中国梦的主力军,教师肩负着培养中华民族“梦之队”的重任,对于教师而言,树立坚定、正确的理想信念更为重要。作为一名“好老师”,就要在思想上始终保持先进性和纯洁性,自觉做中国特色社会主义的坚定信仰者和忠实实践者,带头践行社会主义核心价值观,用自己的学识、品行引领学生成长,使核心价值观“润物细无声”地浸润学生们的心田,转化为日常行为。

“有道德情操”,就是要坚持道德育人。习近平总书记说:“一个人遇到好老师是人生的幸运,一个学校拥有好老师是学校的光荣,一个民族源源不断涌现出一批又一批好老师则是民族的希望。”教师的道德品质、高尚情操对学生的成长成才有很大影响。一个人一生中能够遇到具有良好道德修养和人格品质的老师,是莫大的幸运。我们每个人可能都有这样的经历和感受,那些拥有高尚道德品质的老师往往对我们的影响更为深刻和长远,不管离开学校多久,不管走上什么岗位,每当回想起他(她)们,仍会被感动,受到鼓舞和激励。作为一名“好老师”,就要努力做“以德施教、以德立身”的典范,坚持“教书育人,德育为先”,“先成人,后成才;既重才,更重人”,用自己高尚的道德情操和人格魅力为学生树立人生标杆,引导学生明辨真善美和是非曲直,为走好人生路打下坚实的道德基础。

“有扎实学识”,就是要坚持知识育人。打铁还需自身硬,教师是知识的传授者,扎实的知识功底和科学的教学方法是教师的基本素质,其中知识是根本基础。过去我们常说:“要给学生一碗水,教师要有一桶水。”现在来看,要想给学生一碗水,教师不能仅仅只有一桶水,而应该有一条流动的河,并且是取之不尽的长流水。正如习近平总书记说的:“不仅要有胜任教学的专业知识,还要有广博的通用知识和宽阔的胸怀视野。”作为一名“好老师”,就要努力成为终身学习的典范,要处处学、时时学,不断提高自身的学习能力,不断扩充知识储备,为学生提供源源不断的知识清泉。

“有仁爱之心”,就是要坚持情感育人。“亲其师”,方可“信其道”。高尔基说:“谁爱孩子,孩子就爱谁。只有爱孩子的人,他才可以教育孩子。”一位教育家说:“教师的爱是滴滴甘露,即使枯萎的心灵也能苏醒;教师的爱是融融春风,即使冰冻的感情也会消融。”教师心中有爱,才能传递爱,才能培养出有爱心的学生。相反,如果老师缺乏爱心,对学生的不足和缺点一味指责、冷嘲热讽,学生刚刚萌动的向上向善的小火苗就可能被浇灭,甚至会在对学习、对人生、对世界的看法上出现极端和偏离。作为一名“好老师”,就要像习近平总书记强调的那样,“用爱培育爱、激发爱、传播爱,通过真情、真心、真诚拉近同学生的距离,滋润学生的心田”。

二、道德情操是师德建设的灵魂

深刻理解“四有”内涵，我们可以发现，“四有”标准涵盖了价值观、道德、专业和情感等层面，这几个层面互为关联，形成有机整体。而在这一有机整体中，道德层面的标准发挥着更为核心和关键的作用。

德乃人之本。从传统文化看，中华民族是以崇尚道德著称的礼仪之邦，古人讲“修身、齐家、治国、平天下”，“修身”是排在第一位的。《易经》中说“厚德载物”，每个人只有以道为体、以德为本，才能像广袤无垠的大地一样道德深厚，心胸博大，能容万物。人与万物共生、共长、共存，从万物中汲取营养，方能成就一番事业。从“德”“才”关系看，德才兼备论首先倾向于德，有才无德之人不能重用，有德无才之人则可以培养，等其展示才华之后，再予以任用。徐世昌说：“凡建立功业，以立品为始基。从来有学问而能担当大事业者，无不先从品行上立定脚跟。”爱因斯坦说：“第一流人物对于时代和历史进程的意义，在其道德品质方面，也许比单纯的才智成就方面还要大。”从卓越人物来看，纵观历史，卓越的人物无不德才兼备、以德为先。古代如诸葛亮，“鞠躬尽瘁，死而后已”；文天祥，“留取丹心照汗青”；岳飞，精忠报国；海瑞，清廉正派；等等。现代如雷锋、焦裕禄、孔繁森等。品德的力量无处不在，凡是取得成功的人士都离不开做人的成功。

教师要“以德为先”。对于教师来说，坚持以德为先，便会自觉担当起人民教师的职责，不断攀登知识高峰，不断提升各方面的素质和修养，努力成为一名称职的好老师。像我市冠县东古城镇中学的轩云湘老师，从踏上讲台那一刻起，就暗暗立下誓言：忠诚于党的教育事业，尽心尽力做好工作，一辈子教书育人！为了挚爱的教育事业，为了心爱的学生，愿奉献自己的一片赤诚丹心，问心无愧，人生无悔！为此，他从教 34 年如一日，像钉子一样“钉”在了学校；以爱育人，用心呵护每一个学生成长；坚持学习，成为“教坛常青树”。2013 年，轩云湘老师入围 CCTV/光明日报“寻找最美乡村教师”评选活动；今年，又当选为全国模范教师，被教育部邀请参加全国教师节表彰大会（山东省仅有 2 名教师参加），同时被教育部指定为 2014 年重要宣传典型，在全国进行宣传。轩云湘老师是我市优秀教师中的杰出代表，像轩云湘这样的优秀老师还有很多，身患重病仍然坚持上课的阳谷二中教师付清春、用爱呵护聋哑儿童成长的冠县特校教师赵会娜等，都用自己的行动诠释了道德的力量。近几年来，我市课程改革不断深化、素质教育全面推进、教学质量大幅提升、人民群众对教育的满意度明显提高，这些教育成绩的取得，与广大教育工作者的无私奉献、辛勤耕耘是分不开的。正是千千万万像轩云湘、付清春、赵会娜等这样扎根三尺讲台、传播爱和知识的种子,在平凡岗位创造不平凡的优秀教师,为我市人才培养和教育发展贡献了巨大力量。

尽管我市教师队伍整体素质是好的,但是不可否认的是,在个别教师身上,也存在有悖师德的现象。有的教书育人意识淡薄,上课迟到早退,随意调课,工作缺乏积极性、主动性,使命感、责任感减弱;有的在岗不出力,敷衍塞责,马虎从事;有的没有爱心,出口伤人,体罚学生;有的为了一己私利搞“副业”,私自办辅导班、搞有偿家教等。这些现象之所以产生和存在,主要就是因为个别教师在道德情操上出了问题,对此必须加大惩治力度,以正师德师风。

思路落实靠教师。近日,市教育局党组在去年提出的“教学质量、师德建设、立德树人”三项重点工作基础上,进一步丰富内容、提炼内涵,确立了“321”工作思路,即“力推三项工作,实现两大目标(事业目标和文化目标),打造一个品牌”。解读“321”工作思路,可以看出,教师队伍是落实“321”工作思路的主体和内动力,教师队伍整体素质的高低直接关系到教学质量能否提高,直接关系到立德树人任务能否完成,直接关系到“321”工作思路能否有效落实。要从提高教师修养、培养高尚的道德情操入手,大力加强师德建设,打造一支高水平、高素质的“好教师”队伍,一方面在思想上能够高度重视、深刻理解“321”工作思路的内涵,另一方面在行动上能以“321”工作思路为指引,全面开展教育、科研、教学、管理等各方面工作,为实现事业目标和文化目标,打造聊城教育品牌提供坚强有力的队伍保障。

三、机制举措是师德建设的保障

去年以来,市教育局在师德建设方面打出了一套“组合拳”:召开了全市师德建设座谈会,举行了全市师德演讲比赛,开展了中小学师德建设专项督导评估,评选出教育系统“十个十佳”校长、教师,面向社会聘请了100名师德师风监督员。在广大教师中形成了“学先进、敢担当、比奉献、讲爱心”的良好氛围。下一步,全市教育系统要按照“四有”标准,进一步细化措施、加大力度,在构建师德建设长效机制上下足功夫。

一是构建师德教育机制。加强师德教育培训,学校通过专题学习会、主题研讨会、专场报告会等形式,加强对教师的师德教育培训;市教育局将师德教育纳入寒、暑假教师大培训活动中,同时丰富培训内容,除《中小学教师职业道德规范》外,还包括教师的职业理想教育、职业道德教育、学术规范教育、法制教育和心理健康教育等。

各地各校要通过举办各类专题学习会、主题研讨会、专场报告会等形式，组织教师集中开展师德专题学习，不断提升广大教师的职业素养，规范从教行为。要将师德教育作为教师培训的首要任务纳入教师继续教育课程体系，记入教师培训学时，其中教师全员暑期师德专题培训、新教师岗前师德培训、班主任上岗培训学时分别不少于10个、20个和30个。要加强师德培训课程的开发设计，将教师职业理想教育、职业道德教育、学术规范教育、法制教育、心理健康教育和民族团结教育等纳入师德教育培训内容。要积极创新师德教育内容、模式和方法，不断提高针对性和实效性。

要以《中小学教师职业道德规范》为主要内容，以爱与责任为核心，加强师德教育。要广泛开展培育和践行社会主义核心价值观主题实践活动，引导教师树立正确的世界观、人生观和价值观，成为社会主义核心价值观的弘扬者、培育者、践行者和推动者，成为学生健康成长道路上的引路人。

二是构建师德宣传机制。将师德宣传作为教育行政部门和学校的重点工作。坚持正确的舆论导向，大力宣传教师的地位和作用，让全社会广泛了解教师工作的重要性和特殊性。大力培树和宣传优秀教师先进典型，通过组织举办形式多样、务实有效的活动，深入宣传优秀教师先进事迹，充分展现当代教师的精神风貌，弘扬高尚师德，弘扬主旋律，增强正能量。针对师德建设中出现的热点、难点问题，要及时应对并加以引导。以教师节等重大节庆日、纪念日为契机，通过电视、广播、报纸、网络、宣传板报等多种形式集中宣传优秀教师先进事迹，努力营造尊师重教的浓厚社会氛围。

三是构建师德考核机制。将师德考核作为教师考核的核心内容，摆在首要位置。各级教育行政部门要制定师德考核办法，各级各类学校要制定具体的实施细则。采取教师个人自评、家长和学生参与测评、考核工作小组综合评定等多种方式进行。师德考核不合格者年度考核应评定为不合格，并在教师资格定期注册、职务(职称)评审、岗位聘用、评优奖励和特级教师评选等环节实行一票否决。

四是构建师德激励机制。将师德表彰奖励纳入教育工作者奖励范围。把师德表现作为评选教育系统先进工作者、优秀教师、优秀教育工作者、中小学优秀班主任、中小学德育先进工作者等的必要条件。在同等条件下，师德表现突出的，优先评选特级教师和晋升教师职务(职称)、选培学科带头人和骨干教师。同时，各级教育行政部门和中小学校要依法保障教师的合法权益，重视教师，关爱教师，形成尊师爱生的良好氛围。要积极支持和保障教师进行教育教学活动，参加专业培训，开展教育教学改革和实验。要不断改善教师的工作、学习和生活条件，及时帮助教师解决遇到的各种困难和矛盾，减轻教师过重的工作压力和心理压力。

五是构建师德监督机制。要将师德建设纳入教育督导评估体系。各级教育行政部门、各级各类学校要建立健全师德年度评议制度、师德问题报告制度、师德状况定期调查分析制度和师德舆情快速反应制度,及时研究加强和改进师德建设的政策和措施,构建学校、教师、学生、家长和社会广泛参与的师德监督体系。教育行政部门和学校要建立行之有效的多种形式的师德投诉、举报平台,及时获取掌握师德动态信息,及时发现并纠正不良倾向和问题,将违反师德行为消除在萌芽状态。

六是构建师德约束机制。建立健全违反师德行为的惩处制度。依据有关法律法规和《中小学教师职业道德规范》,制定《中小学教师违反职业道德行为处理办法》,明确教师不可触犯的师德禁行行为,并提出相应处理办法。对危害严重、影响恶劣者,要坚决清除出教师队伍。对教师严重违反师德行为监管不力、拒不处分、拖延处分或推诿隐瞒,造成不良影响或严重后果的,要追究学校或教育主管部门主要负责人的责任。对涉及违法犯罪的要及时移交司法部门。

七是构建师德保障机制。建立师德领导责任制度,各级教育行政部门负责对师德建设工作的指导和监管,主要负责人是师德建设工作第一责任人,有关职责要落实到具体的职能机构和人员。各县(市、区)要结合实际,制订本地师德建设规划和实施方案。充分发挥教育工会等教师行业组织在师德建设中的积极作用。中小学校要把师德建设摆在教师工作的首要位置,贯穿于管理工作全过程。中小学校长要亲自抓师德建设。学校基层党组织、广大党员教师要充分发挥政治核心和先锋模范作用。学校教代会和群团组织要紧密配合,形成加强和推进师德建设的强大合力。

为师以德，爱赢天下[*]

——2017 年聊城市教师工作展望

郭忠岭

按语：百年大计，教育为本。教育大计，教师为要。我市各级党委、政府和教育管理部门始终把“建设一支师德高尚、业务精湛、结构合理、充满活力的高素质专业化创新型教师队伍”作为总体目标，心怀梦想，砥砺前行。尤其过去的五年，我市师德建设的长效机制初步建立，教师继续教育的体系日臻完善，乡村教师成长的支持机制日益强化，教师专业成长的梯队结构逐步形成，有力地促进了我市基础教育的改革与发展。

2017 年我市教师工作的思路是：以践行“立德树人”根本任务为核心，围绕我市基础教育改革发展的现实需要和教师专业成长的实际需求，着力加强师德建设，弘扬尊师风尚，严把教师入口关，吸引优秀人才从教，改进教师培训，提高教师能力素质，完善教师考评制度，激励教师潜心从教、终身从教，推动我市教育事业科学发展。

一、加强师德建设，建立长效机制

1. 强化师德教育宣传工作。与《聊城教育》杂志和聊城教育信息网、《聊城日报》等新闻媒体合作开展“我的教育故事”征文活动，挖掘新时代教师职业道德的内涵；与聊城电视台等公众媒体合作开展“寻找最美教师活动”，展示教书育人的楷模风采；组织优秀教师开展志愿服务活动，引领教师崇德修身，争做“四有”好老师；办好第 33 届教师节宣传庆祝活动，加强尊师教育，落实尊师行动，在全社会厚植尊师文化。

---

* 本文原载《聊城教育》2017 年 2 月第 1 期。

2.加强师德监督考核工作。完善市、县、校三级师德监督举报体系,规范失德行为教师的认定惩处机制,促进教师自觉加强师德修养;按照“一县一办法,一校一细则”的要求,细化师德考核办法和实施细则,营造学校良好的教风学风;严惩在职教师有偿家教,遏止失德行为的蔓延。

二、增强教师培训实效,不断提高教师能力素质

1.科学规划市级培训。遴选80名“水城名师名校长人选”,启动第四期水城名师名校长培养工程,举办水城教育家成长团队研修班和水城卓越教师成长团队研修班,培训200名卓越校长和教师,打造我市的专家型校长和教学名师;举办全市中小学校长素质教育专题培训班,培训校长400人,落实立德树人根本任务,推动育人模式改革;举办法制教育专题培训班,培训法制校长和校干400人,落实依法治校和依法治教,推进学校自主管理;举办传统文化和经典诵读专题培训班,培训业务校长和骨干教师400人,推动传统文化进校园进课堂;举办培训管理团队专题研修班,培训100名中小学校长跟岗实践培训基地的培训管理者,提升我市跟岗基地学校培训方案的设计能力;举办一线骨干教师培训技能提升专题研修班,培训100名专兼职培训教师,提升我市培训专家团队的培训课程开发能力;大力实施乡村校长跟岗培训项目,全市遴选10所中小学(幼儿园)举办乡村校长跟岗培训班,提升乡村校长的学校治理能力;组织培训500名教育志愿者,提升送教下乡培训能力;组织100个送教学科小组,开设48学分的系列培训课程,培训5000名城区和乡村青年教师,提升城乡青年教师专业素养和执教能力;面向市直学校2000名教师分期分批开展系列主题式培训,完成12学分的面对面继续教育培训任务。

2.实施“互联网+教师专业发展”工程。根据省教育厅《关于印发2017年“互联网+教师专业发展”工程实施方案的通知》(鲁教师字〔2017〕2号)文件精神,组织全市50000名中小学、幼儿园教师完成36学时的必修课程和选修课程的网上学习,鼓励教师全员参加“一师一优课”创建活动,遴选推荐1000节市级优课参加省级和国家级优课的评选。

3.推进校本研修创新。落实校本培训的主体责任,实行校本研修项目申报制度,指导中小学校(包括普通中小学、幼儿园、特殊教育学校、中等职业学校等,下同)完成每年不低于24学分的教师研修任务;对照教师专业标准,帮助教师制定个人专业发展规划,建立教师专业成长档案,准确录入全国教师信息管理系统;将师德教育、法治教育、心理健康教育及专业标准作为校本研修的必修课程,由县(市、区)教育行政部门组织考试考核,确保研修效果;推广“高唐经

验”，遴选全国优质教育培训机构和高水平专家，打造专业支持下的校本培训运行机制，结对省内外优质学校，发展学校联盟，提高办学水平，落实城乡学校“手拉手”共同发展机制，建立“伙伴学校”，实施教科研人员及教育管理专家包扶乡村学校制度，推进城乡学校协同发展，共享优质教科研及培训资源。

4.深化教师培训管理。规范教师培训学分管理，严格学分审核认定制度，将教师培训学分作为教师职称评聘、绩效考核、评优评先的必备条件，将教师培训学分管理纳入学校办学水平评估、校长考评和县级教育督导的指标体系，激发教师参训动力，推动县(市、区)和学校加强教师培训工作；县(市、区)教育行政部门和中小学要制定分岗分层的教师培训规划，明确培训的核心课程，设置系列化的教师培训项目，遴选优质的培训机构和中小学建立培训课程协同开发机制，开展培训项目的绩效评估；要强化教师培训需求调研和学校发展问题诊断，以需求满足和问题解决为导向，以案例教学、现场教学为培训的主要手段，以制定和落实培训后的“531”行动计划为任务驱动，增强培训的针对性和实效性；要规范新任校长任职资格培训和新招聘教师的试用期培训，大力支持乡村青年教师专业发展；要突出示范引领，全面开展高级研修、跟岗培训、送教培训、诊断培训、团队培训，将教师培训与学校发展深度融合。

三、优化教师管理服务手段，促进城乡教师一体化发展

1.切实落实乡村教师支持计划。加大城乡义务教育学校校长教师交流力度；做好优秀教师“三区”支教，推动大学生“实习支教”，开展志愿者“送培上门”，实施县(市、区)教研员包扶乡村学校制度，促进城乡学校“手拉手”建立发展共同体；实施乡村学校特岗计划，建立乡村教师荣誉制度，提高乡村教师待遇和生活保障水平。

2.深化教师激励机制改革。严把教师资格考试面试“入口关”，遴选优秀人才进入教师队伍；全面推行教师县管校聘管理改革，实施教师岗位聘用合同管理和绩效考核；改进中小学教师考核评价办法，落实“一校一方案”，实行主管部门备案制度和学校内部公示制度；构建教师诚信体系，开展教师宣誓活动；畅通教师申诉渠道，维护教师权益，保障教师队伍稳定。

结语：“撑一支长篙，向青草更青处漫溯；满载一船星辉，在星辉斑斓里放歌。”2017年，“十三五”教育规划颁布，基础教育综合改革持续发力，教育现代化进程步履匆匆，我市“立德树人”根本任务吹响号角，教师队伍建设关键改革任重道远，为了教育工作者的梦想，为了千家万户的期盼，我们携手前行——

情系日喀则，高原铸教魂*

——山东省第三批“三区”支教教师援藏记

徐艳兵

“蓝蓝的天上白云朵朵，美丽河水泛清波，雄鹰在这里展翅飞过……”2015年8月18日，我有幸成为山东省第三批“三区”支教教师，到西藏“最如意美好的庄园”日喀则援藏支教。

神往日喀则

情系高原，源于对日喀则的神往。西藏，美丽、神秘而遥远，天蓝、地阔、云白、山苍。雅鲁藏布江和年楚河交汇形成了广袤的平原，西藏第二大城市日喀则就诞生在这里。日喀则地处我国西南边陲，青藏高原西南部，平均海拔4000米以上。2014年，日喀则拥有人口72万，辖1个市辖区和17个县。日喀则建城至今已有600多年的历史，曾经是后藏地区的政教中心，也是历代班禅的驻锡之地。日喀则有着美丽旖旎的自然风光，独具特色的后藏生活，境内的“世界第一高峰”——珠穆朗玛峰，是千山之宗、万水之源。山东对日喀则的帮扶力度很大，援藏干部和援藏教师对当地社会经济与文化教育的发展做出很大贡献。目前，还有很多扎根西藏的山东人，在各自的岗位上默默奉献。

情系高原，靠的是不变的信念。关于我为什么选择去西藏支教，我认为是受两种精神的影响。一是武训精神。我们冠县是武训故里，武训先生一生兴办义学的办学事迹和武训精神无时无刻不在影响着我。二是孔繁森精神。自青年起，孔繁森书记的事迹和精神就在我心中打下了深深的烙印。他不畏艰苦险阻深入边疆、为国为民的奉献精神，舍小家、顾大家的牺牲精神强烈地感召着我。因此，当去年6月底得知有教师援藏的机会时，我毫不犹豫地报了名。我想要把自己的青

---

* 本文原载《聊城教育》2016年10月第4期。

春、光和热奉献给西藏的教育事业，到最艰苦的地方去锻炼，到最需要我的地方去工作，丰富自己的人生阅历，实现自己的人生价值。

西藏的确令人神往，但真正踏上青藏高原之后才发现，美丽的风光之下，还有外人难以体会的艰险。到达日喀则机场后，在感到异常兴奋的同时，我也产生了头痛、胸闷、气短等一系列高原反应。接受高原反应的考验成为援藏干部老师的第一道难关。一下飞机感觉腿脚特别轻，踩在地上软绵绵的，有晕车的感觉，这就是高原反应。第二天感觉更加强烈，头紧、眼酸、腹胀、腿疼，晚上睡不着。这种情况持续了一周左右。每当我难受得不能坚持时，我就会想起武训先生兴办义学的艰辛，孔繁森书记在西藏阿里的艰苦生活，以此坚定我的信念。高原反应在我们每个人身上都有不同程度的表现。我们援藏教师总结出产生高原反应时的“三个不知道”：吃饱没吃饱不知道、感冒没感冒不知道、睡着没睡着不知道。有三位老师经过吸氧等住院治疗依然无法适应，只能遗憾地返回。当地饮食以川菜为主，又辣又麻，难以下咽，北方的小米粥、馒头很少见到。饮食及生活习惯的不适应和缺氧导致很多援藏教师没有食欲、吃饭后难以消化，体重不同程度下降。我比较明显，去年走的时候接近170斤，现在不到140斤。长期生活在那里，心脏和肺等内脏器官会变大，身体会有不同程度的损伤。

情系高原，离不开家人的理解和无声的支持。虽然决定要去西藏支教，但家庭情况和身体能不能适应高原反应等现实问题也困扰着我。妻子孙树青是冠县一中英语教师，连年带高三，教学任务重。孩子13岁，在实验中学上初二，处于中学阶段的转折点和关键时期。结婚至今，我从没离开过家，妻子对我的依赖性很强，为此妻子很犹豫，但最终她选择了支持：“有梦你就去追，家里我能行。”我的父母都是农民，年龄已经60多岁，上面还有87岁的爷爷，但他们知道后，也非常支持我的想法。父亲说，你放心去吧，我能应付，不用担心。在西藏，考验无处不在，除了身体上的不适，也有在这地球之巅的孤独与寂寞，对家人的不舍与牵挂。儿子正处于叛逆期，成绩不稳定，让我放心不下。尤其让我揪心的是去年9月21日下午14:00，妻子打来电话，说儿子在上学的路上与人相撞，左手手腕骨折，住进了医院。我马上打电话让实验中学孔维岗老师，清泉中学杜冠士老师、徐立群老师前去帮忙，又给妻子打电话安慰她，帮助解决此事。但儿子的受伤让我忧心忡忡，揪心难受，晚上辗转反侧，难以入睡。这时候我体会到了孔繁森书记舍小家、顾大家的艰辛和不易，激励自己要不辱使命，遇到再大的困难也坚持到底，决不放弃。

扎根日喀则

在日喀则，我发扬特别能吃苦、特别能奉献的精神，勇挑重担，任劳任怨，不计得失;不管是工作日,还是节假日,都随叫随到;不论领导还是同事安排的工作,无不殚精竭虑,尽心尽力,得到单位领导、同事和学校的一致好评。

抓培训,传经验。第一,办讲座、开展培训,指导教学教研,搞好教学研究。10月25～29日,在区一中举办的"2015年日喀则市教研公开周暨初高中教学经验交流会"上,我作了《听评课与教师专业成长》的讲座,参与了示范课展示、评课、教研经验交流等活动,全市初高中兼职教研员约400人参加。11月1～2日,在"国培英语、数学学科培训班"上作了《责任与爱——师之为师的灵魂》的讲座。开展说课培训,指导市一小《品德与社会》教师拉索参加自治区赛课(2015年9月),并获得国家一等奖。第二,参与教科所的管理与文件制定,把我县教育新理念、教研教改新做法结合当地实际进行推广。到教科所后,我尽快熟悉了他们的制度、做法、计划,积极把我县教育新理念、教研教改新做法介绍给他们,参与《关于招聘日喀则市教育局教科所专职教研员和工作人员的方案》《日喀则市教育局关于加强全市教研队伍建设的意见》《日喀则市师资培训中心运行方案》《日喀则市高端教研员培养培训项目可行性报告》《教科所教研员视导学校工作思路》等20余份文件的制定及管理方面的经验交流。在健全市教科所教研员队伍、推动教科所发展、创名校出名师等方面,我与教科所及市教育局局长索旺多次交流,得到他们的好评。第三,全面参与教科所活动。本年度,我在全市小学、中学赛课,中小学优秀论文评选以及高中文综命题大赛中担任评委。第四,审阅筛选论文稿件,编辑《日喀则教育》。一年来,我协助教科所相关科室做好《日喀则教育》的编辑工作,从收到的海量论文中精选优秀文章进行编辑修改,充实《日喀则教育》。教科所谭铁强老师经常说:"感谢徐哥对我们教科所做出的奉献,您的工作态度和精神、教学理念、管理经验及教学方法等永远是我学习的榜样。"回来的那天,教科所格桑老师早早起来给我们准备了洁白的哈达,还亲自给我们带上。日喀则市教育局局长索旺和党委书记董坤红表示,只要你们愿意回来,日喀则市人民随时欢迎你们。

重管理,促发展。第一,指导学校开展教学教研,帮助学校完善管理,促进教师成长。受日喀则市教育局领导委派,2015年11月2日至23日和2016年3月15日至4月30日,我在日喀则拉孜高中开展了为期两个多月的蹲点调研活动。在拉孜高中的蹲点调研活动中,我参与了作讲座、检查教学常规、评课、指导教师赛课等活动。我每天坚持听课评课,通过听课评课对很多老师进行了力所能及的指导。我在拉孜高中听了100多节课,每听一节都要找执教教师进行评课。我评课的时候都是毫无保留地说实话、说真话,尽自己的最大努力来帮助这些弟弟妹妹提高自己的授课水平。我觉得在帮助他们的同时自己也有很大的收获,不仅收获了成功的欢乐,也收获了他们对我的认同和称赞。同时,也收获了点评课能力的提升。针对听评课中发现的教学问题，我及时和领导、教师交流并开展教学讲座，先后作了关于“听评课与教师专业成长”的报告和“如何提高课堂教学的效率”的报告，旨在解决听课过程中发现的一些共性的课堂教学问题，从而规范老师们的教学行为，提高课堂教学效率。作讲座，我主要是从专业知识及心理学、教育学角度加强对老师们的知识培训，指导老师们的教学行为。除此之外，我还组织指导一些学科进行集体备课；和教师座谈，答疑解难；等等。2016 年 4 月，在于江孜高中举行的高中赛课中，我指导的青年教师共有 4 人获奖，其中 1 人获一等奖，创历史最好成绩。校长拉罗说：“徐艳兵是一位爱岗敬业、富有创造性的专家型老师，在学校两个多月的时间，在学校管理、教育科研、课堂教学及青年教师成长等方面做出了很大贡献，这样的援藏老师值得我们每一个人敬仰。”第二，开展听评课活动，促进教师发展。在国庆节期间，我仍然坚持到区一中、区二中、区三中、上海实验学校、市小学等学校参加听评课活动。第三，开展教学视导，开创视导调研工作新思路。到白朗县完小、中学开展为期两天的调研视导工作，借鉴我县经验，开创日喀则市教学视导调研工作新思路；到区一小、谢通门完小、白朗县完小送教下乡。

讲团结，重实干。第一，协助其他科室，全面做好当地工作。协助思政科做好高考监场、中考监场、小学考试巡视等工作。第二，制定成绩分析模板，搞好成绩分析。负责全市初三期末及模拟考试成绩分析工作，通过细致的分析和详细的解读，并和往年同期成绩进行比较，写明了成绩变动情况，提出了自己的一些看法和建议。

在日喀则工作期间，我举办讲座 4 次，参与制定教科所文件 20 余份，到各级学校听课评课 300 多节，指导教师 200 余人次，其中一名教师获国家级赛课一等奖，修改《日喀则教育》的汉语稿件 30 多篇，在海拔 4000 米以上的拉孜县高中蹲点教研两个多月，还曾到海拔 4700 米以上的岗巴县小学进行招生巡考。

情系日喀则

树援藏新风采。作为 10 名援藏教师的组长，我深知 10 位援藏教师能在日喀则一起支教是莫大的缘分，时刻将援藏教师的身体、思想、工作情况记挂在心上。对于比我晚一个月到日喀则的曹波老师、苏国老师、王维老师，我既关注他们的身体，更关注他们的思想，通过给他们接风，打电话了解情况，使他们对高原反应有充分的认识，坚定他们战胜高原反应的决心，帮助他们迎接挑战，顺利地投入到工作中来。我经常利用周末时间召集援藏教师到宿舍聚餐，以此排解想念家人的忧虑和寂寞。同时，我也积极做好联络员的工作，做好援藏教师和市教育局各科室的沟通协调工作，既将局里的精神、要求及时向老师们传达，也将老师们的情况、诉求及时向领导汇报。老师们虽各有个性，但相处得很融洽。大家实现了干好工作、处好关系、保重好身体和让领导放心的目标，较好地展现了我们第三批三区支教教师的风采，也建立了深厚感情。援藏教师李军士在工作总结中说："感谢同来援藏的徐艳兵老师哥哥般的关心与帮助，是你让我一年来走得平稳、踏实、精彩。"

关心教师成长。日喀则市的高中、初中、小学固守教学成绩第一位的思想，课程理念落后。学校只抓成绩、抓升学率，教师疲于授课、课堂效率低下，小学高年级上晚自习、不过双休等现象严重。工作期间，我经常到各个学校听课、评课，把先进的教育理念和我县教学经验、教学方法带到学校、带给老师。去年9月12～14日，我对日喀则市小学教师拉索的思想品德课堂教学进行了指导。她是在日喀则全市范围内选拔出来参加自治区赛课活动的优秀教师，但第一次听她的课我就发现了很多问题。不管是教学的思路，还是教学环节的安排；不管是语言、教态，还是板书、PPT的设计；不管是学生活动安排，还是课堂教学效果等，都存在很多问题。我一一和拉索进行交流，帮她设计新的授课思路。第二次听课，课堂上就有了可喜的变化。我再次给她提建议，引导她继续修改完善，还指导她如何进行说课。最终，拉索老师在自治区赛课活动中荣获自治区赛课一等奖和国家级赛课一等奖。获奖后，拉索老师就发来短信说："我获得了赛课一等奖，感谢徐老师的指导。"为促进教师更好更快地发展，我多次和教科所的领导、同事以及教育局局长索旺进行交流，在规范办学、办特色学校、办名校、培养名师方面提出自己的看法，也影响了他们的思想和做法。

心系学生。一年来，我在日喀则市高中、初中、小学等多个学校听课，深入了解学生的家庭、学习和生活情况。学生们渴求知识的眼神，在课余时间刻苦学习的身影等，都给我留下深刻的印象。在指导他们学习的同时，我也向他们传达知识改变命运的理念，告诉他们要有理想，要志向高远，要把个人的梦想和伟大的中国梦结合起来，为实现梦想而奋斗。

心系西藏。一年援藏行，一生援藏情。虽然援藏工作已结束，但援藏任务还在继续。今后，我们将通过短期援藏打造冠县、日喀则市教育的永恒友谊，实现教育资源的共享。就像在6月19日的三区支教欢送会上，我代表援藏教师发言时说的那样：祝愿我们的友谊像珠峰那样高、像雅江水那样长。

不忘日喀则

一年来，在各级领导的关心指导下，在同事的热心帮助下，我在日喀则市顺利开展了多项工作，得到领导、同事及学校的肯定和好评，也取得了一些成绩：撰写市级论文1篇，在全市初高中教研公开周暨初高中教师教法交流会上作报告1次，在“国培计划(2015)初中数学、英语送教下乡项目”中作讲座2次，在“三进文化”工作中被评为德育先进工作者，教学视导思路等很多做法得到肯定和推广，获得日喀则市优秀教师、市级教学能手等荣誉称号。虽然取得了点滴成绩，但离领导的要求还有距离，今后，我将继续关注西藏、关注日喀则的教育事业，尽自己所能促进两地教育文化的交流，共同进步，共创辉煌。

白驹过隙，时光飞转。一年的援藏经历，有奔赴西藏时的不安，有克服高原反应的难关，有思念家乡的孤寂，有开展新工作的艰难……不忘初心，就是为了天边那美丽的云彩，那最美好的家园。

教育志愿行，共筑中国梦

——聊城市教育志愿者送教活动纪实

徐艳兵

博爱、互助、尚德、进步是时代的新风范，也是我们聊城市教育志愿者的行动指南和肩负的使命，是爱赢天下的情怀！

为贯彻落实国务院办公厅关于《乡村教师支持计划（2015～2020年）》的文件（国办发〔2015〕43号）精神和省委、省政府推进义务教育均衡发展的部署，做好乡村扶贫工作，提高乡村教师素质和业务能力，聊城市确定在2016～2017学年采取送教下乡、连续培养的形式，组建教育志愿服务团，针对8个项目县（东昌府区、开发区、高新区、度假区、临清、阳谷、莘县、高唐）的乡村中小学教师开展送教下乡培训活动。

全市共计有280余位教育志愿者。中小学共分语、数、英等7个学科，每个学科送教小组原则上由5人组成，执教同一个县（市、区）的1～2个培训班（约50人/班）。每个班级配备1名由外县教师担任的班主任。项目县遴选本县优秀教师，为每个班级配备2名助教。项目县送教团连续送教1学年（2016年11月～2017年6月），不少于48学时（6学时/天）。原则上利用双休日和寒假进行集中送教培训。

此次送教活动分三个阶段进行：

首先是活动的策划和筹备阶段。聊城市项目办公室——市教育局师训科通过“三会两培训”，设置各学科培训课程内容结构，在全市齐鲁名师、水城名师、县级名师及优秀骨干教师中遴选志愿者。由优秀教育志愿者组成教育志愿者送教下乡工作组，分职责统一安排志愿者送教活动，下设学科专家组、项目县送教团团长组、学科送教小组，每个送教小组的送教志愿者除承担送教任务之外，还分别兼任培训班的班主任、信息员、协调员等辅助管理角色；送教地为每个班级配备2名助教，以保障送教工作顺利进行并取得预期成效。

其次是网上备课、集备培训、活动启动阶段。2016年10月5日，召开学科专家研讨会，研究并制定各学科送教课程内容结构的详细方案，由各学科专家带领各学科小组按照分工进行网上集中备课。10月21日，召开教育志愿者送教备课培训会，旨在交流网上备课情况，培训、明确送教课程，统筹送教安排，达到送教课程内容科学、统一、高效的要求。10月22日，启动仪式隆重举行。此次送教活动的总工程师——市教育局师训科科长郭忠岭作了总报告，就送教事宜进行了详细部署。工作组相关人员对送教工作做了安排。志愿者在团旗下宣誓，齐唱团歌，齐诵《学记》。市教育局局长哈宝泉出席会议并于会后接受了《齐鲁晚报》记者的采访，多家媒体记者进行了跟踪采访和报道。仪式结束后，随即举行了各县（市、区）师训科科长、送教基地学校校长及负责人，各县（市、区）送教团长、送教小组成员见面交流会，会后各组代表进行了汇报交流，为送教活动的启动作好充分的准备。

再次是送教阶段。2016年11月5日，我们教育志愿者开始了为期一年的送教历程，送教课程内容结构围绕班级文化建设与学科课程知识领域的有效融合，以学科知识整合为抓手，以"基于核心素质的学科教学设计"为主题，通过核心素养的解读、课标解读、教材研究、典型课例研究，再结合不同课型的打磨，推进课堂教学设计与实施，促进我市中小学国家课程校本化的研究与实施。基于这一理念，我们的送教课程具体内容为：(1)班级文化建设。这一教学内容包括班规及班级评价方式的制定，分组（打破参训教师区域界线），小组内交流，小组内制定出自己的组名、组徽、组训，小组展示，课前热身活动。通过班级文化建设，学员们能在最短的时间内互相熟悉，去除陌生感，在游戏中学，在学中悟，为接下来的学习起到热身、导入的作用。(2)通识课程《学记》。通识课程《学记》是我们这次志愿送教的一大特色和亮点。《学记》是儒家经典《礼记》中的一篇，一般认为是儒家思想学派的作品，成文于战国末期。《学记》全文仅1200多字，但内容却颇为丰富，比较系统地总结了先秦儒家的教育理论和教育实践，是一部比较系统完备的以教学论为主的教育专著。《学记》中的教育内容是丰富的，需要我们在实践中体验和学习，不断探索。送教者对《学记》的深入分析和解说，不但可让参训教师体会到中华文化的博大精深，还继承和发扬了传统文化并使之为现代所用，同时也有助于提高教师核心素养的整体水平。尽管社会在发展，但这些根本的理论不会失效。牢记经典，再结合现实，才能找到合适的教学方法。将《学记》中的理论装到我们的行囊中，带着它一起走教育学习之路，相信我们会有更多的收获！(3)学科教学。这一部分是送教任务的重中之重。学科送教志愿者由初中语文、数学、英语、物理、化学、生物、地理及小学语文、数学、英语、科学等11个学科的教师组成。教育志愿服务团的学科教学送教分成7个学科组（初中语文、数学、英语和小学语文、数学、英语、科学），其中，小学科学涉及初中的物理、生物、化学、地理学科知识和原理，因此小学科学学科授课教师由初中物理、生物、化学、地理和小学科学学科教师组成，其他学科授课教师由本学科教师组成。这样有利于教师间的相互研讨、学习和资源的整合，保障送教的最佳效果。送教学科教学就各学科普遍存在的重难点问题，利用志愿者实践型专家的优势，结合各学科《新课程标准》，精选与教学内容贴切的教学案例或教学片段进行分析、研究、总结，同时就教学技能和方法进行探讨，旨在促进双方的共同进步和发展，达到共赢。班级文化建设、通识课程、学科教学这三部分教学内容，其教学时长分配比例为 1∶1∶4，实践证明，这一比例适合送教教师的教和参训教师的学的最佳效果搭配。我们的志愿者全部义务送教，不领取任何劳务费。志愿者在送教周的周五下午 17:00 前到送教县（市、区）报到，很多当班主任的志愿者要在学生放学后再坐车赶往送教地。周五晚上，大家集中备课、研讨，往往研究到深夜而乐此不疲。周六送教一天，下午 16:30 或 17:00 返程。每个送教小组送教 8 次（1 个县）。志愿者们都以饱满的热情、最佳的授课状态来进行每一次送课，不但带动了老师们的学习热情，更让老师们收获了知识、技能和快乐。志愿者和参训教师的活动评价，采取绩效和测评相结合的评价方式，既能激励其积极学习和参与活动，又能体现评价的公平、公正。

我市教育志愿者从送教下乡仪式启动那激动人心的一刻起，就拉开了志愿送教的序幕。一批想为教育做点什么的人和一批想学点什么的人走到一起，共同促成了这个活动——教育志愿者送教活动。他们毫不畏惧，敢于向难度和高度挑战，专心致志，精心准备，反复斟酌，共同研究，各抒己见，勤学好问，互帮互学，认真梳理，乐于奉献。尽管为了防止志愿者因个人特殊情况，无法及时送教，送教团队制定了送教志愿者的请假和替换制度，但近两个月下来，至今无一人请假。他们用超乎常人的坚持与努力，共同完成了为期一年的送教任务，带来了太多的感动和爱的故事。

我们的志愿者无怨、无悔、无偿地为教育及他人提供帮助和服务，奉献自身学识，引领教育风尚，充分彰显了我市广大教师良好的师德师风师貌。在帮助、带动别人的同时，志愿者自身专业素质也有了较大提高。我们不敢说志愿者的送教能让参训教师提高多少，但我们能保证我们的学员从此既增加了“所学”也增加了“所思”。正如《学记》中所说：“学然后知不足，教然后知困。知不足，然后能自反也；知困，然后能自强也。故曰教学相长也。”

教育志愿行，共筑中国梦。

点燃创新之火*

——记聊城三中获市政府奖励的 4 名学生

薛蓓蓓　胡相东

“没想到政府这么重视创新工作，孩子们拿到奖励后可开心了，对我们学校以及全体师生都是极大的激励。”2 月 8 日，聊城三中的科技创新辅导老师刘立贤告诉记者，“政府直接把创新奖励金 2 万元打到了学生家长的银行账号上，当时有位家长还以为自己看错了。”在我市于 2016 年举办的“大众创业、万众创新”典型推荐评选活动中，聊城三中 4 名学生荣获“发明创造之星”，成为我市的创新典型，而近期他们收到了政府给予的每个人 2 万元的创新奖励。

刘立贤介绍，获奖的 4 名学生分别是刘高千雪、段明康、周奥轩、安家瑞。他们的发明创造分别是：伸缩折叠杯、可调温度的电煮水器、基于纳米银线的导电橡皮泥制作方案、公共场合行人振动能量收集与再利用系统装置。他们是怎样的孩子，小小年纪凭借什么获得了此项重量级奖励？近日，记者走进三中，与“发明创造之星”们面对面，解读他们成长以及创新背后的故事。

刘高千雪：喜欢宅的“体育行家”

刘高千雪是 4 个人中唯一的女生，也是年龄最小的一位。17 岁的她告诉记者：“做伸缩折叠杯是为了出门时携带方便。”刘高千雪是名副其实的体育运动“达人”，羽毛球、乒乓球、网球、排球、斯诺克等都是行家。“我最喜欢的运动员是打 ACE 球的瓦琳卡，爆发力特别强。”同班的段明康对她的体育涉猎之广也赞叹有加：“有一次我听到她讲橄榄球，心想，哇，她竟然还懂得橄榄球，真棒！”“我们全家人都喜欢体育。”刘高千雪说，“我是受爸爸妈妈影响，平时就喜欢在家里看电视，体育运动、纪录片、新闻都喜欢。”

---

* 本文原载《聊城教育》2017 年 8 月第 4 期。

段明康:热爱生活的骑行少年

发明可调温度的电煮水器的段明康活泼又热心,热爱生活,喜欢喝茶。“我每天的睡眠时间是6个小时,所以茶和咖啡是我的好朋友。”经常喝茶和咖啡的他还发现了两者的不同之处。他说:“喝茶头脑比较清醒,喝咖啡却是困还睡不着。所以我更喜欢喝茶。”他发明的可调温度的煮水器可以同时提供热水和温水,能够同时满足人们的不同需要。在得闲的午后,段明康喜欢骑着自行车去感受大自然的魅力。“骑车的时候感觉心情特别舒畅,风声吹过耳旁,有湖水,有夕阳,那一刻真是让人陶醉,岁月静好。”游离世俗之外又深入生活之中,这位时常放飞心灵的少年,用自己的触角感受着生活中的美好,拥抱着这个世界。

周奥轩:闲不住的情商小高手

周奥轩与安家瑞同在一个班级,性格却是一动一静,截然不同。在安家瑞眼里,周奥轩情商高。在周奥轩眼里,安家瑞有着让人佩服的专注力。“我向来闲不住。”周奥轩笑着说,导电橡皮泥制作方案的发明,是因为自己发现传统的橡皮泥有各种各样的颜色和香味,但目前为止,对橡皮泥导电性的发展和尝试却鲜有人为,更重要的是,一旦橡皮泥具有功能性,其在少儿益智方面的作用将更加有趣。有鉴于此,周奥轩尝试了一种新型导电橡皮泥的制作方案。“难点是材料的混合比例。”周奥轩告诉记者,“失败了很多次,因为纳米银线比较贵,到最后成功,原材料的花费已经有5000元了。”他说,幸好父母比较支持,这次得到2万元的奖励,妈妈没想到能“回本”,很开心。“奖金会用于我上大学后更换手机、电脑这些配置。”

安家瑞:专注力高的尖子生

“安家瑞不是传统的尖子生,我叫他出去玩他都会出去。”周奥轩说。但安家瑞专注力非常高,“他做题的时候,你叫他他都听不到”。学习之余,安家瑞喜欢玩卡牌策略类游戏来放松休闲。喜欢思考的他发现,在走路的过程中人体的能量会白白流失。“我每天行走的距离基本都在10公里以上。按照正常年轻人步行的速度8公里/小时进行计算,我每天的行走大约消耗500卡路里能量,如果能够把这部分能量完全收集起来的话,可以让一个5瓦的灯泡亮10分钟。”山东省青少年科技创新大赛项目查新报告显示,安家瑞提出的利用公共场所行人行走踩踏产生的振动能量进行“人体发电”，是一种新型的能源再利用方式，具有发电量大、绿色环保无污染等优点。其研究成果转化结构简单，容易实现，操作方便，能量输出效率较高，可以应用于学校、商场、健身房以及旅游景点等人口密集的公共场所。利用这种装置把行人行走踩踏产生的振动能量收集储存起来，可以用来照明和给应急灯供电，也可以给无线遥控器、儿童玩具、LED灯等供电，应用领域非常广阔。

少年强则中国强，青少年是社会的希望。聊城三中有4名学生荣膺“发明创造之星”，并且每人获得市政府2万元的创新奖励，这样一则让人振奋的消息让我们看到聊城教育所蕴含的巨大活力，以及青少年热爱思考、关注社会、勇于创新的良好品质。目前，我国正大力提倡“大众创业、万众创新”，青少年更要敢于追梦，做国家科技创新的生力军。

培育创新精神，长成栋梁之材，建设科技强国，是青少年必须担起的时代重任。青少年要保持对知识的渴望、对探索的兴趣，激发创新禀赋，培育创新精神，把自己培养成为栋梁之材，为国家发展、社会进步贡献一份力量。

武风久远，训蒙养正*

——冠县武训实验小学发展撷英

申洪举　顾兰顺

千年冠州，孔孟之乡，冉子游学，“亚圣”论道，尊师重教，源远流长。昔有“千古奇丐”武训行乞办学扬神州，今有莘莘学子书声琅琅传故道。在这片底蕴深厚、名人辈出的热土上，有一所久负盛名的学校——冠县武训实验小学。

冠县武训实验小学始建于 1989 年，原名“冠县商业局联办小学”，2013 年 9 月异地搬迁，为纪念清末平民教育家、“千古奇丐”武训而易名。学校占地 35 亩，现有教学班 41 个，学生 2800 名，教职工 137 人。该校始终秉承武训遗风，以“训蒙养正，润智育行”为办学理念，以培养新一代卓尔不凡、文质兼美的阳光少年为己任，桃李遍天下，栋梁满神州，在鲁西大地上展现出骄人的新姿。学校校园布局优雅，规划合理，每一个角落、每一簇红花绿草都包孕着文化意味，高标准的图书阅览室、实验室、仪器室、音美教室、微机室、会议室等功能用房一应俱全。武训雕塑、喷泉鱼池、校内小花园营造了严肃活泼的学教氛围。乒乓球活动场、书法室、国际象棋室和读书长廊、英语点读笔长廊、科技作品展示长廊、学生书画展板、教师粉笔字展板以及精心设计的班级文化都渗透着学校的办学理念，为实现师生的全面发展奠定了良好的基础。

学校现有省级教学能手 1 名，水城名师 3 名，冠县名师 2 名，先后有 51 名教师分别获得语文、数学、科学、校本、传统文化等学科的市县教学能手称号，承担着国家、省、市、县各级的多项课题研究任务，一个有理想信念、道德情操、扎实学识和仁爱之心的好教师队伍已经形成。学校教学以“学本教育理念”为指导，积极探索出的“研学后导，展示提升，当堂达标”课堂教学模式，突出体现“先学后教，以学定教，顺学而导”，达到“生本高效，情智共生”的理想境界。同时，学校积极实施“走出去，引进来”机制，多次派各学科教师前往各课改学校取经，并

* 本文原载《聊城教育》2017 年 2 月第 1 期。

积极承接县教研室组织的公开研讨课，经常邀请省、市、县的专家到校指导工作。

一花独放不是春，万紫千红春满园

冠县武训实验小学非常重视学生素质的全面提高，积极引导学生社团的成立发展，通过开展丰富多彩的社团活动，以活动励德，以活动辅智，以活动健体，以活动塑美，以活动促劳，促进学生全面发展。学校结合自身实际，适时举办口算、讲故事、古诗文诵读、作文竞赛等教学活动；除按规定开足开全艺术课程外，积极开发了合唱、古筝、扬琴、电子琴、吉他、架子鼓、二胡、绘画、国际象棋、乒乓球、羽毛球、手工、科技制作、播音主持、益智游戏等40余门校本课程。

学校培养了一批具有鲜明特色的优秀社团，组建了钢琴、古筝、二胡、合唱、书法、主持、京剧等学生艺术社团，科技制作、电脑制作、棋类等技能社团，文学、口语等学术社团，乒乓球、篮球、足球、羽毛球等体育社团，造就了一批素质高、能力强的学生社团骨干，形成了一整套高效、灵活的学生社团动态管理体系。武训实验小学每年都举办艺术节、班级歌咏比赛、“校园小主持人”比赛等活动。学校合唱队、器乐队、舞蹈队、课本剧表演队多次在县级比赛中荣获一等奖，多次参加市、县电视台“六一”、春节联欢会等节目的录制。这些活动在丰富学生生活的同时，也提高了学生的综合素质和审美水平。2015年5月，学校成功召开了聊城市小学教育教学整体发展与改革现场会，学校特色教学成果受到全市教育同仁的一致好评。

涓涓细流润幼苗，习惯养成赢人生

良好的习惯可以影响学生的一生，终身受用。学校在“先成人，再成才”的育人理念指导下，非常注重学生良好习惯的养成。学校每周确定一个行为习惯养成主题，如“上下学自觉成队”“入校则静，入室则学”“上下楼梯靠右走，轻声慢步过走廊”“文明如厕”“文明课间活动”等。每一个主题都制定相应的实施方案并抓好落实。学校成立了“文明礼仪监督岗”和“红领巾稽查岗”，每天对学生的行为活动进行检查、督导。实行教师轮流值班制，派教师在学生上下学集散点保护学生安全。学校教导处每周对各个班级学生的表现进行检查评比。每周一利用升旗仪式公布评比结果，向表现突出的班级颁发流动红旗，利用宣传橱窗和红领巾广播站对先进班级予以表扬鼓励，增强学生的集体荣誉感。

学校编写校本教材《幸福人生的100种习惯》，引导学生养成良好的行为习惯。通过开展“完美教室”布置活动，以主体化、个性化和全员参与的班级布置展示班级特色，营造积极向上的校园文化。每周的习惯训育主题活动规范引导学生养成良好习惯。“天下大事，必作于细。”走进冠县武训实验小学，校园里的每一个角落都非常干净整洁，“随手捡起一片纸”是师生的自觉行为；课间活动“轻声慢步过走廊”已经成为学生的一种习惯；每次上下学，学生自觉到指定集散地点等待家长的接送。学生举手投足、一言一行之间无不体现着学校习惯养成教育的成效。

传统经典重品读，书香校园蕴内涵

冠县武训实验小学大力开展“课下人手一本书”“阅读课上人人加大阅读量”“班间好书共欣赏”活动，让师生在品读经典中共同成长。每个班级教室里都有老师推荐阅读书目的“推荐台”，推荐的书目都是老师们根据学生的年龄特点和自己的阅读经历精心挑选的经典名著。教室里建立了“读书角”，课余时间这里是学生最喜欢待的地方。孩子们每周都要去阅览室借阅、阅读。各班都有自己的借阅、阅读时间。每周五下午的第二节课是全校统一的自由阅读时间。无论是在阅览室还是在教室，学生们都会边读边做笔记。楼道里的“读书长廊”摆放着学生喜爱的书籍，孩子们随手就可以拿起自己喜爱的书阅读。每学期每个班的师生都进行阅读汇报课展示，并根据阅读内容编排课本剧、歌舞等节目汇报演出。剧本题材丰富多样。小演员们把自己的理解融入剧中，他们的表演声情并茂，惟妙惟肖。

每周二下午的第 节课是全校师生的古诗词诵读课。每到这 时间，学校上空就飘荡着朗诵诗词作品的声音。每周三下午的大课间是固定的“古诗词周周诵”展示时间。各年级组在指定的展示场地，尽情背诵本周所积累的古诗词。全校师生共背《弟子规》的活动把经典背诵推向又一个高潮。学生们在品读传统经典的同时积累了知识，开阔了视野，提高了能力。

家校共建促发展，合力共赢谱新篇

冠县武训实验小学大力开展家庭教育工作，促进家校共建、合力共赢，让孩子在家校教育春风中茁壮成长，形成了以“家长进学校、家长进课堂、家长进活动”为特色的家庭教育模式。2016 年 10 月，学校召开了全县家庭教育工作现场会；2016 年 12 月，学校成功承办了山东省家庭教育论坛分会场，学校特色工作赢得了各级领导的一致好评。

一是家长进学校，合力办好教育。学校充分发挥家长学校和家长委员会的作用，积极构建学校、家庭和社会相结合的教育体系，取得阶段成果。为做好家长学校工作，学校切实做好“三个三”：一是做到“三个统一”，即领导与教师的思想统一，家长与学校的认识统一，教师的授课内容与《家庭教育》教材统一；二是做好“三个落实”，即教材落实，教师落实，工作落实；三是授课做到“三个结合”，即教材与社会实际情况相结合，学校教育与家长学校教育相结合，对学生的要求与“先成人，再成才”育人理念相结合。学校建立健全了学校、级部、班级三级家长委员会网络机构和各种制度，开辟了家庭教育网络平台。家长委员会的监督管理进入学校管理、进入课堂教学、进入餐厅，促进了学校规范发展的全面提升。

二是家长进课堂，拓宽教学视野。学校让广大的学生家长走进家长学校课堂，通过交流学习提升家教水平。学校定期组织家庭教育报告会和家庭教育讲座，定期给家长解读《养正读本》和《家庭教育》，自主编写校本教材《养成好习惯，奠基好未来》和《育孝心少年，做祖国栋梁》，让学生和家长认真研读，指导家教方法；学校还在校报《启·萌》和微信公众号中开设家庭教育专栏，分享和宣传家庭教育理念和育子经验，真正形成了教师、学生、家长共同学国学的浓厚氛围。学校充分开发优秀家长资源，让优秀家长在家长学校举办家庭教育报告会和专业知识讲座，实现家庭教育资源分享，讲座主题有育子经验交流、国学经典、交通知识、家庭消防、预防疾病传播等。学校邀请家长走进课堂，开设部分校本课程，如京剧、山东快书、十字绣、剪纸等。尤其是国际象棋课程，由学生家长授课，学校设立了国际象棋活动室，60 余名学生通过学习，在国家级、省市级比赛中取得优异成绩。学校被命名为国家级国际象棋特色学校。

三是家长进活动，促进家校共赢。学校通过开展丰富多彩的家长教育活动，提高家长的家教水平，共同为学生的未来奠基。通过举办家长开放日、家长沙龙、亲子运动会、亲子征文、书香家庭创建等系列活动，让广大家长参与其中，畅谈教子经验，延伸家校活动内涵，提高家长家教水平。

“一分耕耘，一分收获。”学校先后获得全国尝试教学示范实验学校、中华优秀传统文化教育研究先进示范学校、全国英语课题研究先进单位、山东省教学示范学校、山东省语言文字示范校、山东省依法治校先进单位、山东省妇联《祝你幸福·最家长》教育实践基地、山东省少先队先进集体、聊城市教学示范校、聊城市教育科研示范校、聊城市文明先进单位、聊城市卫生先进单位、聊城市“四德工程”建设示范点、聊城市艺术教育示范学校等称号。

武训之风影响深远，训蒙养正正逢其时。意气风发、豪情满怀的冠县武训实小人，正在武训“大爱”精神的感召下，以追求高品位、高标准、高质量之雄心，以革故鼎新、浩浩荡荡之气势，用爱心去打造一所现代化名校。

特色教育促幼儿快乐成长*

——东昌府区北顺小学幼儿园发展走笔

朱　霞　杨文波

东昌府区北顺小学幼儿园自2008年5月成立以来，在完善教育管理、锻造优秀师资、创设优美环境、培育优秀新人等方面持续发力，深抓“传统文化”和“户外运动”两大教学特色，全面提高办园质量，让幼儿智能、体能全面发展，赢得了社会认可和广大家长的好评。

一、传统文化教育，传承优秀文化基因

幼儿教育是基础教育的重要组成部分。我们大力传承和弘扬中华优秀传统文化，从以下四个方面作了有益的尝试与探索。

（一）以一日生活为基础，聆听经典

根据幼儿学习规律，把传统文化教育渗透到一日活动的各个环节，使幼儿在一点一滴的潜移默化、耳濡目染中养成良好的学习、生活习惯。

在饭前、教学活动之余，我们利用孩子喜欢听故事的特点，给孩子们讲解《三字经》中的“孟母三迁”“五子登科”“黄香温席”“孔融让梨”等小故事，让他们体会古人重视教育、孝顺父母、友爱兄弟等的生活智慧和美德；在饭间、午睡前、离园前等小段时间进行猜谜游戏、手指游戏等，说童谣《小黄狗》《排排坐》《颠倒歌》等，讲童话、传说、美德故事《嫦娥奔月》《大禹治水》《葫芦娃》《牛郎织女》《司马光砸缸》等，让文化故事陶冶幼儿情操。针对普遍存在的幼儿挑食现象，我们为幼儿绘声绘色地朗诵古诗《锄禾》，描绘表演农民伯伯劳动时的辛苦，使幼儿养成不挑食、节约粮食的好习惯。

---

* 本文原载《聊城教育》2017年8月第4期。

（二）以传统节日为契机，亲子互动

元宵节、重阳节、端午节、元旦等传统节日融会了乡土、乡情、乡音、乡风等普通老百姓的审美追求，具有深厚的文化内涵。在这些节日到来之际，我们以亲子互动式的教育理念开展活动，老师、孩子、家长汇聚到一起过节，使这些传统节日重现于孩子的生活中。

我们会和孩子聚拢在一起，动手制作传统的食品。端午节邀请孩子们的奶奶来幼儿园和孩子们一起包粽子，元宵节邀请孩子们的妈妈来幼儿园搓汤圆、做花灯、猜谜语等，元旦一起包饺子……浓浓的亲情、和谐的氛围一直围绕着、影响着孩子。孩子们在与老师、同伴、家长的互动中感知和了解了民俗风情，受到民族文化的熏陶，激起民族自豪感，最终培养起珍惜、热爱自己民族悠久文化的思想感情。

（三）以幼儿发展为根本，玩学并举

教师的教育价值在于把幼儿玩的过程转化为开发智力、培养能力、涵养美德的学习过程。

我们有意识地把民间游戏渗透到幼儿的游戏中。如语言游戏，和幼儿玩童谣诵读、绕口令、问答等；体育游戏，和幼儿玩跳房子、贴烧饼、丢手帕、吹泡泡、小小飞行员、跨大步、熊和石头人等。幼儿从中既体会到传统游戏的快乐，又锻炼了运动技巧。我们还带领孩子亲手制作一些简单的民间玩具，把玩具和材料一体化，材料既是玩具，也是学具，寓教于乐。如通过制作元宵节所用的花灯，端午节所用的布老虎、五丝哨，清明时节所用的风筝等，不仅让幼儿了解了一些节日的风俗、意义，而且在玩的过程中提高了他们的动手能力。此外，我们还利用“多样诵读”引领孩子们在玩乐中诵读经典，有看图读、轻读、领读、引读、接龙读、师生配读、男女生对读等，激发了幼儿的诵读兴趣，引导他们感受文化经典的意态美、节奏美和韵律美。

（四）以园所环境为桥梁，书画交融

创设与教育相适应的良好环境，是幼儿园教育教学的有效手段之一。孩子参与环境创设，与环境充分互动，成为环境的真正主人，有利于孩子身心健康发展。

楼梯壁画围绕古韵聊城、水韵聊城、人文聊城和特色聊城四个板块，创设了光岳楼、铁塔和山陕会馆、东昌湖、京杭运河等情境，让幼儿在欣赏、识别的过程中体验城市的温馨和快乐；把聊城旅游文化、特色文化分板块展示，让孩子们了

解自己的家乡，培养对家乡的热爱。利用幼儿园楼道空间，在二楼选取了青花瓷、纸扇、脸谱、刺绣、皮影、剪纸等经典元素，通过幼儿绘画、描红、粘贴、剪纸等形式，丰富幼儿的生活。三楼楼道文化以中国的传统节日为主，选取了与幼儿生活密切相关的元宵节、端午节、中秋节、春节等节日，通过绘画、制作等形式，让孩子们感受中国传统节日的文化内涵。这些“无声的教材”在孩子们幼小的心灵里种下了爱家乡、爱祖国的文化因子。

二、户外运动丰富多彩，促进幼儿体能发展

户外运动以发展幼儿健康的体魄为目标，通过丰富的锻炼形式，锻炼孩子跑、跳、钻、爬等各方面的运动能力，让每一位孩子快乐地运动，茁壮地成长。

（一）每天户外两小时常规锻炼，形式新颖丰富

随着现代生活条件的改善，给孩子成长带来诱惑的东西越来越多。电视、电脑、高档玩具等，开阔了孩子们的视野，却压缩了他们的活动时间和空间。越来越多的孩子更愿意待在家里，不想走出房门，城市的孩子更是如此。

为了让孩子们的小脸不再苍白，我园提出每天出去两小时的健康锻炼目标，除了常规的武术舞、器械操，我们还发动教师利用各种废旧物品为幼儿制作户外活动玩具，如水管系列玩具、轮胎玩具、布制玩具、瓶制玩具等等。教师们还开动脑筋设计出许多适合幼儿年龄特点的户外小游戏，如小班的赶猪游戏（纸棒、皮球）、捉尾巴，中班的钻纸桶、跳跳圈、小坦克，大班的推车（车胎）、投乌龟（布头）、跑旱船等。孩子们爱玩、会玩、乐意玩，越玩身体越健康。

（二）以区域活动为重点，关注幼儿个性化发展

我们从幼儿的兴趣和生活经验出发，强化幼儿区域活动，每班设置促进幼儿快乐成长的6～8个区角，使幼儿在区域活动中可选、可玩、尽兴，满足了幼儿个性发展的需求。

中六班老师指导的国粹脸谱艺术，既锻炼了幼儿的动手动脑能力，又彰显了教师的教育智慧；大六班幼儿的乐器合奏，既锻炼了幼儿的音乐节奏感，也增强了幼儿之间的合作意识；大七班幼儿的“欢迎你到聊城来”，让幼儿凭借生活经验自己设计出两条旅游路线（古城路线和水城路线），提高了幼儿的口语表达能力，激发了幼儿热爱家乡的情感；小七班幼儿的“宠物医院”是从小班孩子喜爱动物的兴趣出发，结合孩子感冒住院、吃药输液的亲身经历而生成的区域活动，孩子们在“宠物医院”里体验慢慢扎针、轻声交流的言行，促进了社会化自律

性的发展。这些区域活动教育目标的设计符合各年龄段幼儿的年龄特点，关注了孩子已有的生活经验，开启了幼儿心智，是教师眼里有孩子、教育有方法的专业素养的体现。

（三）以活动展示为平台，提高训练水平

我们以儿童节庆典、家长进校园等活动为平台，进一步提高幼儿练习的积极性，增强他们的集体荣誉感，在体质训练中塑造团队意识、培养合作能力。

我们以团体操作为大班孩子的主要活动形式，让每一个孩子都在积极参与中获得相应的发展与提高，分享荣耀，感悟成长的快乐；结合教材，带领中班孩子开展了一物多玩的体育游戏活动，让孩子们在探索同一种物体的多种玩法的有趣情境中，在节奏鲜明的音乐中自由快乐地玩耍，感悟户外体育游戏活动的无穷乐趣。小班孩子肌肉尚未发育成熟，我们把家长邀请来玩亲子快乐游戏，让孩子们在游戏中增进亲子感情，感悟别样乐趣。各学段安排层次分明，内容多样，务求时时有看点，处处有精彩。在参观的领导、同行和家长们的惊喜、赞叹声中，孩子们体验到成功的快乐，成长的幸福。

在千帆竞秀、百舸争流的滚滚时代浪潮中，在素质教育蓬勃发展的大舞台上，北顺小学幼儿园将继续奋发向上、开拓创新，不断深化特色教育的内涵和外延，让快乐美满的童年回忆始终伴随孩子。

不忘幼教初心，幸福相伴前行*

——高唐县第二实验幼儿园发展纪实

魏艳文

这里，是一片神圣的土地，孕育出一颗颗幸福的种子；这里，有一群无私的“妈妈”，培养出一株株幸福的幼苗；这里，是充满爱的家园，是拥有幸福的乐园。让我们一起踏上探寻幸福之旅——走进高唐县第二实验幼儿园。

构建幸福校园，为园所发展描绘坚实的底色

高唐县第二实验幼儿园建于2010年，位于风景秀丽的北湖南岸，环境优美，设施齐备，是一所省级示范幼儿园。现有12个教学班，在园幼儿近400名。园所占地4044平方米，建筑面积3328平方米，绿化面积860平方米，户外活动场地面积2983平方米，拥有科学发现室、绘本共读室、大型建构室、感统训练室、形体训练室等专项活动室，以及沙水池、体育长廊等户外游乐场地，为幼儿的个性化发展提供了必要的物质基础。

打造幸福团队，为文化积淀涂抹浓重的慧笔

我园拥有一支充满活力、富有凝聚力、专业素质高的教师队伍，共有教职工65名，其中本科以上学历教师占总人数的95%，均为学前教育专业或音体美专业毕业，人人持证上岗，合格率100%。

如果说幼儿在园的幸福是教师创造的，那么教师工作的幸福就是幼儿园创造的。教师的专业发展是幸福感的来源，有了幸福感，教师才能享受事业，享受生命，进而才能让孩子们享受学习，享受快乐，幸福成长。为了促进教师专业成

---

* 本文原载《聊城教育》2017年12月第6期。

长，我园结合园情，制订了“三五七十”教师分层培养计划，对教师进行了多元培训，做到了“三个结合”，即理论与实践结合——“课题小组带动”“一课三磨”“同课异构”“基本功大比拼”“主题演讲”等；观摩与研讨结合——“观看视频齐讨论”“走出去，带回来”“请进来，共学习”等；集体培训与分散自学结合——“园本培训”“好书认领”等。同时，我园建立了“幸福一家人”网上研修群，借助网络平台，使教师研讨驶入了网络时代的快车道。老师们也纷纷通过学前教育网站、幼教杂志、理论专刊、音像资料等获取相关信息和资料。知识的大量充实、教育理念的逐步更新为幼儿园教育教学工作提供了有力保障。截至目前，我园有 1 名教师荣获省优质课二等奖，3 名教师荣获市级教学能手等荣誉称号，4 名教师荣获市优质课一等奖，5 名教师荣获市基本功比赛一等奖，2 名教师荣获县优质课一等奖，7 名教师被评为市、县教坛新秀，3 名教师被评为山东省远程研修优秀指导教师，20 余名教师被评为山东省幼儿园教师远程研修优秀学员。我们正尝试着走一条“让教师享受学习，让幼儿享受快乐，师生共尝生命体验，共享人生幸福”的学习型发展之路。

助力幸福教育，为保教质量打好坚实的基础

高唐县第二实验幼儿园始终秉承“幸福教育润泽儿童幸福成长”的办园理念，在实施主题教学的过程中，以山东省省编教材为蓝本，充分利用课程审议将“书画艺术之乡”的地方资源、节日活动等内容贯穿于教学活动中。以直接感知、亲身体验、实际操作为主要学习方式，采用综合主题探究教学模式，积极开展“我是生活小能手”“故事新秀”“科学对对碰”“综合赛道大闯关”“创意变变变”“六一系列活动——我的童年我做主”“秋季亲子运动会”等专题活动，挖掘孩子独特的闪光点，激发孩子自信心。

我园现已形成“体育健体、书香润心、美育怡情”的办园特色，我们将传承和延续这一优势，让幼儿在活动中感受快乐，享受成长的幸福。

传递幸福理念，为家园携手共筑同心的桥梁

著名幼教专家陈鹤琴曾说：幼儿教育是一项很复杂的事情，不是家庭或幼儿园单方面可以胜任的，必定要两方面共同合作方能得到充分的功效。我园通过家委会、家长学校、微信平台、家长满意度问卷、家访、电访、家园联系册、半日开放活动等多种形式向家长传递“幸福教育”理念；定期邀请家长参与我园组织的“家园喜乐会”，让家长进一步了解幼儿在园生活情况及学习方式；建立“家长

课堂”，经常邀请从事不同职业的家长当“新”老师，参与幼儿园教育活动，如邀请交通警察讲“交通规则”，邀请消防员讲“自救小常识”等。另外，我们改变了老师“一言堂”的传统家长会模式，探索举办“体验式家长会”——根据幼儿年龄段的不同及发展特点，设定不同的家长会主题，如小班设定“家园因你而精彩”，中班设定“相遇是缘分，相知是福分”，大班设定“陪孩子越走越好的是您”“健健康康上小学”等，通过游戏体验之感悟、暖心视频之交流、共性问题之研讨、家长宣誓等环节调动家长参与的积极性，让家长摆脱被动受教育的地位，进而真正全身心地投入到孩子的教育中来。

教师和家长是朋友，家园之间是亲邻，在这充满友谊和温暖的世界里，家园携手，同心教育，为幼儿的良好发展营造了健康的生态系统。

开启幸福引领，为帮扶园所提供倾心的支持

高唐县第二实验幼儿园以“不断开拓教育新思路，发展自我、回报社会”为工作指引，充分发挥省级示范幼儿园的示范引领作用。近几年来，我们坚持定期“送教下乡”，传递“幸福教育”；接受其他幼儿园的代培要求，引领帮扶园所共同成长；承担我县“新招考教师”跟岗培训，帮助新教师转变角色，适应工作；不定期向县内幼儿园开放，促进优质教育资源共享，有效地推动了我县学前教育的发展。

近两年，省内外同行及各界人士多次到我园参观交流，我园良好的办园思路与师培特色得到来访者的一致好评。

收获幸福硕果，为二幼见证不断努力的历程

沐浴着教育改革的春风，承载着社会各界对学前教育空前的关注，本着“高起点、高要求、稳提升”的原则，高唐县第二实验幼儿园走向了规范化、科学化的发展之路，实现了“一年抓规范，两年求发展，三年孕特色，四年重内涵，五年创品牌”的阶段目标。我园先后获评“聊城市幼儿园环境创设一等奖”“山东省幼儿园教师远程研修工作先进单位”等；在安全管理、教育教学、信息宣传等方面多次被高唐县教育局评为“先进单位”。幼儿园的先进经验和做法，得到《中国教育报》、《中国教师报》、《平安校园》、《幼教园地》、《聊城日报》、聊城电台、高唐电台等媒体的宣传推广。高唐县第二实验幼儿园将不忘幼教初心，秉承“幸福教育”理念，牢记爱的使命，以饱满的热情、积极向上的精神，努力将园所打造成为“有材料，会游戏；有伙伴，共合作；有知识，助成长”的幸福乐园。

高唐：做有情怀的教师，办有温度的教育*

刘婷美　罗丙唐

11月16日下午放学后，梁村中心小学五年级(3)班的高雅晴同学像往常一样走进位于教学楼一楼的爱心书社(图书阅览室)，拿出作业本，在老师的辅导下开始做作业。几名放学早的低年级学生已在该校“爱心帮扶团”张淑英、靳丽君等老师的辅导下开始了当天功课的复习。

“为给留守儿童、学困儿童营造一个健康成长的良好环境，从2017年2月起，我校启动了帮扶困境儿童活动工程，由部分教师组成‘爱心帮扶团’，每天放学后‘爱心帮扶团’的老师轮流对这些孩子进行半个小时的学习和心理辅导。”该校校长任洪鹏介绍道。

这是高唐县中小学开展的帮扶贫困家庭学生、留守儿童活动的一个缩影。现在，每天下午放学后，总有一些学生会继续留在学校，或在教室复习功课，或在科技活动室参与各种科技实践活动，值班教师全程进行指导、辅导。目前全县已有30余处中小学开展此项工作，1569名中小学生受益，受到家长和学生的欢迎。

精准扶贫，不让一名学生失学。孩子是贫困家庭彻底摆脱贫困的根本和希望，为阻断贫困的代际传递，高唐县教育局把扶贫工作重点放在了“扶智”上，创新扶贫方式，积极开办“四点半学校”，在对贫困家庭学生、留守儿童等进行经济救助的同时，开展课后作业辅导或心理疏导。

积极落实“两免一补”政策，不使一名学生因贫困失学、辍学。通过建立贫困家庭在校生信息档案、资助平台，完善贫困家庭学生资助体系，加大对贫困生的资助力度。2017年上半年，该县免除建档立卡贫困家庭适龄儿童学前教育保教费，发放学前教育政府助学金527300元；发放义务教育阶段建档立卡贫困家庭寄宿生生活费补助953125元；免除建档立卡贫困家庭普通高中学生学杂费，

* 本文原载《聊城教育》2017年12月第6期。

发放助学金 803000 元；落实中等职业教育免学费和国家助学金政策，发放助学金 37400 元；办理大学生生源地信用助学贷款 4247250 元，返还省外建档立卡贫困大学生学费 78600 元。

立德树人，坚持人文关怀。积极开展“立德树人年”活动，通过实施全科育人、全程育人和全员育人，全面落实立德树人的根本任务。开展在职教师有偿补课治理行动，加大惩治力度，向社会公布举报电话和电子信箱，接受各界监督，有偿补课这个顽疾得到有效遏制；开展“千名党员教师访万家”活动，利用寒暑假，全县 4000 多名党员教师上门了解学生的学习生活情况，征求对教育工作的意见和建议，与家长交流探讨孩子的教育问题，形成教育合力，共同促进孩子健康成长；为发挥优秀教师典型带动作用，开展了“寻找身边的好老师”活动、最美教师评选活动，6 名教师被评为聊城市“身边的好老师”，姜店中学林俊美老师进入全省最美教师 60 强。

多层级培训，提高教师业务素养。2017 年，该县投入 88 万余元，实施教师学科培训、教师课程建设培训、学校发展规划培训及班主任培训、教师礼仪培训、师德培训等“多位一体”培训，全面协调，多重融合，逐渐形成了自主培训、高端引领、合作办学的培训特色。一年来，共组织各级各类教师培训 16 项，累计培训教师 1 万多人次，人均培训 2 次。同时，更注重培训的参与性、互动性与持续性，收到了良好的培训效果，全县教师、校长的师德水平和专业素养有了大幅提升。2014 年以来，共培养国家级模范教师 1 人、齐鲁名师 2 人、省优秀教师 3 人、省特级教师 3 人、水城名校长 5 人、水城名师 12 人、市优秀教师 24 人、高唐名师 60 人。

教学改革大幅提高教育教学成绩。第　实验小学率先开展“单元整合，多课渐进”主题语文教学模式课改实验，效果显著，在国内产生了很大的影响。在中小学开展“小组合作”学习、“萤火计划”等，建立学科工作室，取得良好效果。初三学业水平考试成绩继续稳居全市前三，第一实验中学在全市公办学校中成绩排名第一。夏季高考共有考生 2174 人，过山东省自主招生控制线的 480 人，比去年一本上线人数增加 138 人；过本科线的 1612 人，本科上线率 74%（全省 41.7%），较去年增加 378 人，增幅 30.6%。其中文理本科 927 人，艺体本科 685 人。1 名理科学生被清华大学录取。春季高考中过省本科线的 212 人。有一名同学为报考相关专业全省第一名，有两名同学分别为报考相关专业全省第三名。

素质教育不断提升学生综合素养。以提高教育教学质量为主线，对中小学生进行思想品德、学业水平、身心健康、艺术素养、社会实践五方面的评价，改变单纯以考试分数为招生录取依据的做法，促进学生全面发展、健康成长。通过举办中小学“百年追梦，全面小康”读书教育活动、讲故事比赛、征文等，引导学生践行社会主义核心价值观。加强学生心理健康教育，配齐心理咨询师和心理健康教师，举办多期心理讲座，提高学生的心理素质。在省市举办的汉字听写大赛、“国学达人”挑战赛、“我心目中的长征”作品大赛、“学宪法讲宪法”演讲大赛等活动中，200 多人次获得特等奖、一等奖、二等奖。在近日闭幕的全市中小学足球联赛中，时风中学和民族实验小学男女足球队再次取得优异成绩。职教中心加强校企合作，创新实训方式，加强学生思想品德教育和职业道德教育，职教生的综合素质不断提高，在省市级技能大赛中，20 多人次获奖。

跟着心走，让梦飞翔*

——做“四有”老师，享幸福人生

郭海红

有心有爱，有心有梦，做生活的有心人。跟着心走，打开梦想之双翼；跟着心走，走向挚爱的三尺讲台。

光阴荏苒，岁月流逝，几年的从教生活在指间悄然滑过。蓦然回首，其间的酸甜苦辣难以言表。也曾多次问自己：怎样做才是优秀老师，才是幸福老师呢？

教师节前夕，习近平总书记在北京师范大学与师生座谈时提出，做优秀教师，就要做“有理想信念、有道德情操、有扎实知识、有仁爱之心”的“四有”老师。总书记给优秀教师作了界定，也给我们指明了努力的方向，我没有懈怠的理由。我将跟着自己的心走，为梦坚守，为梦拼搏。

作为教师，我热爱学生，一个“爱”字，震颤心灵。从教几年，面对一批又一批新面孔、新学生，自己内心的那份热情并没有减少。相反，随着年龄的增长，我对待学生少了以往的浮躁，对他们的爱却更加真实与厚重。学生冷了、热了，我会心痛；学生不舒服了，我会担心。问问自己的内心，真的是这样。

今年我又接了一批新学生，孩子适应老师，老师适应孩子，真的需要时间。有时，面对孩子们的诸多问题，头真的会痛，心真的会累。可出于内心的本真，我有了更多的耐心与爱心。有个叫壮壮的学生，学习习惯非常不好，上课老走神，不认真听课。有一次，我讲授《老师，您好！》这篇课文，引导孩子们学习“春晖”“朝霞”“春蚕”“甘露”这些词语的指代意义。我刚讲完，就说：“壮壮同学，请你告诉老师‘春蚕’比喻什么。”他在那站立着，默不作声。随后有几次，我都是让其他同学讲完再让他讲，他还是沉默，他根本没认真听课。面对这种情况，我真的挺生气，但我没有放弃。我尝试与他谈话，跟他的家长交流，想尽办法改变他。他有一点进步，我都会表扬他。时间长了，慢慢地，他精力不集中的毛病改

---

* 本文原载《聊城教育》2017 年 8 月第 4 期。

掉了，上课回答问题变得积极了，考试也能取得好的成绩了。家长每每提起，脸上总有抹不去的笑容。这让我更加坚信，作为老师，要给予我们的学生更多、更真诚的爱心和耐心。

作为老师，应该怎样权衡自己的学识与修养呢？其实学生心里的那杆秤是最公平的。有一个学生在作文中这样写道："我们老师滔滔不绝的讲话，句句在理，字字入我心扉，真的很佩服我的老师。"通过批改作文，我读出孩子们的心声，也给自己敲响了警钟。作为老师，一颗挚爱学习的心是不可少的，必须多阅读、多学习，源源不断地汲取营养，通过理论的充实和实践的锻炼，让自己具备出众的才能，以此来征服学生的心灵，获得他们的认可。

我努力做有理想信念的老师，致力于为孩子们构建富有生命力的课堂，这让我的生活变得更加忙碌。因为忙碌，我常常忽略了儿子。"妈妈，今天谁陪着我呀？""妈妈，你的工作忙完了吗？"面对儿子的声声询问，我的心都碎了。也因为忙碌，我曾经忘记给母亲过生日。工作中，忙碌不是偶然，而成了一种习惯。

当然，忙碌的工作也让我明白，要做一个讲师德、有担当的教师。走进小学，班主任的担子随之而来。班主任工作的琐碎、繁杂，曾让我心力交瘁。但是，出于对这份职业的热爱，我不断地告诉自己：既然选择了，就要坚持，尽自己最大的努力将工作做好。所以担任班主任以来，我不断向老教师请教、学习，在他们的帮助下，积极找寻、探索做好班主任工作的方法，不断尝试、践行，有了很大收获。当然，班主任工作也给我带来了思考空间。

我参加跟岗培训时，一位姓姜的老师说道：要想管理好班级，培养班干部是非常重要的。要多培养小班干部，让有能力者居之。经常给班干部开小会，让他们说说班级管理的困惑，帮助他们及时解决，久而久之，就能形成良性循环。听了姜老师的话，我如获至宝。

"老师，我管他，他就骂我"，"他总是在那说话，说他也不听"，这是我走进教室，班长常告诉我的话，听了头都要炸了，总觉得孩子们不会管。其实不然，孩子总归是孩子，好好反思，其实是自己忽略了对小班干部的培养，认为他们学习好，就能管好学生，这太主观了。

按照姜老师的做法，我开始注意培养小班干部，常把他们叫到办公室，跟他们交流怎样管好班级，适时地教给他们处理问题的方法。同时，设置多个岗位，合理分工，为每个学生提供展示才能的平台。在小班干部的带领下，"人人有事做、事事有人管"。实践了不到两个星期，成效就非常显著，小班干部不再告状，教室纪律、卫生等各方面都有了很大改观。

可孩子毕竟是孩子，在班级管理上，老师要常抓不懈才行。记得有一天，我正在办公室忙着，忽然接到一张小小的"传单"，原来是教室出现问题了。走进教室，我不顾任课老师也在，就向孩子们发火了："你们怎么不听话？老师常说做事情要有始有终，老师说多少遍你们才听呀！"我的声音嘶哑。

也许孩子们意识到自己的不对，低着头不说话。忽然，有几个学生胆怯地走到我身边，慢慢地将他们积存了很久的"宝贝"递给我，说是对这次错误的补偿。

我的心在颤抖，我是怎么了，这是一群孩子呀，他们要忙于听课、学习，忘记老师的嘱咐也是常有之事。我静下心来，说："同学们，老师对你们发火是不对的，可我们相聚在一个班级，很多事情老师有心无力，需要你们配合才行。好了，这次该承担的责任老师来担着，以后我们共同努力，管理好我们的班级。"

也许是孩子们读懂了我内心深处的那份无奈与期盼，在以后的日子里，他们根据分工，有条有理地安排班级工作。当然，我也会适时引导。看着孩子们的表现，我没有了急躁，有的是感动与幸福。

朋友，当你委屈了、倦了、累了、乏了，找个没有人的地方偷偷地抹几滴眼泪吧。这不是懦弱，这是一种释放。然后，擦干眼泪，整装待发，跟着心走，让梦飞翔。

最后，感谢我的朋友，我的同事，有你们的陪伴与帮助，相信我脚下的路会越走越宽。在教育教学的征程中，我会努力拼搏，争做"四有"好老师，用心、用爱去谱写自己幸福的人生！

发展中的东阿县职业教育中心*

高恒岭

2007年，根据东阿县委、县政府文件精神，为优化教育资源，东阿县职业中等专业学校与东阿县技工学校进行整合，成立了东阿县职业教育中心。学校成立以来，在上级领导部门的关怀下，在兄弟单位的支持下，学校领导班子团结协作，敢于担当，勇于创新，带领全校教职工扎实开展工作，各项工作取得显著成效。

一、学校简介

东阿县职业教育中心是东阿县唯一一所国家级重点中等职业学校，学校主校区占地80.49亩，固定资产达4250万余元，建筑面积28640平方米。下设职教中心实习工厂、省对外劳务输出基地、省残疾人培训基地、就业与创业项目培训基地等机构。

学校常设专业有：数控技术应用、机电技术、电工电子技术、焊接技术应用、计算机技术应用、会计电算化。新开设专业有：学前教育、护理、营养与保健、汽车运用与维护。

学校教学设施完善，设备齐全，其中，数控技术实训基地为“省级示范实训基地”。拥有钢琴教学实训室、电钢琴实训室、舞蹈教学实训室、护理实训室、数控仿真室、电工实训考核室、电气焊工技能考核室、PLC实训室、电工电子实训室、计算机房、汽车模拟驾驶室等先进的教学设施。

自学校整合成立以来，校领导班子凝神聚力，团结协作，带领全校教职工扎实开展工作，围绕提升教育教学质量、增强服务意识、提高工作效率三项重点工作，形成了以学校发展为中心，不断拓展招生和就业渠道，加大联合办学和短期

* 本文原载《聊城教育》2016年8月第3期。

培训力度,搞好干部和师资队伍建设、骨干专业建设、实训设施建设、基础设施建设、校园文化建设的整体工作思路,确立了“面向市场、突出技能、服务就业、提高素质”的培养目标。学校工作以“抓管理、上质量、保安全、促和谐”为总体要求,坚持“求实”“创新”的原则,实施“内抓管理,外树形象”的治校方略,坚持“以人为本,全面发展”的办学宗旨,围绕“对内求实强素质,对外求活谋发展,以就业为导向,以职业能力为本位,以职业实践为主线”的办学理念,坚持“学校有特色,专业有特点,学生有特长”的办学目标,坚持一手抓升学,一手抓就业,树立“以学生终生发展为本”的教育观念,注重学生行为习惯的养成,学校以蓬勃的生命力快速发展,先后被评为“山东省职业教育先进单位”“山东省劳务培训机构”“全国学校青少年道德培养实验基地”“国家级重点中等职业学校”“国家职业教育教材发行先进单位”。2015 年 8 月,学校被山东省教育厅确定为“山东省第三批省级规范化中等职业学校建设单位”。

二、办学特色及成果

(一)打造优质师资队伍,强化发展基础

我校探索出了“一推、二扬、三树、四培”的师资培养模式,形成了“先树优,带全部;后罚劣,促后进”的良好管理机制;大力开展教师之间的“岗位大练兵”活动;制定了年轻教师下车间、进工厂“轮训计划”及教师考取专业职业资格证书规划方案;投入专项资金安排专业教师参加各级各类技能提升培训班;每学期举办一次教学基本功比赛。

近几年,我校教师获评国家级优质课的 4 人,获评省级教学能手、省级优质课的 4 人,获评市级教学能手、市级优质课的 31 人。

(二)创新德育管理方法,打造特色校园文化

我校十分重视德育教育工作,以学生为本位、以良好习惯养成为核心、以能力培养为重点开展德育工作,并取得很好的实效。2008 年,学校获评“聊城市德育工作先进单位”;2011 年,成为全国青少年道德培养实验基地,并被确定为山东省科普教育基地。学校积极参加各种德育活动:2011～2013 年参加第七届、第八届、第九届全国文明风采大赛并获得全国优秀组织奖;在 2012～2013 年的读书征文活动中,有 3 人分别荣获省、市级一等奖;等等。由于工作突出,职教中心团委被评为聊城市“五四红旗团委”。学校坚持“安全第一,预防为主”的方针,连续 5 年被评为“县级安全工作先进单位”。2013 年荣获聊城市安全工作集体二等功。

（三）知识与技能共发展，教学质量实现新飞跃

学校坚持以“学校有特色、专业有特点、学生有特长”为办学目标，精心打造“两个品牌”：一是技能大赛；二是春季高考。重点抓好技能实训，加大实习投入，调整教学计划，增加实训时间，技能力求精湛、熟练、有绝活。教学管理紧紧围绕“11234”行动纲领展开工作，即：突出“一个重点”（技能大赛），把握“一个中心”（春季高考），落实“两个规范”（规范专业教学计划、规范日常教学行为），抓好“三个建设”（师资队伍建设、专业建设、教科研建设），注重“四个细节”（使学生明确学习目标、确定学习方向；合理调整就业班作息时间；定期召开师生座谈会，及时了解学生学习生活中的困难；保障实习教学的安全）。

（四）校企合作助力技能人才培养模式创新

职业教育不能关起门来办学，要“走出去，请进来”，借鉴职业教育发达地市学校专业建设、办学经验，进而提高办学层次。我校广泛开展多种形式的联合办学，充分利用优质的职业教育资源，加强地区之间、学校之间的职业教育合作，先后与潍坊工程职业学院、山东力明科技职业学院、山东劳动技术学院、上海市工业技术学校、聊城职业技术学院等多家职业院校强强联合，为高校提供了大批的具有一定专业技能的合格生源，拓宽了我县学生的升学渠道。

学校始终把毕业生就业工作放在重要位置来抓，积极拓宽思路，努力寻找就业安置的新途径，拓宽就业新渠道，先后与济钢集团有限公司、烟台矢崎汽车配件有限公司、山东旅科集团、冠县天骄工艺制品有限公司、聊城鑫泰机床有限公司等多家企业签订了校企合作订单培养协议。

2016年，学校结合社会的需求，紧跟时代的脚步，与北京商鲲教育集团强强联合，在原有专业基础上，新增高铁服务、银行事务、高速铁路电气化工程三个专业，全部签订包就业协议，保证达到“高薪、阳光、体面”的企业安置要求，进一步拓宽了学校的办学路子，增强了学校的生命力。

近几年，毕业生被安置到技术岗位的达85%以上，就业稳定率达97%以上。一大批技能型人才已成为企业的技术骨干。

（五）社会培训推动我县劳动力就业创业能力有效提升

我校紧紧围绕《聊城市加强就业培训提高就业与创业能力五年规划（2014～2018）实施方案》开展社会培训工作。学校设有“东阿县残疾人培训基地”“东阿县退役军人培训基地”“东阿县食品药品安全培训基地”“东阿县特殊工种操作人员培训基地”“东阿县加强就业与创业能力定点培训基地”“东阿县雨露计划培训基地”“东

阿县劳务外派培训基地”等。我们主要采取了三个方面的措施：一是创建自己的品牌；二是采取灵活的培训方式；三是专家授课。近年来，我校年均培训社会人员4000人次以上。

（六）长远规划引领学校健康持续发展

学校下一步工作的总体思路是：经过三年努力，把学校建设成为“学校有特色、专业有特点、学生有特长”的“发展实力雄厚”的“山东省省级规范化中等职业学校”。

“学校有特色”，就是依据职业学校办学特点，努力打造两个“响当当”的品牌：一是技能大赛；二是春季高考。

“专业有特点”，就是专业建设走特色发展之路。具体包括三个方面：一是学校特色专业（汽车运用与维修、机电技术应用）具有鲜明的区域文化和技能特点，特别是在我县钢球制造业的加工、设备维修方面，要形成特色；二是机械加工技术具有与众不同的特点，在某一方面具有“与同行有异”的局部特色；三是开设具有东阿县域特色的新专业——护理、家政服务、营养与保健。

“学生有特长”，就是学生的技能水平力求精湛、熟练、有绝活，毕业即就业，上岗即胜任，体现职教特点。

“发展实力雄厚”，就是强化内涵建设，强化规范管理，培植学校核心发展力。根据职业学校的特点，通过加强与政府、上级主管部门、业务部门的工作沟通，奠定发展的社会基础；通过加强“双师型”师资队伍建设，奠定发展的人力基础；通过加强实训基地建设，引企入校，奠定发展的物质基础；通过加强校园文化建设，特别是专业文化建设，奠定发展的人文基础；通过加强环境卫生管理，建设花园式校园，奠定发展的环境基础。

立体教育大格局，润得桃李满庭芳*

——开发区实验小学特色教育工作纪实

杜平原　李长华

走进开发区实验小学，悠扬的琴声，淡淡的墨香，浓厚的人文气息，让人感受到特色教育花满园的喜人景象。少年宫搭起特色活动大舞台，养成教育大氛围陶冶了学生的情操，为孩子们的快乐成长创设了一个宽松、愉悦的发展平台。

搭起特色活动大舞台

还未走进少年宫"葫芦丝活动室"，葫芦丝那特有的音韵便飘入耳鼓。三年级(2)班的同学正在学习葫芦丝，他们神情投入，有板有眼，很是陶醉。"少年宫成了同学们课外活动学习的乐园。"音乐教师赵曼说。

实验小学立足于加强教育特色课程建设，形成"方圆之间，彰显个性；动静之处，形成特色"的教育教学理念，从特色学校创建中求突破，以乡村少年宫为依托，搭建起特色活动大舞台。

据了解，实验小学少年宫分别开设艺术、科技、文学、体育四类项目，拥有少儿舞蹈、绘画、葫芦丝、竹笛、合唱、少儿京剧、书法、科学实验、科学探究、语言表演、国学诵读、乒乓球、篮球、健美操、武术操、古诗韵律操、跳绳、毽子、滚铁环等近 20 个门类。可容纳 460 余人的科学会堂，是对学生进行影视教育和举办大型文艺展演的活动场所。

乡村少年宫为学生提供了良好的活动场所和先进的教育资源，对他们进行了科学、艺术、体育、劳动实践等方面的教育，培养了他们的兴趣爱好、技能技巧、创新精神和实践能力，提升了他们的综合素质，使他们共沐幸福阳光，健康快乐成长。

---

* 本文原载《聊城教育》2016 年 2 月第 1 期。

营造养成教育大氛围

“每次走过文化长廊时，我都会把这里的名人名言读一遍，现在都能背下来了。”四年级(1)班的张冉自豪地告诉记者。“营造养成教育大氛围，让学生时时处处爱教育。校园文化、班级氛围的营造是学校养成教育的一面旗帜、一大亮点，有‘润物细无声’的教育魅力。”实验小学校长邢桂娥介绍说。

学校积极建设文化长廊、宣传橱窗、评比表彰栏。班级在深化“养成教育”的过程中，让每面墙壁都会“说话”，让每个廊道都能展现艺术风采，让每一棵草、每一朵花都能传情，以美育人，润物无声。利用教室两侧的墙壁张贴一些学生的字画、作业，名言警句等；把教室的四角设置为“绿色角”“科技角”“图书角”……班级成了一个“愉悦的场所”。教室文化建设彰显了班级特色，给学生一种高雅的文化享受。这些举措营造了浓厚的养成教育氛围，潜移默化地影响着学生的身心。

构筑立体育人大格局

2015 年 12 月 11 日，韩国明星组合 JJCC 来到开发区实验小学，参加“CJ 梦享音乐教室”落成活动，和孩子们一同表演互动、现场授课。孩子们将各自的梦想贴在“梦想树”上，留下了美好的回忆。“CJ 梦享音乐教室”是 CJ 集团捐资在实验小学建设的音乐教室。这也是开发区实验小学“学校＋家庭＋社会”三位一体育人大格局的新成果。

在构筑立体式育人大格局中，“四抓”“三大工程”成为活动的重要支撑。“四抓”是手段，抓阵地、抓活动、抓环境、抓关键，以“养成教育建设”为主线，不断强化学生的行为习惯，营造思想道德教育良好社会氛围。“三大工程”既是阵地也是切入。“校园教育”工程依托各类青少年活动阵地，推动诚信教育、行为规范教育、自护教育再上新台阶。“环境净化”工程利用素质教育基地、青少年爱国主义和思想道德教育基地，营造了良好的教育氛围。“爱心呼唤”工程开展优秀“青少年维权岗”创建活动，采取“一帮一”“多帮一”的形式，对问题未成年人、弱势未成年人给予特殊的关爱。

该校将秉承“让教师幸福工作，让学生健康成长”的办学理念，通过乡村少年宫活动，突出学生个性品格与学业质量全面发展，落实校本特色品牌建设，为孩子的终身发展和人生幸福筑基导航！

精耕细作十五载，桃李芬芳春满园*

——莘县明天小学发展纪实

陈瑜亮　贾云红

莘县明天小学坐落在县城伊园街西段，创建于 2000 年 8 月，占地百余亩，建筑面积达 10 万平方米，是一所“民办公助”的寄宿制小学。现有 94 个教学班，5117 名学生，480 名教职工。256 名任课教师均为专科及以上学历，其中省级优质课教师 10 人，水城名师 1 人，县级名师 7 人，市县级学科带头人、教学能手 96 人。

该校一贯坚持“学生、教师、学校、社会利益和谐一致、共同发展”的办学理念，以“负责、进取、求是”为校训，形成了“认真、简约、健行”的校风，确立了“基础扎实、习惯良好、特长明显、全面发展”的育人目标，努力增强办优质教育的使命感，扎实落实“让家长安心创业，让孩子健康成长”的教育服务理念，广大师生员工奋发图强，勇于创新，取得了一流的业绩，赢得了社会各界的广泛认可和赞誉。

师资培训引成长

“培训就是教师最大的福利”，在这一理念的引领下，该校把师资培训放在优先发展的高度，舍得花力气、下本钱。近年来，教师培训资金每年都达 20 多万元。

坚持“请进来”“走出去”并重，陆续聘请多位教育名家走进学校，开展了系列“名家大讲堂”活动，积极鼓励教师参加外出学习和远程研修。2015 年 5 月，组织 10 余位骨干教师走进台湾进行教育考察，学习他人先进教育教学经验，开拓教师的视野，不断提高教师的工作标准，提升教师的综合水平。

---

* 本文原载《聊城教育》2016 年 2 月第 1 期。

该校坚持以校本培训为主，把师资培训和教学科研有机结合起来，利用寒暑假的集中培训和平日的教研活动时间，从教师成长的专业基本功、薄弱点以及课堂教学改革等重点工作的需求点出发，渐进式深入开展培训，取得了良好的效果。

师资建设之路永无止境。学校董事长杨景虎与时俱进、旗帜鲜明地提出了“不仅要让老师的口袋富，更要让老师的脑袋富”的战略部署。在师资培养方面，今后，学校还会进一步多想办法，下足力气，加强落实，让老师在明天小学这片沃土上不断成长、发展，体验幸福的教育，进而让广大学生享受教育的幸福。

以学促教探发展

在首轮课改实验的基础上，学校形成了较为成熟的“双五”自主互助式课堂教学改革模式，并在三至六年级的所有班级全面推开。学校提出了课改系列核心理念：“一个中心”——以学生发展为中心；“一个思想”——先学后教，以学定教，顺学而导，以教促学；“两主双效”——教师的主导作用、学生学习的主体地位以及一堂完整课堂最后所达到的教学效率和教学效果目标的实现程度。

按照课改需要，各班建立了学习小组，并加强小组培训。各班按照“组内异质、组间同质”的原则进行分组，每组设 1 名小组长，1 名记录员，1 名汇报员，1 名检查员，各负其责。加强各个小组的培训，并定期开展最佳学习小组、最佳小组长、最佳学习伙伴、最快进步奖等评选活动，把整个评价的重心由鼓励个人竞争达标转向大家合作达标。

为了把改革推向深入，学校把课改工作纳入了教学常规管理，坚持把课改模式课上成常态课，并加强了检查。举行多轮“过关验收课”活动，开展同学科、同年级、同课题的磨课活动，学校领导靠上去，参与到听评课活动中，当天进行评课反馈。学校全程录像，出课完毕，把课堂视频发给执教老师，用于深度反思，并把优秀视频及时发送到学校网站进行交流。

学校充分发挥团队作用，大胆改革，经过几轮的课改探索与实践，教学模式日趋成熟与完善。

艺体特色引风骚

学校成立了舞蹈、军乐团、键盘、葫芦丝、绘画、书法、篮球、武术、健美操、竹竿舞、棋类等 20 余个兴趣小组，参加人数达 1000 多人。

五年级(10)班的张雨参加键盘小组刚两年，就已熟识五线谱。随意给她一首曲谱，她就能准确地弹出来。年纪小小的她对兴趣小组的认识还不浅呢！她说："音乐的节奏感能帮助我更好地控制自己的情绪……"

一名学生至少掌握2项运动技能、1项艺术特长，这是该校的不懈追求。学校陆续增设艺体校本课程，争取做到"科科有校本""级级有特色""生生有技能"。

如今，该校已陆续开设多种校本课程。音乐学科，一年级开设律动，二、三年级开设竖笛和巴乌，四年级开设竹竿舞，五年级开设葫芦丝；美术学科，低年级开设折纸，中高年级开设儿童画；体育学科则开设跳绳、踢毽子、棋类等。每学期末，学校都举行校本课程成果展示和比赛活动，让学生尽情展示。目前竹竿舞已经以五年级12个班为单位，正式纳入课间操内容。

细致入微校如家

自办学以来，学校餐厅坚持自主经营，统一管理，将学生所交生活费全部用于学生就餐，坚持做到"专款专用"，科学合理使用，遵循"进货、账目、食谱、管理"四公开原则，随时接受监督。餐厅成立了有校领导、厨师、家长、学生代表参加的伙食管理委员会来管理餐厅。学生就餐采取分餐和自助餐结合的方式，以保证学生饭菜的卫生、营养和花样丰富，让学生吃饱吃好。

为了给学生提供更好的餐饮服务，餐厅坚持定期召开生活座谈会，了解师生对餐厅的建议和意见，积极整改，落到实处；组织学生带生活调查表回家，收集家长的建议，做好家校沟通；设多处意见箱，师生可随时发表自己的看法。

当然，学校餐厅服务工作绝不局限于让学生吃饱这一基本层面。在不断提高工人工作标准的同时，学校餐厅也注意加强餐厅文化建设，认真研究如何让学生吃好、吃得舒心、吃出健康。餐厅还坚持生活育人，使餐厅也成为育人场所，通过文化熏陶和饮食教育，培养学生文明就餐、勤俭节约的好习惯，让学生健康发展。

建校15年来，明天小学由小变大，由弱变强，稳健发展，脱颖而出，现已成为聊城市最好的民办小学之一，先后被评为"市级规范化学校""市级绿色学校""市级教学示范学校""市教学改革先进单位""市艺术教育示范学校""市书法教育特色学校"……在全县小学教育教学综合评估中，该校一直名列前茅，连续多年被评为"县教育教学工作先进单位""县教育科研先进单位""县课堂教学改革先进单位"……

"流光容易把人抛，红了樱桃，绿了芭蕉。"明天小学无法阻止时光前行的脚步，但却增加了时间的厚度和高度。明天小学的教育人，正是将时间的功效放大到了极致，才用短短15年的时间书写了一个民办学校的发展传奇！

东方美德，国际视野*

——东方英才国际幼儿园12年谱就学前教育新篇章

刘艳琳

开发区东方英才国际幼儿园（原服装专修学院幼儿园），园区占地7000平方米，建筑面积4000平方米，户外活动场地3000平方米，配备有大型淘气堡、秋千、滑梯等游乐设施和植物角、动物角、饲养区等区角。幼儿园现有在册儿童近1000名，教职工80余名，其中市教学能手3名，市优质课获得者6名，区教学能手12名，区优秀教师15名，区教育系统先进个人20名。东方英才国际幼儿园中西合璧、古今融合，秉承“以东方美德造就时代英才，以国际视野培养聪慧儿童”的宗旨，坚持“育人为本、服务为先、特色创新”的办园理念，致力于为孩子营造一个适合身心全面发展的成长空间，逐步发展为一流的学前教育基地、开发区学前教育的一颗璀璨之星。

串串硕果满枝头

经过12年不懈努力，东方英才不断壮大，持续健康快速发展，取得令人瞩目的成就。建园之初，东方英才共4个班，在册儿童不足100人；现今的东方英才，在册儿童已近1000人。幼儿园师资力量雄厚，深受家长好评，先后被聘评为中国蒙台梭利专家协会聊城秘书处、中国西部教育顾问单位、清华幼儿英语实验园、多元能力探索实验基地、神墨心算教育示范基地、聊城大学教育实验基地、山东省学前教育管理研究会理事单位。2009～2016年，多次被《聊城晚报》评为百姓口碑“诚信品牌”单位。2016年，获评开发区“关爱环卫工人热心单位”，在全国语言艺术大赛聊城赛区中获优秀组织奖，还被评为“‘慧凡系列教程’教学示范园”……

---

* 本文原载《聊城教育》2016年8月第3期。

12 年来，东方英才培养了大批优秀儿童。2006 年，该园组织幼儿参加中央电视台首届“中国幼儿思维能力挑战赛”，获得优秀组织奖和优秀指导奖；2007 年，在“水城娃娃迎奥运”体操、绘画大赛中，获得一等奖和优秀组织奖；2008 年，获得市少儿珠心算比赛第一名；2011～2013 年，连续三年获得市文化局主办的少儿才艺大赛优秀组织奖；2014 年，获得市国际象棋比赛少儿组第一名；2014 年，获得聊城电视台“金话筒”小主持人比赛一等奖……大批的幼儿成为各个小学的佼佼者！

蒙氏教学普惠性

多年来，东方英才坚持低收费、成本价，让社会受益，让百姓受益，让孩子得到最优质的教育。2005 年，东方英才开始实施蒙台梭利教育，为幼儿创设自由的游戏活动环境。该园从日常生活训练入手，配合以良好的学习环境、丰富的教具，让儿童主动学习，得到科学的锻炼，建构完善的人格。

经过多年的教育实践，该园教师已能灵活运用蒙台梭利教育思想，开办主题活动、集体教学活动等发展性课程，真正实现了蒙氏教学的普惠性，让园内所有孩子都受益。

该园将蒙氏教育与中华传统文化有机地整合在一起，让孩子读《三字经》《弟子规》《唐诗三百首》，下围棋，欣赏传统音乐……培养的孩子既有东方美德，又有国际视野。

我的地盘我做主

孩子是幼儿园的主人。东方英才为幼儿创设直接感知、亲身体验、动手操作的机会，鼓励幼儿积极参与游戏环境设计与制作的全过程，让幼儿体验自主设计与制作的快乐，享受成功的喜悦。比如：让孩子来策划“怎样使幼儿园更漂亮”；专门设立饲养区，让孩子们围着小兔子、小鸽子又喊又叫，完全融入自己喜欢的活动环境中。

一园堪将天下醉，全市无处不销魂！东方英才细致的工作在社会上形成了良好的口碑，塑造了“东方英才”的过硬品牌。很多家长都反映，在东方英才，孩子能找到家的感觉！

专业团队谁争锋

作为幼儿园的“掌舵者”，园长刘艳琳大胆创新，开拓进取，引领幼儿园健康快速发展。她对内注重细节管理，邀请专家来园指导，培养了一支高素质的幼教职工队伍；对外虚心求教，多次自费到上海、北京等地幼教研究机构深造进修，积极参加清华大学教育研究所“清华幼儿英语多元化”课题研究，承担中央教育科学研究所“幼儿教育科学化”课题实验。她于2005年获评开发区首批“幼儿教学能手”，2006年被中国学前教育研究会聘为研究员、被山东省学前教育管理研究会推举为理事，2007年被聘为中国西部教育顾问，2016年获北京师范大学学前教育管理专业博士学位……

一流的园所必然拥有一流的教师团队。该园努力提高教师们的专业素质、教学水平，以教师自身的良好素质为幼儿树立榜样；构建民主、亲切、平等、和谐的师幼关系，在游戏活动中，教师既是指导者，又是组织者、参与者，让幼儿感到教师是他们的亲密伙伴；引导孩子建立互助、友爱的伙伴关系。

内涵发展天地宽

“高老师这堂课非常精彩，导入贴切自然，情景设置巧妙，用香蕉、苹果搭配舞伴的方式，引导孩子对抽象的数字有了一个非常形象的认识……”6月16日，来自武汉的幼教专家王琛对高雪梅等老师的示范课进行了详细点评。

东方英才定期邀请幼教专家来园指导，选派教师到上海、北京、武汉等地幼教研究机构进行深造进修。通过电话、QQ、微信等方式与幼教专家建立长期联系，及时解决教学中遇到的困惑。

注重中、青年教师间的互动搭配，致力于师资优势的最大化，是该园的一贯追求。教师队伍中，50%是在该园工作5年以上、有着丰富教学经验的教师骨干；一批20来岁的年轻老师，多才多艺，综合能力强，工作热情高。中青搭配，经验共享，热情互渗，逐渐形成一支坚不可摧的幼教队伍。

在去年6月初的教师特训中，老师们每天都到凌晨2:00才结束训练，尽管苦，尽管累，但没有一个老师掉队，退出训练。

以园为家爱丰茂

老师们都把幼儿园当作自己的家，用爱呵护着幼儿园，呵护着幼儿园的孩子们。郝燕老师自2005年至今一直在该园工作；张敬伟老师在园工作也8年了……一大批老师都是一步一个脚印，一岗一番奋斗，一程一串汗水，把全部的心血献给了幼儿园，把所有的青春献给了幼教事业。

每年的毕业季，对该园老师来说，都是一段既高兴又难过的时光。“年幼的孩子为毕业而兴奋，但我哭得妆都花了。”杜雪倩老师回忆起举办毕业典礼时的情景仍感慨不已，“有一次，在路上碰到一个已毕业的孩子，她见到我后又搂又抱，舍不得和我分开……”

爱是可以传递的，孩子们慢慢懂得了感恩父母。在去年母亲节的亲子活动中，张红梅老师鼓励孩子说一件爸妈做的让自己感动的事。“我很爱吃红烧肉，有一次妈妈感冒了，可她仍然打着点滴为我做红烧肉，我当时有种想哭的感觉。”一位小朋友的心底话，令他的妈妈流泪不已……

幼小衔接重养成

东方英才急家长之所急，想家长之所想，做家长之所盼，专门设立幼小衔接部，为孩子顺利适应小学生活打下坚实的基础。该园细致分析初入小学时孩子的常见状况，探究规律，规范幼小衔接各个环节。

该园幼小衔接工作避免重知识、轻能力的误区，注重孩子学习兴趣、学习习惯、学习能力以及独立生活能力、交往能力、挫折承受能力的培养，不但关注孩子的生理健康，更关注孩子的心理健康……调查反馈显示，上小学后，东方英才的孩子能够很快适应小学的生活与学习。许多家长专门回东方英才与老师交流孩子上小学后的情况，感谢幼儿园对孩子们的付出。

温馨家园甜如蜜

“为什么老师们把幼儿园当作自己的家？那是因为幼儿园领导像对待家人一样对待老师，老师们像姊妹们一样相处。”郝燕老师说。

就像爱碧水蓝天的清澈，就像爱阳光雨露的灵动，东方英才的领导深深地爱着自己的家人：为老师交纳五险一金，一年免费发放 4 套园服，吃住免费，定期集体旅游……给老师们送上无微不至的关心。

前段时间，赵利老师的母亲因手术住院，刘艳琳园长带领班子成员去医院探望老人，送上祝福，让赵老师安心照顾老人。“既担心老人身体，又牵挂班里的孩子们，当时心里挺乱的，刘园长的话让我慢慢踏实下来，令我感动不已！”赵利说。

幼儿工作零碎烦琐，该园特别注重对老师不良情绪的疏导，及时为老师减压。同时，积极营造和谐、温馨的育人环境。20 岁的苏小杰老师来园 2 年了，成长很快。她说：“刚参加工作时我很多事情都不懂，老师们像大姐姐一样悉心指导我。向她们请教，她们也都无私地帮助我。”

后记

12 年回首,鲜花掌声相伴;立足今日,他们胸有成竹,信心百倍。展望未来,东方英才将放飞新的梦想,引吭高歌,一路欢笑,创造更加美好的明天!

加快创建省级规范化职业学校的步伐*

李庆魁　王　岩

山东省临清工业学校始建于1988年，是山东省人民政府认定的省级重点中等职业学校。学校师资力量雄厚，现有教职工150人，其中高级讲师30人，讲师50人，高级技师1人，技师2人，高级技工3人。学校坚持“以学生发展为本，对学生终生负责”的办学理念，严谨治学、规范管理，突出实践教学，注重技能培训，努力打造“升学有希望、就业有保障”的临清工业学校办学新特色。学校不断提高学生的人文素质和人才培养质量，先后承办了电工、焊工、残疾人计算机、安全知识等各种职业技能培训，为社会和高校输送了众多的技能型人才，取得了良好的社会效益。

学校位于临清市城区，占地100余亩，建筑面积5万多平方米，环境优雅，教学设施齐全，实验实训设备精良。校园内有假山、喷泉，绿化面积占学校面积的35%以上。学校拥有办公楼、教学楼、实验楼、一号实训楼、二号实训楼、汽修实训大楼、餐厅、男女生宿舍楼等，并全部实现空调化。

近年来，学校借职业教育发展的东风，加快创建省级规范化职业学校的步伐，提升硬件建设，注重内涵发展，努力提高职业教育服务临清经济社会发展水平，获得了市委市政府、教育局及各兄弟学校的普遍认可。

加大资金投入，提升硬件建设

学校以创建省级规范化学校为契机，努力抓好基础建设和实训设备建设。为了加快信息化教学的步伐，实现教学资源共享和教学技术的革新，2015年学校投资45万余元为每个教室都安装了现代化教学一体机。为了进一步改善学校的办公条件，为学生提供舒适、优雅的学习生活环境，投资180万元为教室、

* 本文原载《聊城教育》2017年2月第1期。

实训室、餐厅、宿舍和教师办公室安装了空调，并更新了学生课桌椅，为教师配置了办公用电脑，实现了一人一机。2016 年投资 900 万元新建附属设备齐全的汽修实训大楼和餐厅楼各一座，现已竣工，实验实训设备正在安装调试中，预计今年 6 月份投入使用。为了保障学生安全，根据学校整体规划的需要，投资 30 余万元修建北门和警卫室，并进行了路面的硬化和绿化，学校将以崭新的姿态迎接四方学子。为改善学生体质，建设塑胶跑道；为满足学校及教学需要，升级校园网，安装高清摄像头，构建数字化校园。投资约 4.8 万元接通自来水，生活用水茶炉由烧煤改为用电。

临清工业学校为了改善学生的实训实习环境，加快创建省级规范化职业学校的步伐，在临清市委、市政府的大力支持下，已征地 80 余亩，完成了东校区的征地工作，向创办山东省规范化职业学校迈出了坚实的一步。

突出实践教学，注重技能训练

近年来，临清工业学校坚持“以服务为宗旨、以就业为导向、以能力为本位”的办学方针，突出实践教学，加大学生实训力度，不断改善学生的实训条件。为了满足学生实验实训的需求，学校每年都更新建设实验实训室。2014 年，投入 80 万元新建高标准的维修电工、钳工、电焊实训室。2015 年开始，为了加快各专业建设，购置安装了价值 1200 万元的实训设备。其中，投入 427 万元建设了高标准的计算机实训室和数字化校园；投入 407 万元建设了机电和数控专业实训室；投入 224 万余元用于汽车专业实训室建设；投入 102 万余元用于电子专业实训设备的更新。另外，购置安装了护理及财会专业设备实操软件，为护理、财会专业学生实操创造了良好的条件。

为了提高学生的实践操作能力，学校为每个高标准的实训室配备一名专业老师，负责实训室的使用，并且每个专业都安排数位高级专业教师担任导师，每位导师分包数名对本专业有兴趣的学生，按计划分步骤地指导学生进行技能训练，并鼓励学生积极参加聊城市中等职业学校学生技能大赛，确保了实训设备使用的高效化和实用化。经过师生的共同努力，学生的实践操作能力得到很大提高，多次在山东省和聊城市技能大赛中获得好成绩。在 2016 年聊城市中等职业学校学生技能大赛中，学校获得 1 个团体一等奖、2 个团体二等奖和 1 个团体三等奖。其中，王立志、张世纪、王文哲 3 位同学在智能家居安装与维护项目比赛中勇夺第一名，并代表聊城市参加山东省中等职业学校学生技能竞赛，获得三等奖。

注重师资培养工作，促进学校内涵发展

学校高度重视师资队伍建设，教师的学历均在本科以上，其中专业教师占专任教师的比例达61%，“双师型”专任专业课教师比例达60%。学校在抓好硬件建设的同时不断加强软件建设，采取多项措施促进内涵发展。学校邀请联想集团专家进行中层干部执行力培训，激发了广大干部的工作热情和创造力，树立了正气，有效提高了学校工作的执行力。学校每年都根据学校实际需要、教师发展具体情况制定培训计划，搭建远程研修，开展校本培训工作。此外，学校开展了“青蓝工程”，实行师传制，通过听课、跟踪辅导等方式，大大提高了我校青年教师的业务水平。

“请进来，走出去。”学校聘请了多名有丰富实践经验的企业专家和技师兼职教学。每年都派出一定数量的教师参加国家级、省级培训。2015～2016学年，我校派出22人次参加了相关专业的省级培训。通过培训，教师的职业道德、实践能力、教学水平、现代教育技术应用能力、综合素质等都有了较大的提高。

学校围绕习近平总书记提出的做有理想信念、有道德情操、有扎实学识、有仁爱之心的“四有”好老师的标准，以“践行社会主义核心价值观，学习身边先进人物，争做‘四有’好老师”为主题，深入开展师德建设年活动，全面提高了教师的思想政治素质和职业道德水平，建设了一支敢于担当、师德高尚的教师队伍。

创新管理模式，加强管理力度

学校始终坚持“以德治校，依法办学，以才强校，以绩立校”的原则，围绕“成人、成才、成事、成功”的育人目标，加大管理力度，制定并实施了校长带班督导制度、干部夜间值班制度，全时段、全方位督导检查师生的上课、就餐、就寝、课外活动等各种情况，实现了学校安全工作24小时无缝隙管理。

学校坚持“让规范成为习惯，将落实进行到底”的管理理念，制定并深入落实全员育人导师制度和全员育人督导制度，完善了学校管理制度，实现了学生管理工作“全员参与，督导并举”的管理模式，形成了学生日常行为时时处处有人管，学生思想上遇到问题，学习、生活上遇到困难有专人给予解决的良好管理局面，受到学生家长和社会各界的广泛赞誉。

随着学校规模的不断扩大，学生人数的剧增，学校在管理上进行了创新，实行分部管理模式。全校根据专业划分为五个专业部：基础部、信息部、机电部、汽修部、数

控部。在学校委员会领导下，每个部由一名副校长带领，一名专业带头人具体负责教学，一名工作人员具体负责学生管理。在抓好本部工作的同时，每周有一天的时间对全校进行专门的督导，督导检查课堂秩序、自习秩序、就餐秩序、课外活动等，发现问题及时通知相关科室进行整改。一周一统计，一月一汇总，一学期一总结，年终汇总评优。良好的竞争机制，打造出了优秀的管理团队。

服务地方经济建设，打造特色轴承专业

随着我市轴承产业发展水平的不断提高，市委、市政府积极搭建起检测、培训、融资、电子商务、研发、信息“六大平台”，助推我市轴承产业进一步优化升级。学校积极响应市委、市政府号召，在市委、市政府及市教育局的大力支持下，与洛阳轴承高级技工学校联合办学，成立分校；开设轴承专业，并将该专业列为特色专业加以重点培养。

我校在现有实训设备的基础上，投入200万元购置相关设备，筹建高标准的轴承实训车间，并根据轴承专业的特点和市场需求，设置教学内容，组织专业教师进行业务培训，深入企业参加一线的专业实践，积累了丰富的教学实践经验；组织学生到轴承生产企业接受实践技能的培训，接受师徒“一对一”模式的培养，使学生都能够进行实际加工工序的独立操作。

我校将努力把轴承专业打造成省级品牌专业，力争把我校建设成省内最大的轴承专业人才培训基地，为临清的经济社会发展做出更大的贡献。

注重特长发展，提高学生综合素质

学校高度重视学生的个性发展，坚持对每年的新生进行为期一周的军训和入学教育，不定期开展学生行为规范专项整治，帮助学生养成良好的行为习惯。学校开展了各种形式的活动，开设了篮球、排球、羽毛球、足球、乒乓球、音乐、舞蹈、棋类、剪纸、阅读等各类文体兴趣小组，为促进学生特长发展搭建了良好的平台；利用重大节日开展主题演讲、校园歌手、拔河、广播操、文明宿舍等比赛评选活动，定期举办学校田径运动会、趣味运动会，增强了学生的竞争意识、合作意识；定期对各方面表现优秀的学生进行隆重表彰，增强了学生的自信心。另外，聘请派出所、检察院的同志对学生进行法制及品德方面的教育，让学生知法、守法。通过一系列的活动，促进了学生的特长发展，提高了学生的综合素质。

“长风破浪会有时,直挂云帆济沧海。”临清工业学校将以创建省级规范化学校为契机,把立德树人作为办学根本,不断提高技能人才培养水平,努力办好人民满意的职业教育,促进学校又好又快发展。

弘扬武训大爱精神，建设智慧幸福学校*

张胜聚

冠县实验高中成立于2015年7月，是冠县县委、县政府重点建设的冠县第一所省级规范化、现代化、信息化示范高中。学校占地287亩，建筑面积8.5万平方米，投资1.6亿元人民币。县委、县政府为了振兴冠县高中教育，扭转落后局面，打破人才选聘体制和机制的束缚，面向全国招聘实验高中校长，今年实验高中又面向全国高薪招聘全国名师，开创了冠县教育发展史上外聘教学名师的先河。

2015年的首届新生招生1350人，由于实验高中新校建设未能按期完工，县政府决定暂时借用职教中心部分校舍开展教学活动。经过一个暑假的艰苦努力，经过面试、教育理论考试、说课、高考模拟和实战考察五关，初步组成了以40多名一中、武训高中教师为骨干，共计124名教师的教师队伍。

要确保首届新生在9月6日顺利开学，坚实迈出第一步，持续走好每一步，抓紧培训建设一支敢想敢拼敢担当、有德有能有智慧的幸福教师团队至关重要。为此，去年暑假，实验高中派出五支教师团队，分别到北京、南京、日照等地参加培训。特别是8月15～25日，参加了为期10天的八大系列模块封闭集中培训。培训内容包括：以武训大爱无疆精神为校魂，"厚德笃行，智慧幸福"的核心价值观学习与认同；实验高中团队组建及凝聚力与执行力提升；研究型实战名师的个性化发展计划；适应高考改革的高校教学与管理规范；全脑教育理论在高中生阶段的专注力、快速阅读力与想象力培养；以微课程与翻转课堂教学模式的理论技术学习实施、为理解而教的深度学习为主的智慧教育；积极心理学理论指导下的幸福教育；优秀生励志教育。经过如此大力度、高强度的培训学习，一开学，广大教师就都进入了积极向上、争先恐后、团结协作的工作状态。

一年来，实验高中在县委、县政府的正确领导下，以大爱无疆的武训精神为

---

* 本文原载《聊城教育》2016年8月第3期。

引领，积极践行厚德、笃行、智慧、幸福的校训，通过全脑教育、幸福教育、智慧教育这三大教育的开展，立德树人，全面发展，取得了一定的成绩，步入聊城市优质高中行列，赢得了社会各界的广泛赞誉。

冠县实验高中现状

1.老师的大爱精神和积极向上、团结合作的工作状态已基本形成，每一个到我们学校来的领导、专家都对我们实验高中教师的正能量状态给予高度评价。

2.学生的状态非常好。这个状态包括昂扬精神、文明礼貌、自我管理、自主学习等核心素养和能力的明显提高。一年来，我们开展了丰富多彩的德、智、体、美、劳等教育活动，每天减少了3个小时的学习课本和做题时间，增加了1个小时的睡眠时间、1个小时的锻炼时间和1个小时的阅读时间，并且开展了“走近英雄”远足活动，走进曲阜三孔游学活动，走进北大、清华等名校活动，走进农村、社区、工厂、敬老院活动等。这些活动开拓了学生的视野，锻炼了学生的能力，提高了学生对学习的兴趣。现在实验高中的课堂上没有学生打瞌睡，没有学生不学习，没有学生不努力，虽然学生基础有差异，但是每个学生都在努力提高自己。

3.教学成绩让社会各界对我们高度认可。虽然第一届学生基础较差，95%都是农村学生，但是经过师生共同努力，两次期末考试实验高中都取得了全县高中第一的好成绩。尤其是这个学期的期末考试，我们的文科成绩已经遥遥领先。

4.确立了单元大翻转的新学习模式。我校《基于“四化”的高中翻转教育新学习模式构建行动研究》获得山东省教育科学“十二五”规划2015年度重点课题立项，开发了具有自主知识产权、在全国独创领先的冠高习学本，成功开创了“互联网+假期学习”模式，初步达到了“放假不休学，天天都提高”的目的，初步做到了让冠县的孩子在家门口享受全国最好的教育。

扁平化的学校管理

在学校体制和机制上，我们围绕促进学生发展这个中心来设置和架构。学校实行国有民办的灵活体制，机构简单化、扁平化，只设三个中层科室，即学校发展总服务处、教师发展服务处、学生发展服务处，三个副校长分别兼任三个处室主任。学校发展总服务处为教师的教和学生的学服务，教师发展服务处为教师的学习和发展服务，学生发展服务处紧紧围绕学生的学习和全面健康发展做好服务和创新工作。

至于具体管理，我们的做法是先实行秩序管理使学校合格，再实行制度管理使学校逐步优秀，最后实行文化管理使学校辉煌卓越。实验高中文化要充分彰显武训大爱无疆的精神，充分体现自信自立自强、众人众力众智、立德立功立言、公开公平公正，要使每个老师和学生个性化张扬，合作化共赢。学校一切工作的开展都要紧紧围绕“两个充分调动”和“两个充分挖掘”，即充分调动教师教学的积极性，充分调动学生学习的积极性；充分挖掘教师教学的潜能，充分挖掘学生学习的潜能。学校实行全员聘任制、结构工资制，多劳多得，优质优酬。依法治校，民主管理，依靠校务委员会和学生自主管理委员会分解权力，让教职工代表委员会和家长委员会监督好权力，办好教师发展学校和学生家长发展学校，提高其权力和影响力。

全脑教育、智慧教育和幸福教育“三大教育”体系

我们主要做好全脑教育、智慧教育和幸福教育“三大教育”工作，开发好、实施好“三大教育”校本创新课程，三箭齐发，用三个引擎共同点燃和唤醒师生的激情、活力和潜能。我校全脑教育与著名脑科学研究所合作，智慧教育与华东师范大学、北京师范大学顶尖专家团队合作，幸福教育与清华大学心理系合作，共同把实验高中建设成为全国第一所集全脑教育、智慧教育和幸福教育为一体的示范高中。

全脑教育是当前非常前沿的脑科学开发教育，其利用各种开发大脑的工具，同时开发理性的左脑和感性的右脑，全方位开发大脑潜能，使人学会使用全脑思维和学习，有效提升人的智商、情商、德商、福商和八大智能，塑造人的完整性，促进人的全面、综合、和谐发展。智慧教育是指利用创客驱动，采用互联网、大数据、云计算和多媒体技术工具，实施微课程与翻转课堂教学模式，坚持“教为主导，学为主体，训练为主线”的原则，充分发挥问题化自学、协作化互学、精细化管理的质量保障优势，精准教学。幸福教育则是通过在积极心理学理论指导下的积极心态、积极行为、积极关系培养训练，使老师和学生学会幸福的方式方法，逐步实现幸福自己、幸福班级、幸福学校、幸福家庭、幸福社会和幸福中国的中国梦！

做好这“三大教育”，会使“知识”变成“智力”，进而化合成“智慧”，会使教学效率提高几倍，这样老师和学生都能每天至少省出三个小时的时间用于“德、体、美、劳”全面健康和谐发展，从而把老师和学生一起培养成有德、有爱、有智

慧、有幸福的“高贵的人”，而应试教育追求的高考高分则成为“三大教育”水到渠成的副产品。

基于教育信息化的新学习模式

教育信息技术是教育变革的推动力量。第四次教育革命已然到来，学习已成为新的生活方式。微课、慕课、创客、翻转课堂成为第四次教育革命的标志。云计算、大数据、物联网、移动计算、3D 打印等新技术不断涌现，为每一位学习者提供了合适的、终身的、智慧的、个性化的学习支持。信息技术对教育的革命性影响日趋明显，随着《关于“十三五”期间全面深入推进教育信息化工作的指导意见》等有关政策的出台，教育信息化已成为国家战略，正迎来重大历史发展机遇。

“新学习模式”就是在新技术、新理念、新学法及新学具支持下的有别于传统学习模式的“智慧学习”。学生的学习其实就是一个知识和能力的建构过程，学生通过自己已经拥有的知识、技能、经验与外界进行交互活动以获取、建构新知识。学生不是被动的接受者，而是主动的建构者；教师不是知识的传递者，而是学习活动的组织者、引领者和陪护者。因此，新学习模式是教师用情境呈现问题，设计开放的学习环境，提供丰富立体的学材，并借助技术平台进行知识与能力的自主建构，完成自适应的个性化学习。

新学习模式的内涵是“变新”的学材、学法、学具和学析。

1.“教材”变“学材”。教师利用习学板，系统地、有组织地进行微课制作，建构校本微视频新课程体系。同时，教师利用习学本工具和平台，构建自己个性化、立体化的学材、习材和创材资源库。人人做微课，处处做微课，天天做微课，让教材变学材，用微课翻转教材和教辅。

2.“教学”变“习学”。教学方式的变革是通过 A 课+B 课的方式将传统课堂翻转过来。教师将传统课堂的讲解前置，教师的讲解只能通过微课讲，并且是有针对性地集体讲评全班共性的问题。A 课教师陪着学生学，A 课堂变成“自主学堂”，学生自主习学，自主完成知识的接受、理解与记忆(学生自己确实解决不了的疑难问题，记录下来留到 B 课与同学或老师一起解决)；B 课教师组织学生进行展演、展评、操练、讨论、阐释等，学生带着问题来，然后进行分组协作，互教互学，人人做“先生”。

3.“教具”变“学具”。教育信息化做了一项“板的革命”的变革，从水泥黑板到玻璃黑板，再到电子白板与液晶平板。材质不断变化，但本质没有变，还是一个板显、屏显的展示系统，没有数据的自动记录。习学本为师生提供了一个移动的，自动采集、存储与分析数据的智能终端。学生可以通过习学本将习学、讨论、展演、操练等的过程数据自动记录下来，教师可以随时了解学生的学情并指导学生调控自己的学习。习学本将教师备课、讲课以及作业批改、实时问答等教具和学生自学、自习、自测、自评等学具高效地整合、集合、融合在一起，为学生有选择地学习提供了支撑，学生可以按照自己的学习进度和学习能力进行适合的个性化学习。

4.“教评”变“学析”。过去上课看教师的基本功和课堂素养的表现，现在看教师的微课做得怎么样；过去集体备课检查教师的教案做得怎么样，现在看教师如何把握学情，为学生提供适合的学案，如何设计课堂的活动；过去先备课，做好教案，然后到课堂上去实施，听课、评课都要挤到课堂上看教师如何表演，现在每位教师都有一个智能终端，可以随时随地听课与评课。借助技术平台，可以分析教师集体准备的学材、学案和微视频，评价教师准备“饭菜”的质量和营养，做学生学习行为的大数据分析。

对教育的感悟

纵观古今中外的教育思想和教育实践，总结我 34 年的工作经验和思索，我认为好的教育就是人文精神教育。

1.好的教育应该是生命的教育。教育应该培育健康、善良的生命，我们应该把人当作人去养育，不能当作动物去驯服，更不能当作物质随意摆布。我们应该尊重生命，珍惜生命，让每一个人在生命的历练中，切身体验，认真体会，去享受形成智慧的生命的过程，成为一个身心健康、正直善良的好人。

2.好的教育应该是智慧的教育。所谓智慧的教育就是要培养孩子的好奇心、纯粹的兴趣和非功利的探索精神，培养他们独立思考、自主学习、享受智慧快乐的能力。教育不能只是灌输知识，更不仅仅在于培养职业技能，而应该培养孩子求索的能力，为他们的梦想插上腾飞的翅膀。

3.好的教育应该是灵魂的教育、幸福的教育。好的教育是使人的心灵健康成长的教育，是使人感受幸福、学会幸福、传递幸福和创造幸福的教育。凡是能陶冶情操、丰富心灵的活动，都是灵魂教育。凡是乐于健身、劳动、支持、帮助、宽容、理解、协作、尚美、付出、贡献、奉献的活动和体验都是幸福教育。比如，欣赏艺术，欣赏大自然，情感的经历和体验，养成读书的习惯，等等。

作为教育工作者，必须深刻反思、严肃正视应试教育“缺德、毁体、少智慧、无幸福”的严重病症。我们认为，认真贯彻落实“德智体美劳”全面发展的教育方针，紧紧围绕实验高中“实验创新”的特点，以武训大爱无疆的精神为校魂，竭尽全力实施全脑教育、智慧教育和幸福教育“三大教育”,“做信息化智慧教育,建精致化幸福学校”,就能切实满足冠县81万人民“上好学”的“好教育”需求,实现“让每一个人都幸福”的教育理想!

不忘初心，继续前行*

宋亚亮　刘庆长

莘县王庄集镇向上中学语文教研组在认真落实聊城市教育局“321”工作思路的基础上，通过认真实践《初中语文“大格局·小积累·多沟通”价值的研究》（即“五个一”工程）和《莘县初中学校语文“五个一”工程活动实施意见》，把学校阳光读写活动与语文“五个一”工程相融合，走出了一条适合本校发展的特色语文教学之路。

一、强化基础，从写字开始

除了每周的书法课以外，我们坚持每天中午利用10分钟的时间进行写字练习，年级规定书写内容，语文老师跟踪指导，做好示范，及时纠正错误的书写习惯，每天评比，每周展示，三年下来，我们学生的书写有了很大的进步，为语文教学质量的提升打下了良好的基础。

二、锻炼表达，从演讲开始

采用课前演讲的形式，让学生把自主阅读的文章概括成一个10分钟的阅读内容进行演讲，从演讲时间、演讲方式、演讲技巧上进行指导，力求人人都上台，次次都成功，很好地锻炼了学生的语言表达能力。这项活动，我们每节语文课前都坚持开展，三年下来，收获满满。

---

* 本文原载《聊城教育》2017年10月第5期。

三、拓宽视野,从阅读开始

我们采用“大阅读”和“小阅读”相结合的方式,培养学生的读书意识。所谓“大阅读”就是师生同读一本书,利用零干扰阅读课集中阅读,做好读书笔记。所谓“小阅读”就是自由阅读,利用读书交流会的形式进行展示。学校每年坚持举办全校学生参加的“美文诵读大赛”。“大阅读”和“小阅读”的结合,让我们每学期都从书籍中汲取营养,学生也培养起自觉的读书意识。

四、提升能力,从随笔开始

“阳光阅读”“快乐随笔”是我们学校一直坚持的读写结合模式。“兴趣”重于“技能”,“生活”重于“生成”,“感悟”重于“讲授”。我们采用“快乐随笔”的形式,划定主题,让学生自由书写,采用“课前交流—课上展示—课下反思”的教学模式,对要求学生写的“快乐成长系列随笔”进行集中交流指导,让学生养成“随感随记”的好习惯。

五、突破瓶颈,从“五个一”开始

在王秋云局长提出的语文“五个一”工程的指引下,我们把阅读、写作和积累运用进行整合,化零为整,形成了“每天一点积累、每天一段真情、每天一篇诗文、每天一个故事、每天一次演讲和每周两次随笔”的积累、阅读和写作相结合的模式,更加系统地培养了学生的听说读写能力。

两年下来,我们守正创新,把语文“五个一”工程真正地落到了实处,也让学生从烦琐中解脱出来,爱上语文学习。

“记一句经典名言”,我们用名言润泽心灵;“概括一个十分钟阅读内容”,我们用演讲召唤心声;“写一句真情”,我们用文字抒发情感;“背一篇古诗文”,我们用诵读传承文明;“浓缩一个经典故事”,我们让随笔与写作同行。学生轻松,老师轻松,教语文也就更轻松!学生都在说:学语文真是一件好玩的事情!

进步,也就慢慢开始了……正如王秋云局长在给我校吕双双同学的留言中所说的那样:“一切伟大的行动,都有一个微不足道的开始。”我们也在通过一次次“微不足道”的努力,向实现美好的“语文梦”进发。也正是在市、县教育局的坚强领导和关怀帮助下,我们前进道路上的脚步才更加坚定。在追梦的路途中，我们一定不忘初心，把学生的发展放在第一位，继续探索适合我校的语文教学之路。我们相信，只要立足学生的发展，我们的语文教学工作一定会硕果累累。

农村孩子舞翩跹，均衡教育促蝶变*

张秋喜　沈庆剑

“今天我们仿佛是一群美丽的蝴蝶，在这芬芳的世界里翩翩起舞！”刚刚从舞台上“飘”下来的于思琪小姑娘陶醉般地说。她的同伴附和着打开舞扇，作蝴蝶飞舞状。“嘘——孩子们，看比赛”，带队女老师于莹莹小声示意，迅速安排姑娘们坐到相应的位置。这时主持人悦耳的声音响起：“谢谢茌平县肖家庄镇中学的精彩表演，接下来请欣赏……”

这是 2017 年 5 月 27 日，发生在茌平实验中学报告厅里的一幕。报告厅现场，一年一度的茌平县中小学舞蹈大赛正在进行。

刚刚安顿好学生的于莹莹老师长长地舒了一口气，孩子们舞台上的表现近乎完美，但是结果如何还真不好说。舞蹈大赛一年比一年精彩，每个代表队的舞蹈水平都如长了翅膀一样飞速提高。几年之前，多数农村学校是不敢参加艺术类比赛的，参加也是给城里的学校做陪衬。从今年的比赛看，城乡学校的差距明显小多了。于莹莹老师在茌平县肖家庄镇中学任教 10 个年头，也是近几年才有勇气和信心带着学生参加比赛。在 2016 年的舞蹈大赛中，茌平县肖家庄镇中学代表队还取得了全县第五名的好成绩。

为什么会有这么大的飞跃呢？让我们把镜头切到位于茌平县城以西 15 公里处的茌平县肖家庄镇中学。

镜头一：昔日茅屋均不见，学校旧貌换新颜

三年前，学校里那些 20 世纪 70～90 年代修建的老瓦房、平房、盐碱土道，通通“不翼而飞”，取而代之的是一座座拔地而起的新楼、一条条纵横交错的柏油路。楼外，校园绿化正在进行；楼内，各教室、办公室、功能室设备齐全，窗明

* 本文原载《聊城教育》2017 年 8 月第 3 期。

几净。推开舞蹈教室的门，油然生出一种“高大上”的感慨：木地板、落地镜、把杆、钢琴，全是专业化的标配。舒缓的钢琴曲如高山流水般清澈悦耳，身穿舞衣舞鞋的女孩们正在踢腿弯腰，一招一式很有专业范儿……

镜头二：咬定素质教育不放松，立根原在活动中

每天下午最后一节课，茌平县肖家庄镇中学的校园里，一派繁忙热闹景象。操场上，有打篮球的，有踢足球的，有踢毽子的，有跳绳的；美术室里，有绘画的，有写毛笔字的，有学剪纸的；音乐楼上，葫芦丝声、古筝声、笛声、琴声不绝于耳；舞蹈室里，学生们或在苦练基本功，或在排练舞蹈节目；棋艺室里，学生们一脸深思熟虑的凝重表情，正在认真地对弈象棋、围棋、五子棋……图书室、阅览室、微机室、实验室、科技活动室等功能室里也是座无虚席。只有教室里空空如也。

于莹莹老师说：“多亏学校每天有这么一节活动课，让孩子们能有充足的时间来准备。有了平时的扎实训练，大赛来临，孩子们能够镇定自如，最起码，气场上丝毫不会输于城里的孩子。2016 年的舞蹈大赛，我们获得全县第五名的成绩，实现了历史性的突破！”

镜头三：一枝独放不是春，百花齐放春满园

走进茌平县肖家庄镇中学的荣誉室你会发现，舞蹈大赛取得的优异成绩，仅仅是凤毛麟角、牛之一毛。荣誉墙上，各种各样的荣誉牌挤得满满当当：市级规范化学校、市级平安和谐校园、市级德育工作先进集体、市级教育教学工作先进集体。六块“全县教书育人先进单位”奖牌从 2011 到 2016 年依次排列，意味着该校连续六年在教育教学全面工作考核中保持了全县前六名。特别是 2013 年，该校取得了教学质量项全县第一、综合考核全县第二的优异成绩。此外，在 2017 年 4 月份举行的茌平县中小学田径特长生大赛中，该校勇夺全县第二名……

谈及学校发展经验，校长李修文感慨地说：“茌平县肖家庄镇中学的蝶变，是近年来创建均衡县、发展均衡教育的结果。只要有党和国家的教育关怀，有教育局领导的政策支持，有学校老师们的爱岗敬业，教育的春天就不会太远，一定能早日迎来‘胜日寻芳教育人，无边光景一时新。等闲识得东风面，万紫千红总是春’的美好景色”。

后 记

党的十八大以来，以习近平同志为核心的党中央高度重视教育事业，把教育摆在优先发展的战略位置，将公平和质量作为主要追求。中国教育正在奋力书写让人民满意、让人人出彩的优秀答卷。

2013～2018年，聊城教育事业活力四射、激情澎湃、朝气蓬勃、成就卓著，在各个层面都取得了前所未有的骄人成绩。2014年，聊城教育系统力推“321”工作思路，凝聚起积极向上的力量，形成聚精会神抓教育、一心一意谋发展的大好局面，为推动全市跨越赶超提供了智力、人才、社会发展的保障。2015年，是教育教学质量全面提升年。聊城市大力改善办学条件，加强教师队伍建设，以立德树人为根本，推进改革创新，掀起教学革命，在“促进教育公平”和“提高教育质量”上实现了历史性新突破。2016年，聊城市重点实施了“七大”民生工程，在幼儿园标准化建设、加大义务教育均衡县创建力度、推动“全面改薄”工作、名校办分校、解决“大班额”问题、聊城一中新校建设等方面取得了长足进展，描绘了一幅幅旧貌换新颜的崭新画卷。2017年，是聊城教育里程碑式的一年：解决了城镇中小学“大班额”问题，提前完成“改薄”工作，全国义务教育均衡县验收一次通过……

为了充分展现聊城教育五年来砥砺奋进、勇于担当、打破常规、跨越发展的卓越成就，聚焦在聊城市教育局党组“321”工作思路践行中取得的骄人业绩，高举习近平新时代中国特色社会主义教育思想的伟大旗帜，推动聊城教育事业进一步宏大格局、抢抓机遇、革故鼎新、彰显魅力，使聊城教育的蓝天更加晴朗，事业更加蓬勃，聊城市教育局隆重推出系列丛书《聊城教育大写意》。

丛书共分四卷：第一卷为《雄关漫道真如铁——媒体上的聊城教育》，收录的是自2013年夏至2018年春近五年间在中央级、省级报刊和山东省教育厅等官方网站上公开发表的各种宣传、介绍聊城城乡教育发展的通讯、报道、报告文学、论文等；第二卷为《敢教日月换新天——“321”教育思路构建和践行中的聊城教育》，收录的是《聊城教育》《聊城日报》《聊城晚报》、聊城教育信息网上发表的关于教育改革、学校管理、践行“321”教育思路优秀案例及举办的各种活动的文章和通讯；第三卷为《直挂云帆济沧海——教改、课改、学改背景下的聊城教育》，收录的是奋斗在学校管理第一线、教学第一线、班主任第一线的先模人物的感人事迹以及发表的课改、教改、学改的论文、经验介绍等，大力弘扬聊城教育人的教改情怀、教改精神、教改成就，展示“课堂革命”的有益探索和尝试；第四卷为《无限风光在险峰——情怀、情结、情境下的聊城教育》，收录的是《聊城教育》意蕴丰厚、优美隽永的刊首语，广大教育人悟性高远、见解独到的读书心得，以随笔、散文、小说、诗词歌赋等形式抒发教育情怀、书写教育情结、铺陈教育情境、记录心灵脉动的文学作品。

《聊城教育大写意》系列丛书的编辑出版是聊城教育事业欣欣向荣、蒸蒸日上的一大硕果，更是聊城教育宣传工作的空前盛事。丛书记录了聊城教育改革、发展、创新、腾飞的历史进程，再现了全市教育系统的干部、教师辛勤耕耘的铿锵步履，展现了聊城教育人争先创优的飒爽英姿，彰显出高亢盎然的从教新风，将对引导广大教师和教育管理干部走教育、教学、学校管理与科学研究相结合的道路，推进教师专业化发展、教师队伍建设、教育教学改革产生深远影响。丛书还承担着鉴知往来、服务现实、保存史料、惠及后代的历史使命，让更多人感受到教育的强大威力，感受到教育的情愫和温度，有利于人们更好地了解聊城教育、关心聊城教育、支持聊城教育，有利于深化教育改革、激发教育正能量，更好地凝聚共识、焕发活力，开辟教育事业新天地。

《聊城教育大写意》系列丛书编辑时间短、征稿范围不够全面，肯定有些发表在重要报刊上的文章或尚在作者手中的优秀稿件未能收入，甚至存在疏漏和不足之处，敬请读者谅解。

哈宝泉

2018年4月